Ines Weller,
Esther Hoffmann,
Sabine Hofmeister (Hrsg.)

Nachhaltigkeit und Feminismus: Neue Perspektiven – Alte Blockaden

Wissenschaftliche Reihe

Band 109

Inhalt

Heidi Degethoff de Campos
Vorwort 7

Ines Weller
Einführung in die feministische Auseinandersetzung mit dem Konzept Nachhaltigkeit. Neue Perspektiven – Alte Blockaden 9

Zum Konzept Nachhaltigkeit

Elvira Scheich
Fortschritt anders denken. Zur historisch-politischen Kontextualisierung der Nachhaltigkeitsdebatte 35

Sabine Hofmeister
Über die Produktivität des Reproduktiven. Der Beitrag des Konzepts "Vorsorgendes Wirtschaften" zum Nachhaltigkeitsdiskurs 73

Zum Nachhaltigkeitsdiskurs

Irmgard Schultz
Eine feministische Kritik an der Studie Zukunftsfahiges Deutschland. Statt einer ausschließlich zielorientierten Konzeptualisierung erfordert nachhaltige Entwicklung eine prozeßorientierte Konzeptualisierung 99

Claudia Bernhard
Die neue Bescheidenheit – Wie antifeministisch ist die Nachhaltigkeit? 111

Kathrin Buchholz
"Frauen und Umwelt" – (K)ein Thema für eine Lokale Agenda 21? Überlegungen zu Voraussetzungen und Ansätzen für die Konkretisierung und Umsetzung umweltbezogener Interessen von Frauen 121

Zu Handlungsfeldern von Nachhaltigkeit

Ines Weller
Ökologische Stoff- und Produktinnovation. Analyse der Gestaltungsmacht privater Konsumentinnen und Konsumenten am Beispiel Textilien ... 133

Meike Spitzner
Krise der Reproduktionsarbeit – Kerndimension der Herausforderungen eines öko-sozialen Strukturwandels. Ein feministisch- ökologischer Theorieansatz aus dem Handlungsfeld Mobilität ... 151

Zu Umsetzungsstrategien von Nachhaltigkeit

Ulrike Röhr
Aufmischen, Einmischen, Mitmischen. Strategien von Frauen zur Zukunftsgestaltung im Rahmen der Lokalen Agenda ... 169

Martina Schäfer, Susanne Schön
Zukunftsfähige Arbeit und ihre sozialen, ökonomischen und kulturellen Bedingungen ... 183

Diskussion

Esther Hoffmann, Ulrike Weiland
Das Konzept Nachhaltigkeit in der feministischen Kritik: Vom Ausleuchten blinder Flecke zum Blick auf das Ganze. Zusammenfassung der Diskussionen ... 207

Autorinnenverzeichnis ... 219

Dank ... 223

Vorwort

Themen der Frauenforschung bzw. der feministischen Wissenschaft im Rahmen einer Technischen Universität erforscht und publiziert, sind auch im ausgehenden 20. Jahrhundert keine Selbstverständlichkeit. Fragen nach dem "Geschlecht der Technik" und nach dem "weiblichen Anteil der Naturwissenschaften" versuchen schon im Vorfeld ernsthafter Untersuchungen, deren Unsinnigkeit zu beweisen. Eine solche, einem engen Wissenschaftsbegriff verpflichtete Position, findet ihre Entsprechung in der Forschungspraxis in einem eklatanten Mangel an Wissenschaftlerinnen. Mit anderen Worten: Mit den Frauen sind auch feministische Fragestellungen in natur- und technikwissenschaftlichen Bereichen marginalisiert und unterschätzt. Zur Illustration dieser These seien einige Zahlen genannt, die den Stand an der TU Berlin im Jahre 1997 wiedergeben: In den "harten" Ingenieurswissenschaften wie Elektrotechnik, Maschinenbau, Technische Informatik liegt der Anteil der Studentinnen unter 10%; in den klassischen Naturwissenschaften zwischen 12% (Physik) und 30% (Chemie). In keinem dieser Fächer gibt es eine Professorin, in allen liegt der Anteil der Frauen auf Qualifikationsstellen unter der Absolventinnen-Quote, haben Habilitationen von Frauen Seltenheitswert.

Etwas anders stellt sich die Situation von Frauen in den "weichen" ingenieurwissenschaftlichen Disziplinen dar, z.B. in den Planungswissenschaften und dem Technischen Umweltschutz: Dort liegt der Anteil der Studentinnen bei 56% bzw. 37%, sind Professorinnen – wenn auch noch in der absoluten Minderheit- aber vorhanden, gibt es eine engagierte Gruppe weiblicher Nachwuchswissenschaftlerinnen, denen der Blick über die Grenzen der Disziplinen und mit feministischer Perspektive ein Anliegen ist. Seit etwa 10 Jahren schon gibt es im Fach Technischer Umweltschutz ein von Studentinnen erkämpftes Frauentutorium, das sich weniger den Fragen des Technischen im Umweltschutz annimmt als den Fragen der Prävention etwa. Und in den Planungswissenschaften haben Wissenschaftlerinnen und Studentinnen gemeinsam für die Einrichtung des Studienschwerpunktes "Gender Planning" gesorgt.

Eine Dokumentation der überaus fruchtbaren Zusammenarbeit dieser beiden Gruppen ist die vorliegende Publikation, die auf einer Ringvorlesung aus dem Sommersemester 1998 basiert und deren Mitveranstalterin ich das Vergnügen hatte zu sein. Der Band versammelt die unterschiedlichen Positionen der feministischen Auseinandersetzung mit dem Konzept Nachhaltigkeit und dessen Umsetzungsversuchen. Hierbei wird ein Bogen gespannt zwischen eher theorieorientierten feministischen Kritikpositionen an dem Leitbild und Konzept einer nachhaltigen Entwicklung einerseits und der eher anwendungsbezogenen feministischen Kritik an einzelnen Themen- und Handlungsfeldern bzw. Umsetzungsversuchen von nachhaltigen Entwicklungen andererseits. Vor diesem Hintergrund findet auch eine Diskussion des Verhältnisses und der Übersetzungsprobleme zwischen feministischer Theorie und Praxis statt. Des weiteren werden die Probleme der Rezeption feministischer Kritik thematisiert und daraus resultierende Konsequenzen für Forschung und Politik diskutiert.

Bleibt mir abschließend nur zu wünschen, daß der Dokumentation ein reges Interesse – und durchaus nicht nur von Frauen – beschieden sei.

Heidi Degethoff de Campos — Berlin, im November 1998

Zentrale Frauenbeauftragte der
Technischen Universität Berlin

Ines Weller

Einführung in die feministische Auseinandersetzung mit dem Konzept Nachhaltigkeit

Neue Perspektiven – Alte Blockaden

Das vorliegende Buch basiert auf der Ringvorlesung "Nachhaltigkeit und Feminismus: Neue Perspektiven – Alte Blockaden", die im Sommersemester 1998 an der Technischen Universität Berlin fachbereichs- und disziplinübergreifend durchgeführt wurde. In ihrem Verlauf wurde das gesamte Spektrum unterschiedlichster Positionen und Standpunkte der feministischen Auseinandersetzung mit Nachhaltigkeit zur Diskussion gestellt. Dokumentiert werden in diesem Band sowohl die Beiträge, die die verschiedenen Referentinnen vorstellten, als auch die sich daran anschließenden Diskussionen, an der sich Studierende und WissenschaftlerInnen aus unterschiedlichen Disziplinen sowie GasthörerInnen aus der Praxis beteiligten.

Der folgende Beitrag bietet einen einführenden Überblick in die Nachhaltigkeitsdebatte und die neuen Perspektiven, die ein feministischer Blick auf diese eröffnet. Er zeigt Anknüpfungspunkte zwischen feministischem und Nachhaltigkeitsdiskurs auf, systematisiert die verschiedenen Kritikstränge und -positionen der feministischen Auseinandersetzung mit Konzeptualisierungen und Konkretisierung des Konzepts Nachhaltigkeit und leitet daraus ein erstes Resümee sowie Fragestellungen für die Diskussion der verschiedenen Beiträge der Ringvorlesung ab.

Einleitung

Als entscheidender Meilenstein für die Etablierung des globalen umwelt- und entwicklungspolitischen Leitbilds Sustainability bzw. Nachhaltigkeit läßt sich im Rückblick ohne Zweifel die Konferenz über Umwelt und Entwicklung 1992 in Rio de Janeiro betrachten, wenngleich die internationale Debatte über die Integration umwelt- und entwicklungspolitischer Problemstellungen und Zielsetzungen bereits in den 70er Jahren einsetzte (vgl. z.B. Kreibich 1996). Auch in der Bundesrepublik bestimmt das Konzept Nachhaltigkeit seit der

UNCED-Konferenz maßgeblich die umwelt- und entwicklungspolitischen Debatten und hat – zumindest auf programmatischer Ebene – grundlegende Neu- und Umorientierungen insbesondere in der Umweltpolitik und Umweltforschung eingeleitet.

Einen wichtigen Bezugsrahmen für die Nachhaltigkeitsdebatte bildet die Agenda 21, eines der offiziellen Abschlußdokumente der UNCED-Konferenz, die in vierzig Kapiteln die für eine nachhaltige Entwicklung notwendigen Umstellungen und Maßnahmen beschreibt (BMU o.J.). Daß nachhaltige Entwicklung Geschlechtergerechtigkeit sowie die Beteiligung und Berücksichtigung von Frauen an diesem Prozeß als aktiv Gestaltende voraussetzt, wird in diesem Aktionsplan für das 21. Jahrhundert sowohl in diversen Kapiteln als Querschnittsthema formuliert als auch in einem eigenständigen Kapitel explizit gefordert. Dieses Kapitel 24, der "globale Aktionsplan für Frauen zur Erzielung einer nachhaltigen und gerechten Entwicklung" unterstreicht, daß die "aktive Einbeziehung der Frau in die wirtschaftlichen und politischen Entscheidungsprozesse" für die "erfolgreiche Durchführung der Agenda 21 von größter Bedeutung" ist (BMU o.J.: 218) und stellt insofern bereits einen deutlichen Zusammenhang zwischen feministischem und Nachhaltigkeitsdiskurs her.

Gleichzeitig verdeutlicht bereits die Vorgeschichte dieses Kapitels, dessen Aufnahme in die Agenda 21 durchaus kein Selbstläufer war, sondern allein umfangreichen und langjährigen Aktivitäten von Frauen aus der internationalen Umwelt- und Entwicklungspolitik im Vorfeld der UNCED-Konferenz und einem intensiven Lobbying währenddessen zu verdanken ist (ausführlicher Wichterich 1992), die Ambivalenzen möglicher Beziehungen zwischen Nachhaltigkeit und Feminismus. So wird im offiziellen Nachhaltigkeitsdiskurs in der Regel unterschlagen, daß sich Frauen bereits seit Anfang der 70er Jahre insbesondere im Kontext internationaler Frauenkonferenzen und -workshops an der Debatte über Umwelt und Entwicklung beteiligt und dazu aus Frauen- bzw. Genderperspektiven eigene Positionen entwickelt haben (siehe z.B. Wichterich 1992, Braidotti et al. 1994 und Harcourt 1994). Entscheidend für die Formulierung eigenständiger Vorstellungen von "Sustainable" war der 1991 in Miami durchgeführte "Weltfrauenkongreß für einen gesunden Planeten", auf dem der "Frauen-Aktionsplan 21" erarbeitet wurde. Dieser distanziert sich von dem Begriff nachhaltige Entwicklung, weil damit das westliche Modell von Entwicklung fortgeführt werde, obwohl gerade aus der Sicht von

Frauen aus dem Süden die zunehmende Umweltzerstörung und Bedrohung der Lebensgrundlagen auf die weltweite Durchsetzung eben dieses Entwicklungsmodells mit zurückgeführt wurde. Christa Wichterich sieht als herausragendes historische Ergebnis dieses Frauenkongresses, daß "sowohl Umwelt und Entwicklung als auch Natur- und Frauenunterordnung konsequent als zwei Seiten derselben Medaille" analysiert und daraus weitreichende Konsequenzen gezogen wurden (Wichterich 1992: 23). Der "Frauen-Aktionsplan 21" formuliert eine grundsätzliche Kritik an den herrschenden Entwicklungsstrategien und ihrer Orientierung an der wachstumsfixierten globalen Marktwirtschaft und fordert daher einen grundlegenden Paradigmenwechsel sowie einen tiefgreifenden und unverzüglichen Wandel menschlicher Werte und menschlichen Wirtschaftens. Die Teilnehmerinnen von Miami plädierten für einen ganzheitlichen Begriff einer politisch, sozial und kulturell nachhaltigen Entwicklung und führten in die Nachhaltigkeitsdebatte den Begriff "Sustainable Livelihood" ein. Darüber hinaus forderten sie für den entsprechenden gesellschaftlichen Umgestaltungsprozeß Partizipation und Empowerment für Frauen. Diese grundsätzlichen und systemkritischen Positionen von Frauen über das Leitbild Nachhaltigkeit, die auch von vielen weiteren NGO-VertreterInnen geteilt wurden, fanden jedoch keinen Eingang in die inhaltliche Ausformulierung der Agenda 21. Mit der Aufnahme des Kapitels 24 konnte daher zunächst nur der Forderung nach Beteiligung und Berücksichtigung von Frauen bei der Gestaltung einer nachhaltigen Entwicklung politisches Gewicht verliehen werden.

Jenseits der Blockierung der radikaleren, system- und machtkritischeren Reformulierung von Nachhaltigkeit aus Frauensicht, die auf der Grundlage eines anderen Problemverständnisses darüber hinaus grundlegend neue Perspektiven für die Nachhaltigkeitsdebatte eröffnet, bieten die sich nach der UNCED-Konferenz abzeichnenden und breit anerkannten neuen Herausforderungen des offiziellen Nachhaltigkeitskonzepts immer noch potentielle Anknüpfungspunkte zum feministischen Diskurs, die ich im folgenden aufzeigen werde.

Neue Herausforderungen des Konzepts Nachhaltigkeit und Anknüpfungspunkte zum feministischen Diskurs

Die zwischenzeitlich breite Akzeptanz des Konzepts Nachhaltigkeit offenbart bereits ein kurzer Blick in die aktuellen Veröffentlichungen der bundesdeutschen Umweltpolitik und -forschung, die eine kaum mehr übersehbare Vielfalt und Vielzahl an Veröffentlichungen und Studien mit Bezug zu verschiedenen

Themen und Ebenen der Nachhaltigkeitsdebatte bieten. Wesentliche thematische Schwerpunkte dieses Diskurses bilden insbesondere:

- Arbeiten zur Definition und Konzeptualisierung von Nachhaltigkeit, die u.a. versuchen, Nachhaltigkeit aus unterschiedlichen disziplinären Perspektiven, z.B. aus naturwissenschaftlicher Perspektive, aus der Sicht der Soziologie oder der Bildung genauer zu fassen (vgl. z.B. Fritz et al. 1995, Brand 1997, Fischer 1998).
- Studien zur Konkretisierung und Operationalisierung von Nachhaltigkeit, die u.a. Szenarien und Leitbilder von Nachhaltigkeit entwickeln, Umweltqualitätsziele festlegen oder Indikatoren zur Überprüfung einer nachhaltigen Entwicklung erarbeiten (vgl. z.B. Enquête-Kommission "Schutz des Menschen und der Umwelt" 1993 und 1994, BUND & Misereor 1996, UBA 1997, Deutscher Bundestag 1997).
- Forschungsarbeiten über Instrumente, Methoden und Strategien für eine nachhaltige Entwicklung, z.B. die Arbeiten über das Instrument Stoffstrommanagement oder die Diskussionen über die Nachhaltigkeitsstrategien Effizienz, Suffizienz und Konsistenz (vgl. z.B. Enquête-Kommission "Schutz des Menschen und der Umwelt" 1995, Friege et al. 1998).
- Studien über die nachhaltige Gestaltung einzelner konkreter Handlungs- und Bedürfnisfelder, z.B. Mobilität, Konsum, Ernährung/Landwirtschaft oder Bauen/Wohnen (vgl. z.B. Deutscher Bundestag 1997, UBA 1997).

Trotz der ausdifferenzierten und langjährigen Nachhaltigkeitsdebatte existiert bisher keine einheitliche und allgemein akzeptierte Definition von Nachhaltigkeit (Fischer 1998). Als gemeinsamer Bezugspunkt und insofern Basisdefinition einer nachhaltigen Entwicklung verweisen die meisten Nachhaltigkeitsdefinitionen auf die viel zitierten Vorstellungen der "Brundtland-Kommission". Diese UN-Kommission für Umwelt und Entwicklung führt in ihrem 1987 erschienenen Abschlußbericht "Our Common Future" aus: "Unter 'dauerhafter Entwicklung' verstehen wir eine Entwicklung, die den Bedürfnissen der heutigen Generation entspricht, ohne die Möglichkeiten künftiger Generationen zu gefährden, ihre eigenen Bedürfnisse zu befriedigen und ihren Lebensstil zu wählen" (Hauff 1987: XV). Bestimmendes Moment dieser Definition ist die normative Dimension von Verantwortung gegenüber heutigen und zukünftigen Generationen. Im Mittelpunkt steht die langfristige Befriedigung menschlicher

Bedürfnisse, aus der die Notwendigkeit erwächst, die natürlichen Ressourcen zu erhalten.

In der Bewertung der bisherigen Definitionsversuche von Nachhaltigkeit gehen die Meinungen auseinander. Auf der einen Seite wird insbesondere von Umweltverbänden das Fehlen verbindlicher, konkreter Definitionen und Zielsetzungen kritisiert. Auf der anderen Seite wird Offenheit als konstitutives Merkmal einer nachhaltigen Entwicklung betrachtet. In dieser Perspektive erscheint Nachhaltigkeit als ein Prozeß, bei dem unter Beteiligung der verschiedenen gesellschaftlichen Gruppen die allgemeinen Ziele und Prinzipien einer nachhaltigen Entwicklung konkretisiert und Wege für die Umsetzung gesucht werden. Dabei wird Sustainable Development als ein "historisch offenes gesellschaftliches Entwicklungs- und Transformationskonzept verstanden, das sich nicht auf evolutionäre Trends oder langfristige Kontinuitätsannahmen stützen kann, sondern allein auf die Handlungsmöglichkeiten und -ziele gesellschaftlicher Akteure und Akteursgruppen" (Wehling 1997: 35).

Gleichwohl haben sich in der Zwischenzeit einige übergreifende Kernelemente und neue Anforderungen des Konzepts einer nachhaltigen Entwicklung herauskristallisiert. Sie sind vergleichsweise wenig strittig, auch wenn sie je nach disziplinärer Herkunft und inhaltlicher Positionierung unterschiedlich gewichtet und bewertet werden. Insbesondere die folgenden vier bieten Anknüpfungspunkte zur feministischen Debatte:

Gerechtigkeit

In der Brundtland-Definition findet sich explizit die Forderung nach inter- und intragenerativer Gerechtigkeit. Im "offiziellen" Nachhaltigkeitsdiskurs, d.h. im mainstream von bundesdeutscher Umweltforschung und -politik, wird dies vorangig übersetzt mit Gerechtigkeit zwischen den Menschen in den sogenannten Entwicklungsländern des Südens und den Menschen in den Industriestaaten des Nordens, die sich in Art und Umfang ihrer Naturnutzung erheblich unterscheiden. In dieser Nord-Süd-Perspektive zielt nachhaltige Entwicklung auf die Beseitigung der derzeitigen eklatanten Ressourcenungerechtigkeit, die das bekannte Beispiel der Verteilung der weltweiten Emissionen des Klimagases Kohlendioxid deutlich illustriert: So verursacht ein US-Amerikaner zur Zeit einen durchschnittlichen jährlichen Ausstoß von 20 Tonnen Kohlendioxid, ein Deutscher bringt es auf 12 Tonnen, während auf einen Bangladeshi lediglich 0,1 Tonne und somit weniger als 1% eines US-Amerikaners entfällt

(Klingholz 1994). In einer feministischen Perspektive ist die Forderung nach Gerechtigkeit jedoch untrennbar mit der Forderung nach Geschlechtergerechtigkeit verbunden. Insofern könnte das Gerechtigkeitspostulat der Nachhaltigkeitsdebatte zumindest prinzipiell den Blick auf die Bedeutung der Geschlechtergerechtigkeit als eine grundlegende feministische Forderung lenken. Dies setzt jedoch voraus, mögliche Geschlechterunterschiede bezogen auf das Ausmaß der Naturnutzung zu kennen. Entsprechende geschlechtsspezifisch disaggregierte Daten, z.B. über den Kohlendioxid-Ausstoß einer US-Amerikanerin im Vergleich zu dem eines US-Amerikaners, stehen aber nicht zur Verfügung. Daran schließt sich auch die Forderung von Kapitel 24 der Agenda 21 nach der Einrichtung geschlechterspezifischer Datenbanken und Informationssystemen an.

Vernetzung (Retinität)

Das Konzept einer nachhaltigen Entwicklung geht weiterhin davon aus, daß für die Erarbeitung von Problemlösungen ökologische, soziale, ökonomische sowie – neuerdings verstärkt in die Debatte eingebracht – kulturelle Aspekte integriert bearbeitet werden müssen. Die Gestaltung einer zukunftsfähigen Entwicklung erfordert daher die systematische und vor allem auch gleichrangige Berücksichtigung der verschiedenen Problemdimensionen und ihrer wechselseitigen Abhängigkeit. Daher drückt die Nachhaltigkeitsdebatte auch einen Wechsel im Problemverständnis insofern aus, daß die heutigen Problemlagen nicht mehr als eine Krise der Umwelt, sondern als Krise des gesellschaftlichen Umgangs mit Natur verstanden werden. In dieser Perspektive ist z.B. die drohende Klimakatastrophe nicht allein als ein Problem der erhöhten Kohlendioxidemissionen zu fassen, sondern vielmehr als ein Problem zu verstehen, das aus Veränderungen in der Art und Weise, wie ein Großteil der Menschen sich heute fortbewegen, wie sie produzieren und wie sie konsumieren, resultiert. Aus der Orientierung der Nachhaltigkeitsdebatte an gesellschaftlichem Handeln folgt – zumindest in feministischer Perspektive selbstverständlich –, daß im Nachhaltigkeitsdiskurs die Geschlechterverhältnisse mit berücksichtigt werden müssen, weil Geschlecht als eine zentrale Strukturkategorie gesellschaftliches Handeln wesentlich beeinflußt. Insofern bietet auch das Prinzip Vernetzung des Konzepts Nachhaltigkeit mit seiner Betonung des gesellschaftlichen Handelns und der Orientierung an der Befriedigung menschlicher Bedürfnisse Anknüpfungspunkte zum feministischen Diskurs.

Partizipation

Eine zentrale Forderung insbesondere der Agenda 21 bezieht sich auf die Partizipation aller gesellschaftlichen Gruppen bei der Planung und Umsetzung einer nachhaltigen Entwicklung. Nachhaltigkeit wird als ein Suchprozeß verstanden, der die aktive Beteiligung und Mitgestaltung der verschiedenen Akteure und gesellschaftlichen Gruppen voraussetzt und nicht von oben verordnet und vorgegeben werden kann. Dies wird nicht nur normativ begründet, sondern auch mit der Erwartung, durch erweiterte Formen der Partizipation neue Potentiale für eine nachhaltige Entwicklung zu mobilisieren. Die Agenda 21 betont in ihrem Kapitel 24 ausdrücklich die Bedeutung der aktiven Beteiligung von Frauen. Diese elementare und auch in der Bundesrepublik immer noch nur teilweise eingelöste Forderung der Frauenpolitik nach politischer Gleichberechtigung könnte danach durch den Nachhaltigkeitsdiskurs wieder neu belebt und vorangetrieben werden. Neben der Bezugnahme auf klassische Formen der politischen Partizipation verweist die Agenda 21 darüber hinaus auf neue Formen von Mitgestaltung und Beteiligung an umwelt- und entwicklungspolitischen Planungen und Konzepten. Diese greifen auf die Problemwahrnehmung und Kompetenzen sowohl von betroffenen Einzelpersonen als auch von Interessensgruppen zurück und beziehen diese in die Suche nach Lösungen mit ein. Dies stellt eine weitere Schnittstelle zu Teilen der Frauenforschung dar, in deren Rahmen sich bereits seit längerem Wissenschaftlerinnen mit Fragen der Partizipation von Frauen und der Suche nach hierfür geeigneten Methoden beschäftigen. Aus meiner Sicht einer kritisch-feministischen Naturwissenschaftlerin sollte darüber hinaus Partizipation auch die vermeintlich objektiven und naturwissenschaftlich-quantitativen Dimensionen von Nachhaltigkeit, z.B. die Bestimmung von Umweltqualitätszielen auf lokaler oder nationaler Ebene und die Festlegung von Indikatoren, umfassen. Insofern zeigt sich hier auch eine Verbindung zur feministischen Naturwissenschaftskritik, die den Mythos der Objektivität und Wertfreiheit der Naturwissenschaften und ihrer Ergebnisse problematisiert und bereits vielfach widerlegt hat.

Ökologisch-ökonomische Neuorientierung

Ein weiterer zentraler Kristallisationspunkt der Nachhaltigkeitsdebatte ist die Suche nach einer ökologisch-ökonomischen Neuorientierung, die eine langfristig verträglichen Naturnutzung und eine nachhaltige Gestaltung der Stoff- und Energieströme, die durch die heutigen Produktions- und Konsummuster verursacht werden, ermöglicht. In diesem Zusammenhang werden insbesondere die bereits 1994 von der Enquête-Kommission "Schutz des Menschen und der Umwelt" erarbeiteten sogenannten Managementregeln diskutiert. Danach soll erstens die Abbaurate erneuerbarer Ressourcen ihre Regenerationsrate nicht überschreiten. Die zweite Managementregel sagt aus, nicht erneuerbare Ressourcen nur in dem Umfang zu nutzen, in dem ein physisch und funktionell gleichwertiger Ersatz geschaffen wird. Drittens sollen sich die Stoffeinträge in die Umwelt an der Aufnahmefähigkeit und Belastbarkeit der Umweltmedien orientieren. Die letzte Managementregel fordert, daß das Zeitmaß von Einträgen und Eingriffen in die Umwelt in einem ausgewogenen Verhältnis zu dem Zeitmaß der relevanten natürlichen Prozesse stehen soll (Enquête-Kommission "Schutz des Menschen und der Umwelt" des Deutschen Bundestages 1994: 32ff.). Zentraler Ausgangspunkt ist die Frage nach einer ökologischen Stoffwirtschaft, in der die Reproduktionsfähigkeit der Natur erhalten bleibt. In diesen Debatten über nachhaltiges Wirtschaften ist, worauf insbesondere ökologische Ökonominnen verweisen, implizit die grundlegende Bedeutung des Zusammenhangs von Produktion und Reproduktion angelegt, d.h. die Stoffe und Produkte, die produziert und konsumiert werden, müssen so beschaffen sein, daß sie als stoffliche Basis für zukünftige Produktions- und Konsumprozesse geeignet sind (Hofmeister 1998). Diese ökologisch-ökonomische Neuorientierung der Nachhaltigkeitsdebatte beinhaltet prinzipiell einen weiteren Anknüpfungspunkt zur feministischen Debatte, die die immer noch vorherrschende Trennung und Hierarchisierung der beiden Bereiche Produktion und Reproduktion kritisiert und dabei insbesondere problematisiert, daß diese Aufspaltung mit einer systematischen Gering-Wahrnehmung und weitgehenden Ausblendung der Reproduktion sowohl von Gesellschaft als auch von Natur einhergeht (vgl. Hofmeister und Spitzner in diesem Band).

Obwohl sich somit prinzipiell deutliche Anknüpfungspunkte zwischen feministischem und Nachhaltigkeitsdiskurs identifizieren lassen und – zumindest theoretisch – durchaus Gemeinsamkeiten zu entdecken sind, bedeutet dies jedoch nicht, daß diese in der "offiziellen" Nachhaltigkeitsdebatte tatsächlich von Bedeutung sind. Daß die aufgezeigten möglichen Anknüpfungspunkte und neuen Perspektiven, die die feministische Auseinandersetzung einbringen kann, im Nachhaltigkeitsdiskurs aber kaum wahrgenommen, geschweige denn in die verschiedenen Konzeptualisierungen und Studien zur Operationalisierung und Konkretisierung aufgenommen und berücksichtigt werden, zeigt der folgende Überblick über verschiedene feministische Kritikpositionen zur Nachhaltigkeit, der damit vielmehr auf die erhebliche Geschlechtsblindheit dieses Diskurses verweist.

Die feministische Auseinandersetzung mit dem Nachhaltigkeitsdiskurs im Überblick

Weitgehend parallel zu dem offiziellen bundesdeutschen Nachhaltigkeitsdiskurs und kaum davon beachtet haben sich verschiedene Stränge der Auseinandersetzung mit dem Nachhaltigkeitskonzept aus feministischen bzw. Frauenperspektiven entwickelt. Sie lassen sich zum einen nach ihrem Kontext und ihrer disziplinären Verortung sowie zum anderen nach unterschiedlichen Kritikebenen und inhaltlichen Positionen einteilen.

Kontexte der feministischen Auseinandersetzung mit Nachhaltigkeit

Umwelt- und Entwicklungsexpertinnen aus der internationalen Umwelt- und Entwicklungspolitik

Bereits seit den 70er Jahren diskutieren im internationalen Kontext insbesondere Entwicklungsexpertinnen den Themenkomplex "Frauen, Umwelt und Entwicklung" bzw. "Gender und nachhaltige Entwicklung" (vgl. z.B. Braidotti et al. 1994, Wichterich 1992). Sie haben sowohl aus Frauenperspektive eigenständige inhaltliche Ansätze zu dem Konzept Nachhaltigkeit entwickelt als auch gleichzeitig intensive Lobbyarbeit für ihre Aufnahme in den internationalen Nachhaltigkeitsprozeß betrieben. Allein in den beiden Jahren 1991 und 1992, also direkt vor der Rio-Konferenz, fanden drei internationale Frauenkonferenzen – u.a. die bereits erwähnte Miami-Konferenz – mit dem Ziel statt, auf die Formulierung und erste Konkretisierung des Leitbildes Nachhaltigkeit im Rahmen der UNCED-Konferenz Einfluß zu nehmen. Ihre Auseinandersetzung richtet sich somit vorrangig auf die Definitionen und Konzeptualisierung von Nachhaltigkeit. Als inhaltliche Positionen wurden auf den internationalen Frauenkonferenzen insbesondere die Konzepte "Sustainable Livelihood" und "Empowerment" diskutiert und versucht, diese in die "offizielle" Nachhaltigkeitsdebatte einzubringen. Weder die vielfältigen Aktivitäten von Frauen noch ihre inhaltlichen Ansätze werden jedoch im bundesdeutschen Nachhaltigkeitsdiskurs wahrgenommen. So unterschlagen alle mir bekannten bundesdeutschen

Veröffentlichungen, die die historische Entwicklung des Leitbilds Nachhaltigkeit nachzeichnen (z.B. Enquête-Kommission "Schutz des Menschen und der Umwelt" des Deutschen Bundestags 1993, Kreibich 1996, BUND & Misereor 1996, UBA 1997), komplett die internationalen Frauenaktivitäten. Trotz teilweise akribischer Auflistung aller internationaler Konferenzen zwischen 1972 und 1992, die irgendeinen Zusammenhang zur Nachhaltigkeit erkennen lassen, werden die diversen Frauenkonferenzen und -positionen an keiner Stelle erwähnt.

Umweltwissenschaftlerinnen aus der Umweltforschung

In den letzten zehn bis fünfzehn Jahren hat auch in der Bundesrepublik die Auseinandersetzung mit dem Themenkomplex "Frauen bzw. Gender und Umwelt" eingesetzt. Beispielsweise haben Umweltexpertinnen in einigen wenigen, vorrangig außeruniversitären Forschungsinstituten begonnen, feministische Analysen von Umweltstudien zur ökologischen Verbesserung einzelner konkreter Handlungsfelder zu erstellen, insbesondere zu Mobilität und Konsum/Abfall, deren Umgestaltung auch im Rahmen der Nachhaltigkeitsdebatte eine hohe Priorität zukommt. Ihre Ergebnisse haben u.a. zu der These von der "Feminisierung der Umweltverantwortung" geführt, die jedoch nur sehr zögerlich in die Diskussionen über die Möglichkeiten einer nachhaltigen Gestaltung der verschiedenen Handlungs- und Bedürfnisfelder Eingang findet. Als äußerst populär gewordener Konkretisierungsversuch einer nachhaltigen Entwicklung ist auch die Studie "Zukunftsfähiges Deutschland", die 1996 vom Wuppertal Institut für Klima, Umwelt, Energie im Auftrag von BUND und Misereor erstellt wurde, in die Kritik, insbesondere von Umweltwissenschaftlerinnen, geraten (u.a. Schultz 1996 und Schultz in diesem Band, Bernhard 1996 und in diesem Band).

Frauen aus umwelt- und entwicklungspolitischen Nicht-Regierungsorganisationen

Die Studie "Zukunftsfähiges Deutschland" hat eine überraschend umfangreiche feministische Kritik ausgelöst, an der sich auch viele Frauen aus Nicht-Regierungsorganisationen aus dem Umwelt- und Entwicklungsbereich beteiligt haben, z.B. Frauengruppen aus Umweltverbänden wie dem BUND, die AG Frauen des Forums Umwelt & Entwicklung, einem bundesweiten Zusammenschluß von Frauen aus Umwelt- und Entwicklungsinitiativen, die AG Nachhaltigkeit von NUT, dem Verein von Frauen in Naturwissenschaft und

Technik, sowie die Frauen-AG von BUKO, dem Bundeskongreß entwicklungspolitischer Aktionsgruppen (z.B. Forum Umwelt & Entwicklung 1997, AG Nachhaltigkeit im Verein Frauen in Naturwissenschaft und Technik 1996, Bernhard 1996).

Ökologische Ökonominnen

Bereits 1993, d.h. kurz nach der UNCED-Konferenz, hat sich ein Arbeitskreis von überwiegend Ökonominnen aus der Schweiz, Österreich und Deutschland gebildet, aus dem 1996 das Netzwerk "Vorsorgendes Wirtschaften" hervorgegangen ist. Dieses setzt sich aus Frauenperspektive insbesondere mit den ökonomischen Grundannahmen des Nachhaltigkeitskonzepts kritisch auseinander und richtet sich so auf die konzeptionelle Ebene von Nachhaltigkeit. Aus dieser Kritik ist als ein eigener Ansatz das Konzept "Vorsorgendes Wirtschaften" entstanden (vgl. Hofmeister in diesem Band).

Lokale Agenda-Frauengruppen

Die Agenda 21 sieht vor, daß auch die Kommunen – unter Beteiligung der Bürgerinnen und Bürger vor Ort und der verschiedenen Interessenvertretungen – eine Lokale Agenda erarbeiten und so an ihre konkrete Situation angepaßt nachhaltige Entwicklung konkretisieren. In diesen Prozeß schalten sich zunehmend auch Frauen ein, bilden eigene Lokale Agenda Frauengruppen und arbeiten so an Vorschlägen zur Zukunftsgestaltung ihrer Kommune mit. Hier handelt es sich um Versuche, in die Umsetzungspläne einer nachhaltigen Entwicklung auf kommunaler Ebene Fraueninteressen einzubringen und diese so mitzugestalten (vgl. Röhr in diesem Band).

Nach meinem Eindruck sind an der feministischen Auseinandersetzung mit Nachhaltigkeit hauptsächlich Frauen aus Umweltpolitik und Umweltforschung beteiligt. In die Debatte eingegriffen haben auch Vertreterinnen der Entwicklungspolitik sowie aus der Ökonomie, während die Frauenpolitik und die sozialwissenschaftliche Frauen- und Geschlechterforschung kaum präsent sind. Dies verweist auf die allgemeine Problematik des Konzepts Nachhaltigkeit, die sich aus seinem Anspruch auf Interdisziplinarität ergibt: De facto stößt der Nachhaltigkeitsdiskurs sowohl in der Politik als auch in der Forschung auf stark disziplinär geprägte Strukturen, die eine disziplinäre Verortung der Thematik bewirken und mit spezifischen inhaltlichen Weichenstellungen und Prioritätensetzungen einher gehen. Für die feministischen bzw. Genderperspektiven auf Nachhaltigkeit, die per se interdisziplinär angelegt sind, stellt sich diese Schwierigkeit besonders deutlich. So ist der allgemeine Nachhaltigkeitsdiskurs und damit auch die Forschung über nachhaltige Entwicklung im wesentlichen in der Umweltpolitik/-forschung verankert, die formale Verantwortung für das Kapitel 24 der Agenda 21, liegt dagegen auf bundespolitischer Ebene in der Zuständigkeit des Ministeriums für Familie, Senioren, Frauen und Jugend. Während diese kaum über die erforderlichen Umweltkompetenzen verfügen, fehlt der Umweltforschung ein Problemverständnis für die Genderaspekte der Nachhaltigkeitsdebatte.

Kritikebenen und inhaltliche Positionen der feministischen Auseinandersetzung mit Nachhaltigkeit

Die verschiedenen inhaltlichen feministischen Kritikpositionen beziehen sich auf die beiden wichtigsten Ebenen der Nachhaltigkeitsdebatte: Das sind zum einen Kritikperspektiven, die sich auf das Konzept nachhaltige Entwicklung allgemein, seine Definitionen und sein Problemverständnis richten, dazu zum Teil eigene inhaltliche Gegenpositionen oder Ergänzungen entwickeln und insofern eine eher grundsätzliche Kritik an dem Nachhaltigkeitskonzept selbst formulieren. Das sind zum anderen feministische Analysen der eher anwendungsorientierten Nachhaltigkeitsdebatte und ihrer Studien zur Konkretisierung und Operationalisierung einer nachhaltigen Entwicklung. An diesen, d.h. insbesondere an der Studie “Zukunftsfähiges Deutschland”, arbeiten sie beispielhaft die "blinden Flecke" und Verzerrungen heraus, die durch das Ignorieren der geschlechtsspezifischen Arbeits- und Machtteilung entstehen.

Zu den Ansätzen, die eine grundsätzliche Kritik an dem Konzept Nachhaltigkeit sowie eigene Gegenpositionen formulieren, gehören insbesondere das Konzept Sustainable Livelihood sowie das Konzept Vorsorgendes Wirtschaften.

Grundsätzliche Kritik an dem Konzept nachhaltige Entwicklung: Sustainable Livelihood

Sustainable Livelihood ist ein Konzept, das insbesondere im Kontext der internationalen Frauenpolitik diskutiert wird und auch die Formulierung der Frauen-Agenda 21 in Miami mit bestimmt hat. Der Begriff ist nur unzureichend ins Deutsche zu übertragen, frei übersetzt läßt er sich als "Nachhaltiges Leben" verstehen, das sich auf die Fähigkeit bezieht, Ressourcen für ein selbstbestimmtes Leben zu nutzen. Für die Autorinnen des Memorandums "Zukunft für Frauen" drückt Sustainable Livelihood aus, "daß Frauen ihr (Über)Leben, ihre Grundbedürfnisse sichern wollen und in diesem Prozeß eigene Gestaltungsmacht einfordern" (Forum Umwelt & Entwicklung 1997: 8).

Die Frauen-Agenda 21 betont den engen Zusammenhang und die Verflechtung von Frauen- und Naturunterdrückung und fordert eine neue Moral des Produzierens, Handelns und Konsumierens. Wesentliche Forderungen des Frauen-Aktionsplans 21 sind eine neue Ethik im Umgang mit Natur, Gerechtigkeit zwischen Nord und Süd sowie Gerechtigkeit zwischen den Geschlechtern (Wichterich 1992). Darüber hinaus unterstreicht der Frauen-Aktionsplan 21, daß Nachhaltigkeit Empowerment von Frauen voraussetzt, betont also explizit die enge Verknüpfung zwischen Nachhaltigkeit und Empowerment von Frauen. Unter Empowerment ist gesellschaftlicher und politischer Machtzuwachs von Frauen zu verstehen, z.B. durch den Zugang zu Ausbildung, Beteiligung an gesellschaftlichen, wirtschaftlichen und politischen Entscheidungsprozessen, Verfügungsgewalt über die natürlichen Ressourcen.

Kritisch anmerken läßt sich an der Frauen-Agenda 21, daß sie sich insbesondere auf die Situation von Frauen in den sogenannten Entwicklungsländern bezieht, die auf der einen Seite vor allem in ländlichen Regionen von der Umweltzerstörung besonders betroffen sind, weil dadurch die für ihr Überleben dringend erforderliche Nutzung von natürlichen Ressourcen, z.B. Wasser und Holz, gefährdet ist. Auf der anderen Seite werden Frauen aufgrund ihrer Erfahrungen und ihres direkten Umgangs mit den natürlichen Lebensgrundlagen als diejenigen betrachtet, die über besondere Kompetenzen verfügen, diese zu schützen und zu bewahren. Wenig Ausdruck findet in der Frauen-Agenda 21 dagegen die Situation von Frauen in den Industriestaaten. So ist speziell für einen Industriestaat wie Deutschland noch wenig systematisch erforscht, wie sich die Geschlechterverhältnisse auf die Betroffenheit von Umweltbelastungen und -gefährdungen, auf den Zugang zu und den Umgang mit natürlichen bzw. industriell verarbeiteten Ressourcen sowie drittens auf die Reaktionen und Verarbeitung der Umweltbelastungen auswirken.

Grundsätzliche Kritik an dem Konzept nachhaltige Entwicklung: Vorsorgendes Wirtschaften

Das Konzept Vorsorgendes Wirtschaften wurde, wie bereits erwähnt, nach der UNCED-Konferenz von dem Arbeitskreis "Nachhaltiges Wirtschaften aus weiblicher Perspektive" entwickelt (Jochimsen et al.1994, Biesecker et al. 1997). Dieser Ansatz kritisiert an der Nachhaltigkeitsdebatte ihre einseitige Orientierung am Primat der Erwerbsarbeit, die dazu führe, daß die wissenschaftlichen und politischen Problem- und Fragestellungen des Nachhaltigkeitsdiskurs überwiegend an einem männlich geprägten Lebens- und Arbeitshintergrund ansetzen und insofern den eher weiblich bestimmten Bereich der Reproduktion ausblendeten. Das Konzept Vorsorgendes Wirtschaften unterstreicht dagegen die Bedeutung des Versorgungsbereichs und fordert die Erweiterung der Nachhaltigkeitsdebatte um eben diese Dimension. Es geht einerseits davon aus, daß Frauen als "Grenzgängerinnen" sich noch immer durch eine besondere Nähe und Verantwortung für den versorgungswirtschaftlichen Bereich, den Bereich der Reproduktion, auszeichnen. Auf der anderen Seite nimmt das Konzept Vorsorgendes Wirtschaften an, daß sich Versorgungs- und Erwerbswirtschaft in ihren zentralen Handlungsprinzipien unterscheiden. Die folgenden Prinzipien haben nach diesem Verständnis in der Versorgungswirtschaft eine besondere Bedeutung und sollten für eine nachhaltige Entwicklung auch für die Erwerbswirtschaft handlungsleitend sein:

- Kooperation statt Konkurrenz
- Vorsorge statt Nachsorge
- Orientierung am Lebensnotwendigen statt Orientierung an monetären Größen.

Die Aufnahme dieser Handlungsprinzipien in die Erwerbswirtschaft betrachtet das Konzept Vorsorgendes Wirtschaften als wesentliche Voraussetzung einer sozial- und umweltverträglicheren Wirtschaftsweise. Insbesondere die Orientierung an der Vorsorge und z.T. auch die Orientierung an dem Lebensnotwendigen werden von der offiziellen Nachhaltigkeitsdebatte ebenfalls diskutiert, jedoch in der Regel ohne expliziten Bezug auf das Konzept Vorsorgendes Wirtschaften.

Dieser Ansatz ist innerhalb der feministischen Auseinandersetzung ebenfalls nicht unstrittig. Beispielsweise wird problematisiert, daß er von einer "Frau-Versorgungs-Universalie" ausgeht und damit Gefahr läuft, die traditionellen geschlechtsspezifischen Rollenzuweisungen weiter fortzuschreiben (Wichterich 1994). Weiterhin wird die Wirksamkeit von Strategien, die vorrangig auf ethische Prinzipien der Hausarbeit für die ökologischen Umsteuerungen der Wirtschaft setzen, prinzipiell bezweifelt und als eine Art Ablenkung von der

Einforderung wirtschaftlicher und politischer Gleichberechtigung für Frauen kritisiert (Knapp 1997, vgl. hierzu Hofmeister in diesem Band).

Zu den feministischen Kritikansätzen, die sich vorrangig auf die umsetzungsorientierte Ebene der Konkretisierung und Operationalisierung von Nachhaltigkeit richten, gehören die These von der Feminisierung der Umweltverantwortung sowie die Kritik am Objektivitätsanspruch der naturwissenschaftlich-quantitativen Dimensionen von Nachhaltigkeit, die ich abschließend skizzieren werde.

Feministische Kritik an Konkretisierungsansätzen von Nachhaltigkeit: Die These von der Feminisierung der Umweltverantwortung

Die feministischen Analysen der Studie "Zukunftsfähiges Deutschland" bestätigen insgesamt die schon länger formulierte These von der Feminisierung der Umweltverantwortung. Darunter ist zu verstehen, daß ein Großteil an Verantwortung für die Umsetzung eines umweltverantwortlichen Handelns den privaten Verbraucherinnen und Verbrauchern zugewiesen wird, während gleichzeitig ihre Rahmenbedingungen und Handlungsmöglichkeiten sowie die Komplexität des Alltagshandelns kaum berücksichtigt werden. Vielmehr wird die Gestaltungsmacht der privaten Konsumentinnen und Konsumenten deutlich überhöht und ihr Handeln moralisiert.

So kommen beispielsweise die Autorinnen des BUKO in ihrer Kritik des "Zukunftsfähigen Deutschlands" zu dem Ergebnis, daß die von der Studie skizzierten Umorientierungen und Verhaltensumstellungen einseitig zu Lasten von Frauen gehen (Bernhard 1996 und in diesem Band). Sie führen dies darauf zurück, daß auf der einen Seite das Geschlechterverhältnis und die bestehende geschlechtsspezifische Arbeits- und Machtteilung explizit nicht erwähnt, andererseits aber der sogenannte Privatbereich und das private Konsumverhalten als entscheidend für Veränderungen und Umstellungen in Richtung auf eine nachhaltige Entwicklung dargestellt werden. Frauen erscheinen so unausgesprochen als die nicht explizit genannten Hauptverantwortlichen für den ökologischen Wandel. Weiterhin kritisieren die Mitarbeiterinnen von BUKO, daß die Leitbilder einseitig von den privaten VerbraucherInnen Suffizienz, die Bereitschaft zu Verzicht, zur Bescheidenheit und zum Sparen von Ressourcen fordern. In dieses Bild der unreflektierten traditionellen geschlechtsspezifischen Rollenzuweisungen passe, daß entsprechende Umorientierungen für den Bereich der Produktion nicht gefordert werden. Hier werde nicht Suffizienz und Maßhalten, sondern Effizienz, d.h. die optimale Nutzung natürlicher Ressourcen durch entsprechende technologische Weiterentwicklungen angestrebt. So sehen die Autorinnen des BUKO in der Studie "Zukunftsfähiges Deutschland" die traditionelle geschlechtsspezifische Arbeits- und Verantwortungsteilung nach der Devise "Effizienz für die Männer, Suffizienz für die Frauen" festgeschrieben. Die ökologische Krise diene als neues Argument, die Frauen wieder zurück an den Herd zu bringen.

Die Überhöhung der KonsumentInnenmacht und die Zuweisung der Umweltverantwortung an die Privathaushalte wird auch in weiteren feministischen Analysen der Studie "Zukunftsfähiges Deutschland" problematisiert, z.B. von Irmgard Schultz, der AG Frauen des Forums Umwelt & Entwicklung sowie der Arbeitsgruppe "Nachhaltigkeit" von NUT, dem Verein Frauen in Naturwissenschaft und Technik (Schultz 1996, Forum Umwelt & Entwicklung 1997, AG "Nachhaltigkeit" im Verein Frauen in Naturwissenschaft und Technik (NUT) 1996). Sie unterscheiden sich jedoch in den Konsequenzen, die sie daraus ziehen. Während z.B. für Claudia Bernhard daran die prinzipielle Unvereinbarkeit von Nachhaltigkeit und Feminismus deutlich wird, leitet Irmgard Schultz aus ihrer feministischen Analyse ab, daß Konzepte und Konkretisierungen von Nachhaltigkeit mögliche Unterschiede in den Ausgangspositionen von Frauen und Männern berücksichtigen müssen (Bernhard, Schultz in diesem Band). Sie kritisiert an der Studie "Zukunftsfähiges Deutschland" sowohl die Ausblendung sozialstruktureller Ausgangsfaktoren im allgemeinen als auch die Nicht-Wahrnehmung der umfangreichen Ergebnisse der feministischen und Frauenforschung über die Lebens- und Arbeitssituationen von Frauen im speziellen, die belegen, daß sich die "Gegenwartssituationen und Zukunftserwartungen" von Frauen und Männern nach wie vor erheblich unterscheiden (Schultz 1996).

Aus dieser Kritik läßt sich einerseits der Schluß ziehen, daß die Nicht-Thematisierung der Geschlechterverhältnisse, insbesondere der geschlechtsspezifischen Arbeits- und Verantwortungsteilung, in den Umsetzungskonzepten einer nachhaltigen Entwicklung dazu beitragen kann, diese dennoch zwischen den Zeilen als "heimlichen Lehrplan" zu transportieren und dadurch zu zementieren und zu verschärfen. Insofern erscheint es in einer feministischen Perspektive erforderlich, dieses unsichtbare Festschreiben traditioneller Geschlechtsrollen zunächst überhaupt sichtbar zu machen. Auf der anderen Seite birgt auch die explizite Thematisierung der Geschlechterverhältnisse und die

Bestimmung möglicher Geschlechterunterschiede die Gefahr, traditionelle geschlechtsspezifische Arbeits- und Verantwortungszuweisungen zu bestätigen und zu konservieren. Hier zeichnet sich als Dilemma und besondere Herausforderung eines gender-bezogenen Nachhaltigkeitsdiskurses ab, das Wirken der verborgen, aber dennoch manifest eingeschriebenen Geschlechterverhältnisse sichtbar zu machen, ohne diese jedoch festzuschreiben. Vielmehr sollten die Ergebnisse kritisch reflektiert und als mögliche Ausgangsbasis für Veränderungen und die Entwicklung neuer Geschlechterverhältnisse betrachtet werden, zumal angesichts aktueller Ergebnisse und Diskussionen der philosophisch-erkenntnistheoretischen Frauen- und Geschlechterforschung über die Dekonstruktion der Kategorie Geschlecht und die abzeichnende Auflösung der Geschlechtergrenzen (vgl. z.B. Heintz 1994).

Feministische Kritik an Konkretisierungsansätzen von Nachhaltigkeit: Kritik des Objektivitätsanspruchs der naturwissenschaftlich-quantitativen Dimensionen von Nachhaltigkeit

Auffallend ist, daß auch im feministischen Diskurs die naturwissenschaftlichen Teile des "Zukunftsfähigen Deutschlands" zunächst kaum in die Kritik gerieten und sich ein Großteil der feministischen Kritik vorrangig auf den qualitativen Teil und die Leitbilder der Studie bezieht. Deswegen hat sich eine Arbeitsgruppe des Vereins "Frauen in Naturwissenschaft und Technik" (NUT) aus der Perspektive kritisch-femininistischer Naturwissenschaftlerinnen explizit mit den naturwissenschaftlichen Kapiteln auseinandergesetzt. Sie hat aufgezeigt, daß die Studie nach wie vor – trotz einiger anderslautender rhetorischer Ansprüche – von der vermeintlichen Objektivität ihrer naturwissenschaftlich-quantitativen Daten und der Bestimmung der ökologischen Grenzen und Ziele ausgeht (Arbeitsgruppe "Nachhaltigkeit" im Verein Frauen in Naturwissenschaft und Technik NUT 1996). Daß die Studie beansprucht, naturwissenschaftlich objektiv das ökologisch Notwendige festgelegt zu haben, zeigt folgendes Zitat: "Ihr Erfolg (von Strategien für eine zukunftsfähige Entwicklung Deutschlands, d.V.) wird davon abhängen, inwieweit es gelingt plausibel zu machen, daß das ökologisch Notwendige auch aus sozialer, kultureller und ökonomischer Perspektive attraktiv ist" (BUND & Misereor 1996: 81). Beteiligungs- und Gestaltungsmöglichkeiten werden so den verschiedenen gesellschaftlichen Gruppen allein bei den Überlegungen eingeräumt, wie diese Ziele zu erreichen sind. Zu kritisieren ist darüber hinaus, daß die naturwissenschaftlich-quantitativen und die sozialwissenschaftlich-qualitativen Beschreibungen einer nachhaltigen Entwicklung in ein hierarchisches Verhältnis gestellt werden. Letztere erhalten lediglich die Aufgabe, sozusagen "end-of-the-pipe" Akzeptanz für die von den Naturwissenschaften vorgegebenen Ziele herzustellen.

Daß in die Bestimmung der Umweltziele jedoch auch Bewertungen einfließen, läßt sich beispielsweise an der Fokussierung der Studie auf Mengenströme, die Stoffe, die in Megatonnen auftreten, zeigen. Darin drückt sich eine Prioritätensetzung der Autoren der Studie in ihrer Wahrnehmung und Bewertung von Umweltrisiken aus, die z.B. den Massenströmen von Kohlendioxid als klimarelevantes Spurengas eine besonders hohe Umweltrelevanz zuschreibt. Damit einher geht eine geringere Wahrnehmung der Risikopotentiale von Problemstoffen und -gruppen, die wie Dioxine oder manche Schwermetalle bereits in äußerst geringen Konzentrationen mit Gesundheitsgefährdungen verbunden sein können und auf die sich daher insbesondere die Aufmerksamkeit und Risikowahrnehmung privater Konsumenten und Konsumentinnen bei ihren Alltagsentscheidungen richten (ausführlicher Weller 1997).

Bei diesem Kritikansatz stellt sich die Frage nach geeigneten Methoden und Verfahren, angesichts der Definitionsmacht naturwissenschaftlichen Expertenwissens das Wissen und die Problem- und Risikowahrnehmung von Laien allgemein sowie von Frauen als relevante Alltagsakteurinnen im besonderen gleichberechtigt und von Anfang an auch in die Bestimmung der naturwissenschaftlich-ökologischen Dimensionen der Nachhaltigkeitsdebatte einbezogen werden können. Hier besteht nicht nur erheblicher Forschungsbedarf bezogen auf geeignete Partizipationsmethoden und -verfahren, sondern auch bezogen auf die Frage, wie die Umsetzung der Ergebnisse partizipativer Prozesse unterstützt und gewährleistet werden kann.

Erstes Resümee und Ausblick auf die folgenden Beiträge

Zunächst wird angesichts der umfangreichen und vielfältigen feministischen Auseinandersetzung mit dem Konzept Nachhaltigkeit deutlich, daß der "offizielle" Nachhaltigkeitsdiskurs und insbesondere seine Konkretisierungs- und Umsetzungsversuche die zu Beginn skizzierten Anknüpfungspunkte zwischen feministischen und nachhaltigen Frage- und Zielstellungen kaum wahrnimmt und noch weniger aufnimmt. Die Stellungnahmen zur Studie "Zukunftsfähiges Deutschland" unterstreichen, daß sich die Forschung zur Konkretisierung und

Umsetzung einer nachhaltigen Entwicklung ganz im Gegenteil bisher eher durch ihre Blindheit gegenüber dem Geschlechterverhältnis auszeichnet, daß sie Partizipation auf die Herstellung von Akzeptanz für vorgegebene Ziele reduziert und daß sie weiterhin dem Mythos naturwissenschaftlicher Objektivität verhaftet ist. In dieser geschlechtsblinden Perspektive werden Nachhaltigkeitsziele aufgestellt, die insbesondere von der sogenannten Privatsphäre, d.h. von den KonsumentInnen, Genügsamkeit, Bescheidenheit und die Übernahme von Umweltverantwortung verlangen, diesen aber andererseits kaum echte Mitgestaltungsmöglichkeiten einräumen.

Im Mittelpunkt feministischer Kritik steht eindeutig die Studie "Zukunftsfähiges Deutschland", d.h. die eher anwendungsorientierte Ebene von Nachhaltigkeit, mit der sich vergleichsweise viele Analysen befassen. Diese richten sich vorrangig auf die mangelhafte Berücksichtigung der drei Aspekte Partizipation und Geschlechtergerechtigkeit sowie auf das Defizit der nicht umgesetzten Interdisziplinarität und Verknüpfung sozialer mit ökologischen Problem- und Fragestellungen. Erstaunlicherweise wurde an der Folgestudie des Umweltbundesamtes "Nachhaltiges Deutschland", das 1997 veröffentlicht wurde, in der Öffentlichkeit bisher keine vergleichbare Kritik geäußert, obwohl diese ebenfalls Hinweise beispielsweise für die These von der Feminisierung der Umweltverantwortung bietet (UBA 1997).

Demgegenüber scheint die konzeptionelle Ebene von Nachhaltigkeit zumindest in der bundesdeutschen feministischen Kritik eine geringere Rolle zu spielen, auf sie bezieht sich allein das Konzept Vorsorgendes Wirtschaften. Dies eröffnet zum einen die Frage nach Möglichkeiten, die konzeptionellen gender-orientierten Debatten über Nachhaltigkeit zu stärken. Zum anderen ist aber auch nach den Verbindungen und Bezügen zwischen den beiden Kritikebenen, der eher konzeptionellen und der eher anwendungsorientierten Auseinandersetzung, zu fragen.

Weiterhin zeigt der Überblick, daß sich die feministische Auseinandersetzung mit Nachhaltigkeit bisher überwiegend auf Kritikperspektiven konzentriert und vielfältige "blinde Flecke" im Nachhaltigkeitsdiskurs aufgezeigt hat. Dagegen fehlen bisher weitgehend Arbeiten zur Entwicklung von Konzeptualisierungen und Umsetzungsversuchen, die die feministische Kritik mit aufnehmen, sie umsetzen und darauf aufbauend Gegenentwürfe und -modelle von Nachhaltigkeit entwickeln.

Aus dem aufgezeigten Diskussionsstand der feministischen Kritik an Nachhaltigkeit ergeben sich weiterführende Frage- und Problemstellungen sowie kontroverse Positionen, die als "roter Faden" die Diskussionen der verschiedenen Beiträge der Ringvorlesung begleitet haben und so weiterführend vertieft wurden. Im Mittelpunkt standen die folgenden vier Frage- und Problemkomplexe:

- Wie ist mit dem Dilemma umzugehen, einerseits die im offiziellen Nachhaltigkeitsdiskurs weitgehend unsichtbaren Geschlechterverhältnisse sichtbar zu machen und Unterschiede in den Ausgangspositionen von Frauen und Männern zu berücksichtigen, ohne damit zu einer Festschreibung traditioneller Geschlechtsrollen, sondern vielmehr zur Entwicklung neuer Geschlechterverhältnisse beizutragen?
- Wie wirken sich in den Industriestaaten die Geschlechterverhältnisse zum einen aufdie Betroffenheit und Wahrnehmung von Umweltgefährdungen, zum anderen auf den Zugang zu und den Umgang mit den natürlichen bzw. industriell veränderten Ressourcen sowie drittens auf die Reaktionen auf die Umweltrisiken aus?
- Welche (neuen) Methoden und Verfahren eignen sich dazu, das Wissen, die Problem- und Risikowahrnehmung von Nicht-WissenschaftlerInnen allgemein und Frauen als relevanten Alltagsakteurinnen gleichberechtigt in die naturwissenschaftlich-ökologische Dimension der Nachhaltigkeitsdebatte einzubeziehen?
- Wie kommen wir von den feministischen Kritikperspektiven zu Umsetzungsperspektiven und Gegenmodellen des Nachhaltigkeitsdiskurses, die die Ergebnisse der feministischen Analysen bzw. Gender-Aspekte aufnehmen?

Die folgenden Texte greifen einige der in dieser Einführung nur grob skizzierten Positionen einer feministischen Auseinandersetzung mit den verschiedenen Ebenen des Nachhaltigkeitsdiskurses auf, vertiefen sie und entwickeln sie weiter. Aus den verschiedenen Sichtweisen, Argumentationslinien, disziplinären Hintergründen und thematischen Schwerpunkten der Autorinnen zeigen sich neue Perspektiven, Fragestellungen und innovative Potentiale, die eine feministische Herangehensweise an Nachhaltigkeit eröffnen kann. Es offenbaren sich jedoch auch Blockaden und Schwierigkeiten, die sich diesem kritischen Blick auf Nachhaltigkeit in den Weg stellen.

Die Beiträge gruppieren sich um vier Bereiche des Nachhaltigkeitsdiskurses. Auf die *Konzeptualisierungen* von Nachhaltigkeit beziehen sich die eher theorieorientierten Texte von Elvira Scheich und Sabine Hofmeister. Im Mittelpunkt der Ausführungen von *Elvira Scheich* steht das Aufzeigen historischer Veränderungen im Verständnis von Objektivität und technischem Fortschritt als wirkmächtige Basiskategorien des Konzepts Nachhaltigkeit. Dazu analysiert sie das Wissenschaftsverständnis und das Natur-Geschlechterverhältnis von Max Weber und Oswald Spengler. *Sabine Hofmeister* kritisiert in ihrem Beitrag die Trennung von Produktion und Reproduktion in der Ökonomie, die auch im Nachhaltigkeitsdiskurs fortgesetzt wird. Sie stellt das Konzept Vorsorgendes Wirtschaften als einen Ansatz vor, der die Produktivität des Reproduktiven und haushaltsökonomisches Denken und Handeln, d.h. Naturproduktivität und sozial weibliche Produktivität, als Ausgangspunkt für Konzeptualisierungen und Konkretisierungen von Nachhaltigkeit nimmt.

Auf die Untersuchung des *Diskurses* Nachhaltigkeit fokussieren die Beiträge von Irmgard Schultz, Claudia Bernhard und Kathrin Buchholz. *Irmgard Schultz* setzt sich kritisch mit der Studie "Zukunftsfähiges Deutschland" auseinander. Sie geht dabei über eine feministische Defizit- und Mängelanalyse dieser Studie hinaus, indem sie zusätzlich die dort zugrunde gelegten Basisannahmen dekonstruiert und Vorschläge für eine Rekonstruktion unter Berücksichtigung der Ergebnisse der Defizit- und Dekonstruktionsanalyse entwickelt. Der Text von *Claudia Bernhard* vertritt eine Position, die die Nachhaltigkeitsdebatte als gegen die Emanzipations- und Autonomiebestrebungen von Frauen gerichtet betrachtet. In ihrer Kritik bezieht sie sich ebenfalls auf die Modernisierungsentwürfe und Vorschläge für einen ökologischen Wandel des "Zukunftsfähigen Deutschlands". Die (Nicht-) Thematisierung des Zusammenhangs zwischen Frauen und Umwelt im Rahmen der bundesdeutschen Lokalen Agenda 21 setzt *Kathrin Buchholz* in Bezug zu der vergleichsweise intensiven internationalen Debatte, die jedoch in erster Linie die Lebenssituationen von Frauen in ländlichen Gebieten des Südens widerspiegelt. Sie verweist auf die Notwendigkeit, die umweltbezogenen Interessen und Forderungen von Frauen, die in einem Industriestaat wie der Bundesrepublik leben, genauer zu bestimmen und zu konkretisieren.

Die Texte von Meike Spitzner und mir setzen sich mit verschiedenen *Handlungsfeldern* von Nachhaltigkeit auseinander. In *meinem Beitrag* gehe ich der Frage nach der Gestaltungsmacht von Frauen als private Konsumentinnen und der Wahrnehmung ihres Handlungskontextes in Prozessen ökologischer Innovationen von Produkten, die auf nachhaltige Produktions- und Konsummuster zielen, nach. Am Beispiel von Textilien zeige ich die Entkontextualisierung des privaten Konsums auf, dekonstruiere einige Grundannahmen textiler Stoffstromanalysen und stelle erste Ansätze zur Verbesserung der wissenschaftlich-technischen Partizipation von Frauen vor. *Meike Spitzner* erläutert in ihrem Text am Beispiel Mobilität die öko-soziale Krise der Reproduktionsarbeit, die sie als eine Kerndimension der Herausforderungen der Nachhaltigkeitsproblematik kennzeichnet. Sie zeigt die Notwendigkeit auf, die derzeitigen Realitäts-Konstruktionen und Orientierungen der Stadt- und Verkehrsplanung grundlegend zu verändern und schlägt für die Re-Integration nicht nur der Versorgungsarbeit, sondern auch der räumlichen und zeitlichen Bezüge eine Neuorganisation politischer Handlungsfelder vor.

Mit *Umsetzungsstrategien* von Nachhaltigkeit beschäftigen sich Ulrike Röhr sowie Martina Schäfer und Susanne Schön. Der Beitrag von *Ulrike Röhr* bezieht sich auf die Beteiligung und Gestaltungsmöglichkeiten von Frauen im Rahmen der Lokalen-Agenda-Prozesse. Sie stellt sowohl häufig dabei auftretende Schwierigkeiten und Hemmnisse als auch erfolgreiche Strategien zu ihrer Bewältigung vor. *Martina Schäfer und Susanne Schön* bestimmen die für eine nachhaltige Entwicklung erforderlichen Veränderungen der inhaltlichen Gestaltung und Verteilung von Arbeit am Beispiel der beiden Bedürfnisfelder Ernährung und Wohnen. Sie entwerfen ein Organisationsmodell zukunftsfähiger Arbeit, das sehr konkrete Vorschläge sowohl für Erwerbsarbeit als auch für lebensweltliche Arbeit macht.

In der abschließenden Zusammenfassung zeigen *Esther Hoffmann und Ulrike Weiland* zentrale Kristallisationspunkte und Entwicklungslinien der Diskussionen der Ringvorlesung auf und gehen dabei auch auf die Suche nach Antworten auf die oben angeführten übergreifenden Fragenkomplexe. Weiterhin stellen sie die Ergebnisse der Abschlußdiskussion über Konsequenzen der feministischen Auseinandersetzung mit dem Nachhaltigkeitskonzept für Forschung, Lehre und Politik vor.

Literatur

AG "Nachhaltigkeit" im Verein Frauen in Naturwissenschaft und Technik (NUT) (1996): "Ein Mann hat eine Vision..." Zur Studie "Zukunftsfähiges Deutschland". Berlin, Frankfurt am Main 1996.

Bernhard, C. (1996): Good girls go sustainable, bad girls go everywhere. Über die Unvereinbarkeit von Feminismus und Nachhaltigkeit. In: FORUM entwicklungspolitischer Aktionsgruppen 1/96, 7-10.

Biesecker, A.; M. Jochimsen; U. Knobloch (1997): Vorsorgendes Wirtschaften – Ein Ansatz zur Überwindung der Defizite in der Nachhaltigkeitsdiskussion. In: Ökologisches Wirtschaften, 3/4 1997, Spezial Nachhaltiges Wirtschaften – eine feministische Perspektive, 7-9.

Braidotti, R.; E. Charkiewicz; S. Häusler; S. Wieringa (1994): Women, the Environment and Sustainable Development. London, New Jersey u.a. 1994.

Brand, K.-W. (Hrsg.) (1997): Nachhaltige Entwicklung. Eine Herausforderung an die Soziologie. Leverkusen 1997.

BUND (Bund für Umwelt und Naturschutz, Deutschland) & Misereor (Hrsg.) (1996): Zukunftsfähiges Deutschland. Ein Beitrag zu einer global nachhaltigen Entwicklung. Basel, Boston, Berlin 1996.

BMU (Bundesministerium für Umwelt, Naturschutz und Reaktorsicherheit) (Hrsg.) (o.J.): Konferenz der Vereinten Nationen für Umwelt und Entwicklung im Juni 1992 in Rio de Janeiro – Dokumente – Agenda 21. Bonn o.J.

Deutscher Bundestag (Hrsg.) (1997): Konzept Nachhaltigkeit. Fundamente für die Gesellschaft von morgen. Zwischenbericht der Enquête-Kommission "Schutz des Menschen und der Umwelt – Ziele und Rahmenbedingungen einer nachhaltig zukunftsverträglichen Entwicklung" des 13. Deutschen Bundestages. Bonn 1997.

Enquête-Kommisson "Schutz des Menschen und der Umwelt" des Deutschen Bundestages (Hrsg.) (1993): Verantwortung für die Zukunft – Wege zum nachhaltigen Umgang mit Stoff- und Materialströmen. Bonn 1993.

Enquête-Kommisson "Schutz des Menschen und der Umwelt" des Deutschen Bundestages (Hrsg.) (1994): Die Industriegesellschaft gestalten. Perspektiven für einen nachhaltigen Umgang mit Stoff- und Materialströmen. Bonn 1994.

Enquête-Kommission "Schutz des Menschen und der Umwelt" des Deutschen Bundestages (Hrsg.) (1995): Studienprogramm Umweltverträgliches Stoffstrommanagement. Bonn 1995.

Fischer, A. (1998): Wege zu einer nachhaltigen beruflichen Bildung. Theoretische Vorüberlegungen. Bielefeld 1998.

Forum Umwelt & Entwicklung (Hrsg.) (1997): Zukunftsfähiges Deutschland. Zukunft für Frauen? Memorandum der AG Frauen im Forum Umwelt & Entwicklung. Bonn 1997.

Friege, H.; C. Engelhardt; K.O. Henseling (Hrsg.) (1998): Das Management von Stoffströmen: geteilte Verantwortung – Nutzen für alle. Berlin u.a. 1998.

Fritz, P.; J. Huber; H. W. Levi (Hrsg.) (1995): Nachhaltigkeit in naturwissenschaftlicher und sozialwissenschaftlicher Perspektive. Stuttgart 1995.

Hauff, V. (Hrsg.) (1987): Unsere gemeinsame Zukunft. Der Brundtland-Bericht der Weltkommission für Umwelt und Entwicklung. Greven 1987.

Harcourt, W. (Ed.) (1994): Feminist Perspectives on Sustainable Development. ZED Books Ltd. London & New Jersey 1994.

Heintz, B.(1994): Die Auflösung der Geschlechterdifferenz. Entwicklungstendenzen in der Theorie der Geschlechter. In: Wechselwirkung, Jg. 16, Nr. 69, Oktober 1994, 49-52.

Hofmeister, S. (1998): Von der Abfallwirtschaft zur ökologischen Stoffwirtschaft – Wege zu einer Ökonomie der Reproduktion. Opladen 1998.

Jochimsen, M.; U. Knobloch; I. Seidl (1994): Vorsorgendes Wirtschaften. Konturenskizze einer ökologischen und sozialverträglichen Ökonomie. Politische Ökologie, Sonderheft 6, 6-11.

Klingholz, R. (1994): Wahnsinn Wachstum. Wieviel Mensch erträgt die Erde? Hamburg 1994.

Knapp, U. (1997): Ökofeministisch wirtschaften? Eine Polemik gegen den Haushalt als Ausgangspunkt allgemeiner Richtlinien. In: Ökologisches Wirtschaften, 3/4 1997, Spezial Nachhaltiges Wirtschaften – eine feministische Perspektive, 9-12.

Kreibich, R. (Hg.) (1996): Nachhaltige Entwicklung. Leitbilder für die Zukunft von Wirtschaft und Gesellschaft. Weinheim und Basel 1996.

Schultz, I. (1996): Die Liebe der Männer zu nachhaltigen Zahlen. Eine Betrachtung der Studie "Zukunftsfähiges Deutschland" aus feministischer Sicht. In: Wechselwirkung, Jg. 18, Nr. 78, April 1996, 59-63.

UBA (Umweltbundesamt) (1997): Nachhaltiges Deutschland. Wege zu einer dauerhaft umweltgerechten Entwicklung. Berlin 1997.

Wehling, P. (1997): Sustainable development – eine Provokation für die Soziologie? In: K.-W. Brand (Hrsg.) (1997): Nachhaltige Entwicklung. Eine Herausforderung an die Soziologie. Leverkusen 1997.

Weller, I. (1997): Schlüsselakteure und Alltagsakteurinnen: Perspektive Stoffstrommanagement und Perspektive Entchemisierung. In: Becker, E.: Soziale Ökologie und Sustainable Development. Jahrbuch für sozial-ökologische Forschung 3. Frankfurt am Main, 103-116.

Wichterich, C. (1992): Die Erde bemuttern. Frauen und Ökologie nach dem Erdgipfel in Rio. Herausgegeben von der Heinrich-Böll-Stiftung, Köln 1992.

Wichterich, C. (1994): Pragmatikerinnen des Überlebens. Über den Zusammenhang zwischen Nutzungsrechten und Fürsorgeverantwortung. Politische Ökologie, Sonderheft 6, 44-46.

Zum Konzept Nachhaltigkeit

Elvira Scheich

Fortschritt anders denken

Zur historisch-politischen Kontextualisierung der Nachhaltigkeitsdebatte

Durch die sozialen Bewegungen für Umweltschutz und Ökologie ist deutlich geworden, daß ein Festhalten am bisherigen Entwicklungsmuster hochindustrialisierter Gesellschaften äußerst problematisch geworden ist. Das andauernde Wachstum des materiellen Wohlstands und die permanente Beschleunigung technischer Innovationen sowie deren Kopplung kann weiterhin weder als das generelle Modell noch als zukünftige Leitlinie zur Bewältigung der entstandenen Probleme betrachtet werden. Insbesondere zwei Kernvorstellungen industrieller Modernisierung sind in Zweifel gezogen geworden, nämlich das Konzept eines unilinearen technischen Fortschritts sowie die Gleichsetzung von wissenschaftlicher Objektivität mit gesellschaftspolitischer Neutralität. Beide wirken als Ursache in einer Reihe von schwerwiegenden Ausblendungen, die sowohl den natürlichen als auch den historisch-politischen Kontext von Technik- und Wissenschaftsentwicklung betreffen. Ihre Folgen äußern sich in nicht intendierten Rückkoppelungseffekten, die mit einer nur instrumentellen Rationalität nicht zu handhaben sind.

Die Notwendigkeit einer kritischen Reflexion und Korrektur dieser Konzepte stellt sich vor allem, weil die Krise des Verhältnisses von Natur und Gesellschaft selbst wiederum wissenschaftlich bearbeitet und in technische Umweltprobleme umgesetzt wird. Und zwar gleichgültig, ob in kritischer Absicht oder nicht. Bevor ich deshalb mit einem historischen Rückblick auf den Kontext eingehen will, in dem die modernen Vorstellungen von Objektivität und Fortschritt zu einem ganz wesentlichen Teil ausformuliert wurden, soll zunächst noch ein Blick auf die aktuelle Debatte und deren Dimensionen meine Fragestellung präzisieren.

Offene Fragen

„Menschen mit ihren Organisationen, Interessen und Wünschen kommen gar nicht in den Blick." (BUND & Misereor 1996: 150) Ausdrücklich haben es deshalb die Autoren der Studie „Zukunftsfähiges Deuschland" zu ihrem Anliegen gemacht, den Reduktionismus einer stofflich-quantitativen Darstellung zu vermeiden und auf qualitative Zielvorstellungen einzugehen. In einem ausführliches Kapitel entwickeln sie acht Leitbilder und „Wende-Szenarien", in denen sie die „Gestaltungsfelder sozialer Erneuerung" (BUND & Misereor 1996: 151 ff.) konkretisieren. „Dabei zeigt sich, daß der Wille, den Naturverbrauch zu reduzieren, oft in Entwürfe eingelassen ist, die – neben technischen Verbesserungen – gleichermaßen soziale und kulturelle Neuorientierungen umfassen" (BUND & Misereor 1996: 152). Trotz dieses Anspruchs springt die mangelnde Integration des Leitbilder-Kapitels in die Gesamtargumentation der Studie ins Auge. Anstatt das „Ineinander von Institution, Macht und Bedeutung, in das jeder Umgang mit Natur eingelassen ist" (BUND & Misereor 1996: 149) weiterhin wirklich zu analysieren, werden schon im folgenden Kapitel mit dem Titel „Übergänge" politische, soziale und kulturelle Aspekte gar nicht mehr berücksichtigt.

Fragt man genauer, welche Funktion und Bedeutung den Leitbildern hier im Kontext einer ökologischen Umweltgestaltung zugeordnet wird, dann wird dieser Bruch bald als ein systematischer kenntlich, und es treten zwei (eng miteinander verbundene) Problemkreise hervor. Der eine davon ist bereits mehrere Male zum Gegenstand feministischer Kritik geworden, die die Verallgemeinerbarkeit von Grenzwerten, sowie der Maßstäbe, auf denen sie beruhen, und der Bilanzen, die auf ihrer Grundlage ermittelt werden, in Frage stellt (z.B. Schultz 1996). In der Studie wird diese Problematisierung nicht aufgegriffen und als „Expertenfalle" (BUND & Misereor 1996: 151) wird lediglich der mangelnde Anschluß wissenschaftlicher Befunde zur Motivation und damit zur Teilnahme[1] der Bürger verstanden. Unverändert finden wir die Abstraktheit der stofflich-quantitativen Darstellung der Umweltkrise, sie „ordnet die unübersichtliche Welt in Zustandsdaten und Zeitreihen, sie verspricht objektive Aussagen, indem sie meßbare Sachverhalte in den Vordergrund stellt, und sie vermag eindeutige, quantitativ kontrollierbare Handlungsziele zu definieren. Damit wird ein Wissensbestand geschaffen, vor dessen Datensätzen keine Ausflüchte möglich sind" (BUND & Misereor 1996: 150). Hier wird die konzeptuelle Verkürzung auf das Meßbare selbst nicht befragt, überprüft und korrigiert, sondern soll bloß ergänzt werden durch das Menschlich-Qualitative:

[1] Ob damit eine politische Beteiligung gemeint ist, wird nicht genauer bezeichnet; mögliche Probleme damit werden auch nicht weiter diskutiert.

„Denn die Menschen möchten nicht nur müssen, sie möchten auch wollen dürfen“ (BUND & Misereor 1996: 151).[2]

Indem das Soziale überhaupt nur als Werte und Normen (eher selten auch als Gefühl) in den Blick genommen, bzw. das Historische als das Qualitative per se gesetzt wird (BUND & Misereor 1996: 151), werden Tatsachen wieder fixiert zu Natur, Stoff und Zahl. Im damit letztlich zufälligen und beziehungslosen Nebeneinander von Werten und Tatsachen gehen die dargestellten Leitbilder nicht über Wunschvorstellungen hinaus, von denen nicht recht klar wird, welche Dynamik von Umorientierungen im Gefüge von Umwelt, Technik und Gesellschaft sie entfalten könnten. So ist es nicht verwunderlich, wenn am Schluß konstatiert wird:

„Schließlich handelt es sich bei Leitbildern um komplexe normative Vorstellungen über eine erstrebenswerte Gestalt bestimmter Teilbereiche der Gesellschaft, deren Bezug zu Realpolitik, zu technischen und anderen Potentialen[3] und letztlich zu konkreten Handlungsoptionen erst hergestellt werden muß.“ (BUND & Misereor 1996: 287)

Leider aber bestehen solche Bezüge durchaus, wenn sie auch einer anderen Entwicklungsrichtung in der Veränderung des gesellschaftlichen Naturverhältnisses, in sozial-ökologischer Hinsicht unerwünscht, zur Durchsetzung verhelfen, und eben diese Zusammenhänge wären sozialwissenschaftlich zu untersuchen. Das ist der zweite Problemkreis, den die Studie berührt, aber umgeht.

Um mehr von den Wechselwirkungen zwischen konkreten Veränderungen und normativen Leitmotiven zu erfassen, muß eine wiederkehrende und zur Selbstverständlichkeit gewordene Voraussetzung revidiert werden, nämlich die Einteilung in „weiche“, d.h. soziale, und „harte“, also technische, Faktoren des gesellschaftlichen Wandels. Auch an diesem Punkt haben feministische Untersuchungen eingehakt und die „Härte“ gesellschaftlicher Verhältnisse deutlich gemacht. Maßgebend waren die Arbeiten Cynthia Cockburns zum Fortbestehen geschlechterhierarchischer Strukturen im Verlauf technischer Innovationen (Cockburn 1983, 1988). Zwar erwiesen sich geschlechtsspezifische Zuschreibungen als ziemlich flexibel im Hinblick auf die Arbeitsinhalte verschiedener Produktionsbereiche, die durch neue Technologien völlig umgestaltet wurden, aber als ein durchgängiges und dauerhaftes Moment stellte sich die Hierarchisierung von männlich und weiblich heraus, selbst wenn die bisherige

2 War das nicht Karl Valentin, bei dem wir das schon mal gehört haben?

3 Welche anderen Potentiale könnten hier gemeint sein?

Bewertung von Qualifikationen und Tätigkeiten dabei rundheraus auf den Kopf gestellt wurde. Hier, wie generell, sind die Vorgänge in Teilbereichen technischer Entwicklung nur sehr ausnahmsweise aus sich selbst heraus zu erklären. Über eine erweiterte und gleichzeitig präzisierte Fragestellung wurde die Starrheit wie auch die Relevanz der Geschlechterdifferenz erklärbar, weil das Geschlechterverhältnis auf äußerst wirksame Art heterogene soziale Felder zu vermitteln vermag. Cockburns Untersuchungen zeigen beispielhaft, daß normative Vorstellungen auf gesellschaftliche Verhältnisse zurückgehen und auf diese zu beziehen sind, um das Ineinandergreifen von symbolischen und materiellen Dimensionen im Naturumgang und in der Technikgestaltung zu begreifen.

Indem Abstraktionen und Reduktionen, die den Unterscheidungen von normativ-objektiv, quantitativ-qualitativ, stofflich-historisch zugrunde liegen, nicht in den Fortgang der Reflexionen einbezogen werden, entsteht ein starres Schema von Natur und Gesellschaft, das die Studie (trotz oder auch entlang aller gegenteiligen Beteuerungen) durchzieht und in dem die krisenhafte Entwicklung dieses Verhältnisses nicht begriffen werden kann. Diese doch eher theoretischen Überlegungen gewinnen eine „nachhaltige“ politische Brisanz aufgrund der Rolle, die die Studie als ein gemeinsamer Bezugspunkt im Diskurs über Nachhaltigkeit allgemein und in den Diskussionen zur Agenda 21 insbesondere gewonnen hat, und weil sie die gängigen Vorstellungen, bis hinein in die Sprachregelungen, über Tatsachen, Fakten, Objektivität einerseits sowie Motivationen, Werte, Normen andererseits repräsentiert[4]. Durch eine Reduktion des Sozialen und Historischen wird die Aufteilung in natürliche bzw. technische Tatsachen und soziale Normen ermöglicht, was wiederum die Voraussetzung für bezugs- und kontextlose Universalisierungen und Objektivierungen darstellt. Ziel der Kritik sind nicht die Objektivierungen, Quantifizierungen, Verallgemeinerungen, sondern ein Umgang damit, der sich immer wieder einschleicht, nämlich so als seien Werte und Tatsachen problemlos auseinanderzuhalten, trennbar bzw. zu addieren, als seien sie nicht miteinander

4 Vgl. etwa „Berliner Briefe“, Oktober 1998.

verschränkt[5], als seien Meßbarkeit, Eindeutigkeit, Quantifizierung nicht selbst schon ganz spezifische Werte[6].

Methodische und politische Absichten

Einerseits soll der Begriff „Nachhaltigkeit“ das Zusammendenken von ökologischen, ökonomischen und sozialen Faktoren bezeichnen, andererseits wird dies beständig unterlaufen von Voraussetzungen, die in der Nachhaltigkeitsdebatte als selbstverständlich hingenommen und nicht ausreichend hinterfragt werden. „Ökologische Politik muß kulturschöpferisch und strukturbildend sein“ (BUND & Misereor 1996: 152) – wenn das ernst gemeint sein soll, wird es notwendig sein, sich noch einmal mit einem klassischen und grundlegenden Problem der soziologischen Theorie auseinanderzusetzen, nämlich mit der Frage, was Objektivität ist und sein kann, wenn es nicht nur um die Gegenstände der Naturwissenschaften geht sondern zugleich um Kultur und Gesellschaft. Wobei wir uns, weil es deren mehrere und sehr verschiedene gibt, gleich noch ein zweites eingehandelt haben: das sogenannte Relativismus-Problem.

Um einigen Kontinuitäten in den Vorstellungen von wissenschaftlicher Objektivität und in der Einschätzung des technischen Fortschritts auf die Spur zu kommen, die sowohl bei der Begründung der Soziologie als Wissenschaft als auch in den aktuellen Auseinandersetzungen und für die Formulierung von Kritikpositionen eine Rolle spielen, werde ich historisch ein ganzes Stück zurückgreifen und zwei Texte betrachten, die beide während des 1. Weltkrieges in Deutschland zum ersten Mal veröffentlicht worden sind. Mehr scheint beiden Texten nicht gemeinsam zu sein, denn es handelt sich um Max Webers berühmten Aufsatz „Wissenschaft als Beruf“ (ursprünglich ein Vortrag, den er 1917 in München hielt und der 1919 veröffentlicht wurde) und um das 1918 erschienene Werk Oswald Spenglers „Der Untergang des Abendlandes“ mit dem Untertitel: „Umrisse einer Morphologie der Weltgeschichte“. Wie in ihrer inhaltlichen Ausrichtung so sind auch in formaler Hinsicht beide Texte absolut

5 Die Verschränkung von Werten, speziell Glaubensidealen, mit Tatsachenorientierung zu analysieren, war zentral für das Werk Max Webers. Es ist eine wissenschaftstheoretische Anstrengung, sie auseinanderzuhalten – dazu unten mehr.

6 Im Anschluß und in der Kritik von Webers Arbeiten hat insbesondere Herbert Marcuse (1981) diesen Punkt herausgearbeitet, indem er gezeigt hat, wie dieser Zusammenhang hergestellt und wie er zugleich verdeckt wird.

konträr: Der eine ist kurz, ein Aufsatz von 42 Seiten Länge, prägnant und stellenweise ironisch oder offen polemisch. Der zweite ist ein Wälzer von sage und schreibe 1045 Seiten, unendlich geschwätzig und jede Zeile voller Weltbedeutung.

Die Wirkungsgeschichte beider Texte war enorm, schon deshalb ist es kaum möglich, ihnen unvoreingenommen zu begegnen. Max Weber, der seit 1896 Lehrstuhl für Nationalökonomie in Heidelberg innehatte, gilt als Klassiker der Soziologie; und auch dort, wo die theoretischen Grundlinien seiner Schriften, wie etwa seines bekanntesten Buches „Die Protestantische Ethik“, nur durch den Filter mehrfacher Rezeptionen präsent sind, haben sie doch immer noch einen ganz wesentlichen Einfluß auf die Reflexionen der Moderne. Insbesondere seine Überlegungen zu den Ursachen und der Dynamik von Rationalisierung und Bürokratisierung sozialer Verhältnisse sowie der damit einhergehenden Versachlichung von Herrschaftsbeziehungen sind unumgänglich, um die Rolle von Technik und Wissenschaft in der modernen Gesellschaft zu verstehen. Webers wissenschaftstheoretische Positionen, im Aufsatz von 1919 zusammengefaßt, setzten eine lebhafte Kontroverse in Gang, eine Diskussion über das Selbstverständnis der Sozialwissenschaften, die nach dem 2. Weltkrieg erneut aufgegriffen und weitergeführt wurde. Oswald Spengler konnte 1922 bereits die 33. Auflage seines Buchs verzeichnen. Trotz dieses außergewöhnlichen Erfolgs – nach einer Hochrechnung war es in jedem dritten Bücherschrank der Bildungselite vorhanden[7] – blieb Spengler ein wissenschaftlicher Außenseiter. Der Geschichtsentwurf des Textes greift die pessimistische Kulturkritik der Lebensphilosophie auf und vollzieht in nahezu unendlichen Schleifen und Redundanzen den Übergang zu einer umstandslosen Verherrlichung von Krieg, Herrschaft, Gewalt und zur Legitimation der eigenen rassistischen Überlegenheit. In aller Deutlichkeit und Schärfe wurde dies jedoch erst recht spät ausgeführt und dem Text entsprechende Abschnitte angefügt, auch geschah das nicht konsequent.[8] Daher bietet das Buch Bruchstücke für ein recht breites Spektrum weltanschaulicher Überzeugungen an.[9] Trotz dieser Unentschiedenheiten – oder vielleicht auch gerade deswegen – wurde das Buch zur Fundgrube und zu einer bevorzugten Quelle der NS-Ideologen, deren

7 Laut Paul Forman (1971) betrug die Auflage 1926 100.000 Exemplare bei 300.000 Studienabschlüssen.

8 Vgl. dazu den Aufsatz von Ernst Bloch von 1936 (Bloch 1972).

9 Und wer hatte das ganze Buch schon gelesen, wie Corona Hepp (1987) bezweifelt.

Auslegungen vom Autor legitimiert wurden, wie sein Aufsatz „Der Mensch und die Technik. Beitrag zu einer Philosophe des Lebens" von 1931 dokumentiert.

Webers und Spenglers Text präsentieren sich beide als Stellungnahmen zur Entwicklung von Gesellschaft und zu der Rolle, die der Technik und der Wissenschaft dabei zukommt. Beide nehmen eine Haltung zu den Veränderungen ein, die mit dem enormen Aufschwung der Natur- und Technikwissenschaften in der zweiten Hälfte des 19. Jahrhunderts einhergehen. Sie stellen verschiedene Reaktionen auf die Industrialisierung und zu den Prozessen gesellschaftlicher Modernisierung dar, die davon geprägt sind. Weil die eingenommenen Positionen deutlich konträr und darüber hinaus mit Absicht gegeneinander abgesetzt sind, lassen sich historisch-politische Dimensionen[10], die erst im Bezug der Standpunkte aufeinander kenntlich werden, rekonstruieren. Die Frage, welche Momente der Kontinuität im Hinblick auf die Vorstellungen von wissenschaftlicher Objektivität und technischem Fortschritt bedeutsam wurden, aber auch welche Variationsbreite dabei gegeben war, soll die Aufmerksamkeit auf solche grundlegenden Denkfiguren lenken, die einmal entstanden in einer konkreten historischen Situation, nun weiter herumgeschleppt werden, aber den längst reflexiv gewordenen Modernisierungsprozessen nicht mehr angemessen sind.

Im historischen Rückblick lassen sich die Traditionslinien der Fortschrittskritik und deren Zusammenhang zur gesellschaftlichen Modernisierung erfassen, während die Betrachtung gegensätzlicher Positionen den Blick dafür frei gibt, in welchem Vorstellungskontext über Wissenschaft und Technik gedacht, wie darin über ein gesellschaftliches Naturverhältnis reflektiert und über seine politischen Konsequenzen gestritten wird. Dabei funktioniert die besondere Frage, die die feministische Kritik kennzeichnet, nämlich die Frage nach der Kategorie Geschlecht und ihrer Bedeutung wie eine Sonde im Gefüge der verschiedenen Positionen. Sie ist speziell ausgerichtet auf die unhinterfragten, weil geteilten, Selbstverständlichkeiten der Debatte, in denen überkommene Muster reproduziert und die Entwicklung neuer Denk- und Umgangsweisen blockiert werden. Die „Geschlechterfrage" ist hervorragend geeignet, wenn es hier zunächst vor allem anderen darum gehen soll, die Tiefenschärfe der Probleme, die im Rahmen der Nachhaltigkeitsdebatte neu aufgeworfen wurden, zu

[10] Dazu siehe Plessner 1982 und 1985.

erhöhen. Es kann nicht das Ziel sein, die diffizilen Beziehungen zwischen Werten und Tatsachen aufzulösen, ebensowenig wie sich eine Reihe anderer Widersprüche in den grundlegenden Vorstellungen und Begriffen der Debatte um Natur und Gesellschaft, Umwelt und Technik einfach beseitigen ließe. Aber es ist durchaus möglich, genauer darüber nachzudenken, um sich einem Verständnis dieser komplexen Wechselwirkungen, das den aktuellen Verhältnissen und ihren Widersprüchen besser entspricht, anzunähern.

Entschieden gegensätzlich: Weber zu Wissenschaft

Um zunächst die Unterschiede zwischen den beiden Texten näher darzustellen, werde ich mit Webers bekannter Überzeugung, daß zwischen wissenschaftlichen Tatsachen und kulturell verbindlichen Wertorientierungen eine unüberbrückbare Kluft existiert, beginnen. Webers wissenschaftstheoretischer Standpunkt ist eng mit seiner Diagnose der Wissenschaftsentwicklung verknüpft – und die ist nicht mehr ganz so geläufig –, wonach in den modernen Wissenschaften das humanistische Bildungsideal[11] verabschiedet wurde: „Innerlich ebenso wie äußerlich ist die alte Universitätsverfassung fiktiv geworden." (Weber 1995: 7) Festgestellt wird hier das Ende eines bildungspolitischen Programms, indem gleichermaßen Wissen wie Sittlichkeit durch Freiheit, weil kritisch und rational, erworben werden sollten, in dem die Einheit von Forschung und Lehre im Prozeß der Selbstwerdung des Individuums begründet und so auf die Subjektivität und Kreativität der Lehrenden und Lernenden bezogen wird. Aber der Versuch, auf diese Weise objektive Wissenschaft und subjektive Bildung harmonisch zusammenzufügen, wird von den Fortschritten der Wissenschaft selbst zunehmend unterlaufen. Weber sieht dies als das Resultat kulturhistorischer Verschiebungen, die selber wiederum nur im Zusammenhang mit den veränderten materiellen Bedingungen gesellschaftlicher Organisation zu begreifen sind.

In Webers Überlegungen bildet der wissenschaftliche Fortschritt das Zentrum eines allgemeinen Intellektualisierungs- und Rationalisierungsprozesses, in dem die Naturwissenschaften, Technik sowie Medizin eingeschlossen, die Führung übernommen haben. Seine Richtung, charakterisiert als „Amerikani-

[11] Hier zum Vergleich der Bildungsbegriff bei Humboldt: „Denn nur die Wissenschaft, die aus dem Innern kommt und ins Innere gepflanzt werden kann, bildet auch den Charakter um, und dem Staat ist es ebensowenig als der Menschheit um Wissen und Reden, sondern um Charakter und Handeln zu thun." (Schnädelbach 1983: 42)

sierung"[12], wird von der deutschen Tradition deutlich abgesetzt: „die neueste Entwicklung des Universitätswesens auf breiten Gebieten der Wissenschaft (verläuft) in Richtung des amerikanischen (...). Die großen Institute medizinischer oder naturwissenschaftlicher Art sind ‚staatskapitalistische' Unternehmungen" (Weber 1995: 6). Die moderne Wissenschaftsorganisation ist arbeitsteilig, fachmäßig spezialisiert, hierarchisch gestuft, rational geregelt, zur Bürokratie geworden. Bedingt durch das Anwachsen der unterschiedlichsten Fachgebiete, wird die Wissensproduktion von den allgemeinen Tendenzen zu Arbeitsteilung und Ausdifferenzierung erfaßt, die zu einer Übermacht von Professionalisierung und Spezialistentum führen. Daher konstatiert Weber: „Die zunehmende Intellektualisierung und Rationalisierung bedeutet (...) *nicht* eine zunehmende allgemeine Kenntnis der Lebensbedingungen, unter denen man steht." (Weber 1995: 19) Sein Beispiel hier ist jemand, der mit der Straßenbahn fährt, dieser hat nämlich „wenn er nicht Fachphysiker ist – keine Ahnung, wie sie das macht, sich in Bewegung zu setzen" (Weber 1995: 18). Dies mag zwar die Phantasie eines Soziologen über das Wissen der Physiker sein; aber das gehört ebenfalls zur von Weber beschriebenen Wissenschaftsentwicklung. Weniger eine stetig wachsende Selbstbestimmung als vielmehr neue Formen von Abhängigkeit hat die erfolgreiche Umsetzung des aufklärerischen Ziels, die vernünftige Gestaltung und Regelung aller menschlichen Lebensbereiche hervorgebracht. Unter diesen Bedingungen ist Bildung zur Ideologie geworden.

Weder bergen Erkenntnisgewinne und Wissensfortschritte als solche schon moralische Qualitäten in sich – sie geben keine Auskunft über das richtige Leben in der Welt oder andere philosophische Dimensionen „der" Wahrheit – noch besitzen umgekehrt Normen und Werte irgendeine Art von Objektivität, das heißt es ist nicht möglich, sie mit wissenschaftlichen Argumenten zu begründen. Webers Polemik weist auf den Kern seines Wissenschaftsverständnisses hin:

„Wer – außer einigen großen Kindern, wie sie sich gerade in den Naturwissenschaften finden – glaubt heute noch, daß Erkenntnis der Astronomie, oder der Biologie oder der Physik oder Chemie uns etwa über den Sinn der Welt, ja auch nur etwas darüber lehren könnten: auf welchem Weg man einem solchen Sinn – wenn es ihn gibt – auf die Spur kommen könnte?" (Weber 1995: 24)

[12] Zur Dynamik dieser Konkurrenz siehe Radkau (1989) und Harwood (1993).

Die Beschränkung auf Zweckrationalität ist notwendig in einer Wissenschaft, in der Innovation zum Maßstab der empirischen Forschung geworden ist und die Leistungen von Theorie funktional bestimmt werden. Wertfreiheit, die Trennung von Mittel und Zweck, bezeichnet zunächst einen Verlust, nämlich die Einsicht in die „Unmöglichkeit ‚wissenschaftlicher' Vertretung von praktischen Stellungnahmen – außer im Falle der Erörterung der Mittel für einen als fest gegebenen Zweck" (Weber 1995: 32).

Wenn Weber die Frage stellt, „(h)at der ‚Fortschritt' als solcher einen erkennbaren, über das Technische hinausreichenden Sinn (..)?", so nur, um sie sogleich zu verneinen: „Die Tatsache, daß es diese Antwort nicht gibt, ist schlechthin unbestreitbar." (Weber 1995: 25) Aber mit der gleichen Entschiedenheit wie gegen einen naiven Szientismus wendet er sich gegen die wachsende Bandbreite an Weltanschauungen, die den künstlichen Abstraktionen der Wissenschaft das „Leben" entgegenstellen wollen und kennzeichnet sie als eine „moderne intellektualistische Romantik des Irrationalen". Webers Polemik richtet sich gegen den Kult um die „Götzen" von „Persönlichkeit" und „Erleben":

„Beide sind eng verbunden: die Vorstellung herrscht, das letztere mache die erstere aus und gehöre zu ihr. Man quält sich ab zu ‚erleben' – denn das gehört ja zur standesgemäßen Lebensführung einer Persönlichkeit –, und gelingt es nicht, dann muß man wenigstens so tun, als habe man diese Gnadengabe." (Weber 1995: 15)

Ganz bewußt enttäuscht er die in der Jugend (und Jugendbewegung) verbreitete Hoffnungen auf eine „Erlösung vom Intellektualismus der Wissenschaft, um zur eigenen Natur und damit zur Natur überhaupt zurückzukommen" (Weber 1995: 23). Seine Worte werden besonders scharf, wenn es um diejenigen geht, die es eigentlich besser wissen sollten: „(D)er Irrtum ist der, daß sie (ein Teil der Jugend, der Studenten, vor denen Weber spricht) in dem Professor etwas anderes suchen, als ihnen dort gegenübersteht, – einen *Führer* und nicht: einen *Lehrer*. Aber nur als *Lehrer* sind wir auf das Katheter gestellt" (Weber 1995: 35), denn „es ist doch etwas allzu bequem, seinen Bekennermut da zu zeigen, wo die Anwesenden und vielleicht Andersdenkenden zum Schweigen verurteilt sind" (Weber 1995: 38).[13]

---

[13] Im Hinblick auf religiöse Fragen stellt Weber fest, „daß manche moderne Intellektuelle das Bedürfnis haben, sich in ihrer Seele sozusagen mit garantiert echten, alten Sachen auszumöblieren, und sich dabei dann noch daran erinnern, daß dazu auch die Religion gehört hat, die sie nun einmal nicht haben, für die sie aber eine Art von spielerisch mit Heiligenbildchen aus aller

Webers Schlußfolgerung lautet knapp: „Politik gehört nicht in den Hörsaal" (Weber 1995: 28). Statt „Tausende von Professoren als staatlich besoldete oder privilegierte kleine Propheten in ihren Hörsälen" (Weber 1995: 40) zu berufen, verlangt er vom Berufswissenschaftler politische Abstinenz. Wie es im Titel des Aufsatzes „Wissenschaft als Beruf" eigentlich schon angekündigt wird, sind es vielmehr Pflicht, Klarheit und Verantwortungsgefühl, die eher unaufdringlichen Qualitäten einer protestantischen Berufsethik, die die Grundhaltung des Wissenschaftlers bestimmen sollten. „(I)nnerhalb der Räume des Hörsaals (gilt) nun einmal keine andere Tugend als eben: schlichte intellektuelle Rechtschaffenheit." (Weber 1995: 45) Das Prinzip der Sachlichkeit kennzeichnet einen Funktions- und Strukturwandel der Wissenschaft (vgl. Plessner 1985; Schnädelbach 1983), in dessen Verlauf Nüchternheit und Entzauberung nicht nur für das Verhalten des einzelnen und nicht nur als normative Orientierung verbindlich werden. Die Reduktion der Vernunft auf bloße Faktizität ohne normative Kraft, die aus dem Auseinandertreten von Philosophie und Wissenschaft resultiert, impliziert vor allem auch wissenschaftstheoretisch noch eine weitreichende Konsequenz. Denn die Kehrseite einer wertfreien Objektivität besteht in einem Pluralismus, oder wie Weber es auch nennt, „Polytheismus" der Werte sowie, wenn es um ernsthafte Alternativen geht, der Kulturen, die sie hervorbringen.

In seinen Überlegungen zur Wissenschaft, zur Art und Bedeutung des von ihr produzierten Wissens, verteidigt Weber einen gewissermaßen aufs Technische und Formale verkleinerten Universalismus gegen die angebliche Authentizität übersteigerter Wahrheitsansprüche. Die entschiedene Kompromißlosigkeit seiner Polemik wird gut nachvollziehbar, wenn wir uns den anderen Text näher ansehen. Zwar wird Spengler bei Weber nicht direkt genannt, wie auch kein anderer Autor, doch es ist Spenglers Buch, das jenes Gedankengut zum Ausdruck bringt, das damals bei Webers Zuhörern populär war und gegen das er seine Argumente ausrichtet.

Herren Länder möblierter Hauskapelle als Ersatz sich aufputzen oder ein Surrogat schaffen, in allerhand Arten des Erlebens, denen sie die Würde mystischen Heiligenbesitzes zuschreiben, und mit dem sie – auf dem Büchermarkt hausieren gehen. Das ist einfach: Schwindel oder Selbstbetrug." (Weber 1995: 43)

Unendlich unterschiedlich: Spengler zu Kultur und Technik

Spengler präsentiert uns einen Geschichtsentwurf, in dem er das Entstehen und Vergehen von Kulturen mit dem Leben und Sterben von Organismen identifiziert.

„Es gibt aufblühende und alternde Kulturen, Völker, Sprachen, Wahrheiten, Götter, Landschaften, wie es junge und alte Eichen und Pinien, Blüten, Zweige und Blätter gibt, aber es gibt keine alternde ‚Menschheit'. Jede Kultur hat ihre neuen Möglichkeiten des Ausdrucks, die erscheinen, reifen, verwelken, und nie wiederkehren". Die „lebendige Natur Goethes" gilt ihm als Vorbild, wenn er „in der Weltgeschichte das Bild einer ewigen Gestaltung und Umgestaltung, eines wunderbaren Werdens und Vergehens organischer Formen sieht." (Spengler 1980: 28 f.)

Spenglers Text wird der Lebensphilosophie zugeordnet: Das Charakteristische dieser Denkbewegung besteht in der Gegenüberstellung des Lebendigen, des Dynamischen, Prozeßhaften, Organischen, sich in Widersprüchen Behauptenden gegen das Fixierte, Abstrakte, Mechanische oder Tote. Die Differenz wird zum Kriterium der Kultur- und Rationalitätskritik und richtet sich gegen einen geradlinigen, unskeptischen Vernunftoptimismus. „Leben als das den Geist, die Kultur, aber auch das individuelle Bewußtsein immer schon Tragende und umgreifende – das ist die Grundfigur der Lebensphilosophie in ihren verschiedenen Spielarten." (Schnädelbach 1983: 176) Daß nur ein Teil des Ganzen als rational, mit Vernunft und in abstrakten Begriffen erfaßbar erkannt wird, verleiht den lebensphilosophischen Motiven einen spezifischen Hang zum Irrationalismus. Darüber hinaus ist mit dem Leben als fundamentale Kategorie und Totalitätsbegriff eine Prämisse gegeben, die den Gegensatz von Natur und Kultur tendenziell aufhebt.

„(D)ie Lebensphilosophie ist eine *Summe der Epoche*", wie Herbert Schnädelbach (1983: 176) zusammenfaßt, und „sie ist eine neue, alles durchdringende Metaphysik, deren Geschichte immer noch andauert".[14] In der Tat sind lebensphilosophische Denkmuster aus der Umwelt- und Ökologiebewegung gar nicht wegzudenken (Kluge 1985), wenn auch das „Leben" als grundlegendes Prinzip systemtheoretisch modernisiert wurde, was sich z.B. so anhört: „Überdies kann der Mensch von der Natur lernen. In ihr gibt es keine Abfälle, sie ist die unbestrittene Meisterin komplexer Systeme, (...) sie kennt eine dynamische Balance zwischen Wettbewerb und Kooperation, zwischen Vielfalt und Gren-

14 Zum Spektrum sind so verschiedene Autoren wie Freud, Simmel, Schopenhauer, Nietzsche, Husserl, Scheler und in mancher Hinsicht auch Weber zu zählen.

zen, zwischen Produktion und Reproduktion." (BUND & Misereor 1996: 36) Problematisch ist, daß dabei oft unmerklich und bedenkenlos die Übergänge von wissenschaftlich-technischen in ethische und politische Bereiche vollzogen werden, mit sonderbaren oder manchmal auch etwas erschreckenden Resultaten: „Individuen existieren als lokale Strömungen im universalen Energiefluß"[15] (Merchant 1989: 141) heißt es dann oder: „Die hier angestrebte Befreiung der Tiere kann in einer historischen Kontinuität mit dem Fortgang der bürgerlichen Emanzipation von weißen Männern auf Juden, Neger, Frauen und Zigeuner gesehen werden"[16] (Meyer-Abich 1986: 172). Mit der „Natur" oder dem „Leben" ist ein Maßstab gewählt und zur Grundlage einer skeptischen Einschätzung von Wissenschaft, Fortschritt und Objektivität gemacht worden, der ganz absichtsvoll in einer Spannung zu rationaler Begrifflichkeit steht, wobei es allerdings passieren kann, daß der Bezug dazu auch schon mal ganz verloren geht.

Eine Konsequenz lebensphilosophischer Kritik war und ist die Relativierung abendländischer Kulturwerte, auch und gerade der Idee der Vernunft. Bei Spengler wird das auf die Spitze getrieben, er läßt jeden Minimal-Universalismus weit hinter sich. Sein Relativismus bezieht sich auf die Gesamtheit der Kulturen und auf alle Gebiete der Kulturschöpfungen:

„Es gibt viele im tiefsten Wesen völlig voneinander verschiedene Plastiken, Malereien, Mathematiken, Physiken, jede von begrenzter Lebensdauer, jede in sich selbst geschlossen, wie jede Pflanzenart ihre eigenen Blüten und Früchte, ihren eigenen Typus von Wachstum und Niedergang hat." (Spengler 1980: 29).

Doch, warum nicht? Man könnte das als eine altmodische Form von „Multikulti" lesen, oder wie Ernst Bloch Spengler als Antiquar inmitten seiner Kulturgärten bzw. im Herbarium seiner museal aufgespießten Geschichtsfiguren betrachten. Andererseits klingen Feststellungen wie die folgenden sogar nach ganz moderner Wissenschaftstheorie: „Die Physik, als Wissenschaft ist ein ungeheures System von Kennzeichen in Gestalt von Namen und Zahlen, das es gestattet, mit der Natur wie mit einer Maschine zu arbeiten" (Spengler 1980: 483); oder: „Jede Tatsache, selbst die einfachste, enthält bereits eine Theorie"

---

15 Das glaubt Carolyn Merchant (1989), aus der Ungleichgewichtsthermodynamik ableiten zu können.

16 So z.B. Meyer-Abich (1986), zur Auseinandersetzung mit der ökologischen Ethik aus der Sicht feministischer Moraldiskussion siehe Scheich 1992.

(Spengler 1980: 485). Wahrheit, auch die der Naturerkenntnis, entzieht sich einer absoluten Bestimmung, weil sich letztlich alles in Beschreibung und Zeichen auflöst, was über das Funktionieren hinausgeht, wenn überhaupt dies noch gilt.

Die Rezeption der Spenglerschen Texte läßt es meist damit bewenden, seine Ansichten in einem Zuge als anti-demokratisch, anti-rational, anti-kausal und deshalb auch technik-, wissenschafts- und fortschrittsfeindlich zu bezeichnen. Sicher bieten die Grundfiguren der Lebensphilosophie Anknüpfungspunkte für einen Weltanschauungs-Irrationalismus und eine biologistische Kulturtheorie, in der die Relativierung der (abendländischen) Vernunft mit Rassismus und völkischem Gedankengut verschmolzen wird. Und das ist es, wofür Spenglers Buch zweifellos wie kein anderes steht. Es dabei zu belassen, ist dennoch ungenügend, denn zum einen handelt es sich um simplifizierende Verallgemeinerungen, wenn Relativismus umstandlos mit Antirationalismus gleichgesetzt zu Rassismus führen soll und von vornherein unterstellt wird, daß Natur und Geschichte sich nur als Biologismus zusammendenken lassen. Zum anderen bildet die Aktualität lebensphilosophischer Argumentationsfiguren in der ökologisch-orientierten Wissenschafts- und Fortschrittskritik, die sich mit den ungeradlinigen und reflexiven Problemstrukturen einer „Risikogesellschaft" (Beck) herumschlägt, einen Anlaß, sich doch noch einmal mit Spenglers Text selbst zu beschäftigen, der in seiner Extremität beispielhaft diese Fragen aufwirft: Unter welchen Bedingungen führt eine Bestimmung der Grenzen von Rationalität zur Mystifizierung und zum Wertvorrang des Irrationalen? Wie wird in diesem Übergang soziale Ungleichheit und Unterdrückung legitimiert? Und welche Rolle spielen dabei Wissenschaft, Objektivität und der technische Fortschritt? In einer Bewegung der Darstellung und Analyse von der Kontrastierung der beiden historischen Texte, der Gegenüberstellung zu Webers Positionen zum gemeinsamen Horizont ihrer Vorstellungen soll etwas von den unbezweifelten Voraussetzungen erkennbar werden, die zu unhinterfragten Denkmustern und festgefahrenen Gedankengängen geführt haben.

Jegliche Zweifel am radikal-reaktionären Konservatismus Spenglers sind schnell beseitigt, wenn man das Buch mittendrin, im Abschnitt „Mann und Weib" aufgeschlägt. Denn dort quillt es einem gleich entgegen:

„Ein unergründliches Geheimnis der kosmischen Flutungen, die wir Leben nennen, ist ihre Sonderung in zwei Geschlechter. (...) Das Weibliche steht dem Kosmischen näher. Es ist der Erde tiefer verbunden und unmittelbar einbezogen in die Kreisläufe der Natur. Das Männliche ist freier, tierhafter, bewegli-

cher, auch im Empfinden und Verstehen, wacher und gespannter. Der Mann erlebt *das Schicksal und* begreift *die Kausalität, die Logik des Gewordenen nach Ursache und Wirkung. Das Weib aber ist Schicksal, ist Zeit, ist die organische Logik des Werdens selbst. Eben deshalb bleibt ihm das Kausalprinzip ewig fremd." (Spengler 1980: 961)*

Wenig später wird zusammengefaßt: „Der Mann *macht* Geschichte, das Weib *ist* Geschichte" (Spengler 1980: 962).

Im „kosmische(n) Dahinströmen an sich" geht die Bestimmung der Frau auf und zwar vollständig, denn von der Erfüllung ihrer biologischen Gattungsaufgabe hängt die Substanz für „die kulturlose Geschichte der Folge von Generationen" (Spengler 1980: 962) ab. Dabei ist nicht so sehr an biedermeierlich-sanfte Mütterlichkeit gedacht:

„Der Kampf zwischen Mann und Mann geschieht stets um des Blutes, um des Weibes willen. Das Weib als Zeit ist das, wofür es Staatengeschichte gibt. *Das Weib von Rasse fühlt das, auch wenn sie es nicht weiß. (...) Der politische Ehrgeiz des Weibes von Rasse hat im letzten Grunde nie ein anderes Ziel." (Spengler 1980: 963 f.)*

Hier ist kein Gedanke an Gleichberechtigung, Modernisierung und Rationalisierung im Zusammenhang mit der „Geschlechterfrage" zu finden, ebensowenig hat das alles mit konkreten Männern und Frauen zu tun. Als pure phantasmagorische Gestalten sind Männlichkeit und Weiblichkeit vielmehr abstrakt-systematische Platzanweiser in der dichotomischen Struktur, die den Text durchzieht: „Geschichte besitzt demnach einen heiligen Doppelsinn. Sie ist kosmisch oder politisch." (Spengler 1980: 964) Allein für sich genommen stellen die hier präsentierten Weiblichkeitsimagos der Jahrhundertwende nichts besonderes dar[17], doch wird der weiblich-biologische Urgrund von Geschichte hier in den sukzessiven Übergang von einem Kulturvergleich zu einer Hierarchie der Kulturen eingeordnet, der sich im Spenglerschen Text vollzieht. Denn die Vorrechtsansprüche des Abendlandes gegenüber z.B. der „apollinischen", d.h. antiken, oder „magischen", gemeint sind die arabische und jüdische, wie auch der, laut Spenglers Diagnose, „embryonalen" russischen Kultur artikulieren sich immer deutlicher und nehmen überhand mit dem außerordentlichen Nachdruck, mit dem Kampf und Macht ins Zentrum aller Geschichte gerückt werden. Die Glorifizierung von Aggressivität sowie die unmißverständliche Billigung gewaltförmiger und kriegerischer Übergriffe als Mittel wie als Zei-

17 Daß die Vorstellungen eines Weininger oder Möbius von modernistischen und aufgeklärteren Strömungen gar nicht so grundverschieden waren, zeigt etwa die Arbeit von Nike Wagner (1987).

chen von Dominanz verstärken die Schräglage im Laufe der tausend Seiten immer mehr, so daß am Ende sogar sämtliche weibliche Komplementärtugenden, die üblicherweise zur Ergänzung des männlich-bürgerlichen Ich bereitzustehen haben, wegfallen und vom Subjekt der Geschichte nur noch ein „Raubtier“ übrig bleibt, wie die späteren Aufsätze von Spengler zeigen.[18]

In der Einleitung wird die Grundidee des morphologischen Weltentwurfs als ein allgemeines Schema, nach dem alle Kulturen verlaufen, vorgestellt. Und es werden als dessen organisierende Achsen Kausalität und Schicksal, Raum und Zeit, Begriff und Bild, Verstand und Seele bestimmt, die in der Folge unendlich variiert, vervielfacht und durch immer neue Begriffspaare aufgestockt werden. Trotzdem erscheint das Universum überschaubar, weil in eindeutigen Gegensätzen strukturiert, oder wie Herbert Schnädelbach Spenglers Botschaft charakterisiert: „Die Welt ist komplex, die Wahrheit ist ganz einfach.“ (Schnädelbach 1983: 186) Die Hauptfigur ist der abendländische bzw. der „faustische“ Mensch, während die Existenz aller anderen[19] sich zunehmend darauf reduziert, die Überlegenheit dieses besonderen Mannwesens historisch hervorzuheben. Tragischerweise ist er dem Untergang geweiht, worüber wir gleich zu Anfang informiert werden und nun den Titel richtig verstehen können: Nach dem Vorbild Roms diagnostiziert Spengler für seine Zeit eine Periode des „Cäsarismus“ und des glanzvoll-schrecklichen Niedergangs – dies aber nicht sofort, zunächst beginnt der Untergang des Abendlandes mit einer Phase der Eroberung. Noch heißt es, ganz allgemein und kulturvergleichend, daß jede Kultur sich zwangsläufig durch verschiedene Stadien hindurch von ihren ländlich-natürlichen Wurzeln entferne, ihre Blütezeit durchlebe bis die Zeichen der Zivilisation sichtbar werden und sie in der Dekadenz ihrer Metropolen sowie einem expansiven Imperialismus vergehe. „(D)a der Sommer der Kultur vorüber, war sinnlos zu malen, zu musizieren oder zu dichten. Keine ‚Zeit‘ mehr im Abendland mehr zu Traum“ (Bloch 1979: 318), vielmehr sind heroische

---

18 Daß in einem Wettbewerb während des NS-Regimes keine Frau gefunden werden konnte, die das Ideal der nordischen Kämpferrasse ohne Einschränkung repräsentierte, paßt hier ins Bild, vgl. Proctor 1988.

19 Die beiden anderen Kulturkreise, die bei Spengler am häufigsten vorkommen, charakterisiert er einerseits als die apollinische Seele der Antike, assoziiert mit Statue, Gegenwart, Körper, andererseits als das Magische des Arabischen und Jüdischen, dessen Ausdruck in der Höhle, in der Verschmelzung, im „wir“ besteht; die russische Seele ist irgendwie ähnlich und außerdem, das können wir uns nun selbst dazu denken, sind hier allerlei Weiblichkeitsattribute eingestreut.

Qualitäten gefragt; im Zeitalter des Kriegers und des „Tatmenschen" ist Kampf keine Wahl sondern Schicksal.

„Die Untergangsthese sollte durch kein Allotria im Unterricht, durch keine phantasievolle Berufswahl gestört werden; das verlangten Spenglers Lehrplan und das chronologische Schicksal. Im Pauschal erhielten alle künftigen Talente, jahrhundertelang, ohne Ansehen der Person, Kontor und Polytechnikum auf den Leib geschrieben. Wobei der Soldat nicht fehlt, der Sieger über ‚Geld und Geist'; doch eben: auch er ist nicht aus dem frisch-fröhlichen Krieg, nicht mehr sterngläubiger Dämon, sondern Techniker, ein Cäsar der Maschinenschlacht." (Bloch 1979: 318 f.)

Mit der letzten Bemerkung macht Bloch darauf aufmerksam, an welcher Stelle das Besondere des „Faustischen" ins Spiel kommt. Hatte Spengler als Ursymbol der faustischen Kultur den unendlichen Raum ausersehen, so hatte er dessen Lebensprinzip im Kampf und im Willen zur Macht, in der Eroberung des (Welt-)Raums, im Streben ins Unendliche identifiziert: „Alles Faustische will Alleinherrschaft." (Spengler 1980:439) Mit dieser Festlegung erreichte er eine Verdopplung der schicksalhaften Bestimmung zu imperialistischer Herrschaft. Und trotz aller unterdessen in der Langatmigkeit aufgetretener Wirrnis wird klar, daß der Zuschnitt der vervielfachten Begriffspaare und Gegensatzkonstruktionen auf dieses Ziel hin angelegt ist. Einmal erkannt, läßt sich der Ausdruck der faustischen Seele ohne große Mühe überall ausmachen: in der Mathematik ist es die Infinitesimalrechnung, in der Malerei die Perspektive[20], in der Musik der Kontrapunkt, in der Architektur sind es die gotischen Dome und der „point de vue" der Rokokogärten usw. In der Naturwissenschaft stellt der Begriff der Kraft und vor allem des Kraftfeldes das „Faustische" dar, und in der Technik drückt sich sowieso „der Wille zur Macht über die Natur" aus. Ganz und gar nicht beiläufig werden Wissenschaft und Technik für die Wesensbestimmung des „Faustischen", das in Herrschaft und Eroberung besteht, herangezogen. Schon der Blick in das Inhaltsverzeichnis zeigt, daß die Kapitel zu Wissenschaft und Technik prominent plaziert sind: Die Mathematik wird gleich im 1. Kapitel behandelt, Naturerkenntnis bildet im 6. Kapitel den Übergang vom ersten zum zweiten Band, der Technik ist das Schlußkapitel gewidmet.

„Faustische" Naturerkenntnis, so Spengler, ist „Barockphysik", also klassische Physik, insbesondere die klassische Mechanik, deren Begriffe von Kraft und Masse, wie sie in den Bewegungsgesetzen formuliert werden, für über zwei

[20] Z.B. so: „das Braun dieser Gemälde öffnet den Blick in eine reine formvolle Unendlichkeit".

Jahrhunderte das Paradigma wissenschaftlicher Erkenntnis überhaupt darstellte. „Das Dogma von der Kraft ist das einzige Thema der faustischen Physik" (Spengler 1980: 534), „mythisch", „eingeborne(r) Urbegriff" und als solcher undefinierbar[21]. Im großen Bogen, von der einheitlichen Beschreibung irdischer und Planetenbewegungen in den Gravitationsfeldern der Massekörper bis hin zur Lichtgeschwindigkeit, mit der sich die Strahlungsenergie elektromagnetischer Wellen ausbreitet, wird alles zum Zeichen einer „Dynamik des unbegrenzten Raumes, eine(r) Physik der Ferne" erklärt. In der abstrakten Formel y = f (x) sei die „Urgestalt" der faustischen Ordnung repräsentiert. Zwar wird die Erkenntnis von kausalen und berechenbaren Zusammenhängen als das Gegenteil der schicksalhaften, prophetischen Schau betrachtet, aber in der Kausalität soll sich zugleich das spezielle abendländische Schicksal selbstverwirklichen (Spengler 1980: 485) – auch das nicht irgendwie, sondern ganz folgerichtig handelt es sich dabei um eine „dynamisch-imperativistische Kausalität".[22] Weiterhin wird der Tatsache, daß es sich um experimentelle Wissenschaft handelt, Beachtung geschenkt: „Die eigentliche Tendenz aller abendländischen Mechanik, geht auf eine geistige Besitzergreifung (der Natur) durch Messung" zurück, wie es einer „diktatorischen, arbeitenden, die Erde umgestaltenden Naturwissenschaft" (Spengler 1980: 553) angemessen sei. Doch, wir ahnen es jetzt schon, mit dieser „Physik der Tat" geht es zu Ende:

„Daher erheben sich plötzlich vernichtende Zweifel an Dingen, die noch gestern das unbestrittene Fundament der physikalischen Theorie bildeten, am Sinne des Energieprinzips, am Begriff der Masse, des Raumes, der absoluten Zeit, des kausalen Naturgesetzes überhaupt. Das sind nicht mehr jene schöpferischen Zweifel des frühen Barock." (Spengler 1980: 539)

Es mehren sich die Zeichen der Selbstzerstörung und des Niedergangs:

„Dahin gehört vor allem auch die bizarre Hypothese des Atomzerfalls, welche die radioaktiven Erscheinungen deutet – nach welcher Uran-Atome, die Jahrmillionen hindurch trotz äußerer Einwirkungen ihr Wesen unverändert bewahrt haben, plötzlich und ohne nachweisbaren Anlaß explodieren und ihre kleinsten Teile mit einer Geschwindigkeit, die Tausende von Kilometern in der Sekunde beträgt, im Weltraum verbreiten. Dies Schicksal trifft unter einer Menge radioaktiver Atome immer nur einzelne, während die benachbarten

---

21 Undefinierbar: „Und es ist ein erstaunliches Zeichen für die geheime Macht der Urbegriffe, daß H. Hertz, der einzige Jude unter den großen Physikern der jüngsten Vergangenheit, auch der einzige war, der den Versuch machte, das Dilemma der Mechanik durch Ausschaltung des Kraftbegriffs zu lösen." (Spengler 1980: 534)

22 „Die Kraft ist im mechanischen Naturbilde des abendländischen Menschen, was der Wille in seinem Seelenbilde und die unendliche Gottheit in seinem Weltbilde ist." (Spengler 1980: 501)

davon ganz unberührt bleiben. (...) Mit diesen Vorstellungen kehrt die mythische Gestaltungskraft der faustischen Seele zum Ausgang zurück" (Spengler 1980: 546)

Das soll heißen: „Man verzichtet auf Beweise; man will glauben, nicht zergliedern. Die kritische Forschung hört auf, ein geistiges Ideal zu sein. Der Einzelne leistet Verzicht, indem er die Bücher weglegt." Bedauerlich. „Aber zweihundert Jahre Orgien der Wissenschaftlichkeit – dann hat man es satt. Nicht der Einzelne, die Seele der Kultur hat es satt." (Spengler 1980: 549)

Nun, da mit den Kompliziertheiten und Unanschaulichkeiten der modernen Physik der feste Boden von Objektivität, nämlich der absolute Bezugsrahmen für die mathematisch-theoretischen Abbildung experimenteller Beobachtung, in der Physik selbst nachhaltig erschüttert wurde[23], ist für Spengler „der große Stil des Vorstellens zu Ende" und „(n)ur die äußerste Meisterschaft der experimentellen Technik (...) vermag den Verfall der Symbolik zu verdecken" (Spengler 1980: 542). So ist alles vorbereitet zur Lobeshymne auf die technischen Genies und ihre Errungenschaften, zu der Spengler im letzten Kapitel ansetzt: „der faustische Erfinder ist etwas Einziges. Die Urgewalt seines Wollens, die Leuchtkraft seiner Visionen, die stählerne Energie seines praktischen Nachdenkens müssen jedem, der aus fremden Kulturen herüberblickt, unheimlich und unverständlich sein, aber sie liegt uns allen im Blute." Sowohl die Gotik als auch die Dampfmaschine zeugen von diesem hinaus- und hinaufdrängenden Lebensgefühl, der „unnennbaren Sehnsucht" des „faustischen" Menschen, „Raum und Zeit zu überfliegen" (Spengler 1980: 1189). Es ist dieses Streben nach Raum, Macht, Unendlichkeit, das zu Geschichte befähigt, d.h. zu Geschichte, wie sie Spengler versteht, zum Erkennen des Schicksals, das „die Zeit" dem Abendland unentrinnbar diktiert.[24] Die technischen Monumente dieser Untergangszeit sind weder intelligent noch klein, weder Mikrochips noch Sonnenkollektoren, sie sind schon gar nicht recyclingfähig. „Faustische" Technik ist groß und unvergänglich wie die Pyramiden, und genau so soll sie auch sein. Mit Schaudern liest man Spenglers Vorausschau:

---

[23] „Aber weit über diese Zweifel hinaus greift die Relativitätstheorie, eine Arbeitshypothese von zynischer Rücksichtsloisigkeit, in den Kern der Dynamik ein. Auf die Versuche von Michelson gestützt, wonach die Lichtgeschwindigkeit von der Bewegung des durchdrungenen Körpers unabhängig bleibt, von Lorentz und Minkowski mathematisch vorbereitet, enthält sie als ihre eigentliche Tendenz die Zerstörung des Begriffs der absoluten Zeit." (Spengler 1980: 541)

[24] Eine Zukunft, die etwas Neues bringt, kommt hier nicht vor. Was ist, kommt anscheinend von irgendwoher: „Urform", „Ursymbol", „Urgestalt" etc., aber nirgends geht es irgendwohin, außer ans Ende.

„Diese Technik aber wird die Spur ihrer Tage hinterlassen, wenn alles andere verschollen und versunken ist. Diese faustische Leidenschaft hat das Bild der Erdoberfläche verändert.“

Zwischenbilanz

Was in Spenglers Einleitungskapitel noch vergleichsweise akzeptabel daherkommt, entwickelt sich im Laufe der umfänglichen Schrift zu einem antidemokratischen und elitär-rassistischen Gemenge, wobei gegen Ende dann auch die Kapitel immer knapper, weil direkter, werden. Wissenschaft und Naturbeherrschung, Kausalität und technischer Fortschritt spielen eine außerordentlich zentrale Rolle in seinem Welt- und Geschichtsentwurf. Doch die Annahme, daß sein rechts-reaktionärer Standpunkt einfach nur rückschrittlich sei und automatisch mit einer ablehnenden Haltung dazu einhergehe, verfälscht die Zusammenhänge, um die es hier geht. Ganz im Gegenteil stimmt Spengler eine wahre Hymne auf die Wunder der Technik und der Wissenschaft an, deren Erfolge er freilich für das „Abendland“ requiriert, indem das besondere des „Faustischen“ entsprechend bestimmt. Wirklich rückwärtsgewandt, statt bloß nostalgisch, ist der Text in einer ganz anderen Hinsicht, nämlich indem er der eigenen Kultur keinerlei Spielräume mehr für ein nicht schon vorbestimmtes Denken und Handeln, keine wie auch immer gestaltbare Zukunft zuerkennt.

Für die Verbindung von lebensphilosophischem Relativismus und reaktionärem Konservatismus ist es nicht in erster Linie entscheidend, daß Spengler in der Natur ein Modell für Geschichte gesehen hat, ebensowenig wie andere Aspekte der Kulturkritik für sich allein genommen die Brücke herstellen. Zudem ist Spenglers Rassebegriff, obwohl hier die Rede von Blut ist, nicht wirklich biologisch, eher archaisch, vor allem aber wird alles „erfühlt“ und „geschaut“; worin die Unterschiede letztendlich bestehen, ist nicht so recht erklärbar und doch ganz und gar festgelegt. Wenn es also schon Biologie sein soll, dann handelt es sich bei Spenglers „Morphologie“ um lupenreinen Präformismus. Weil eben alles „Prinzip“, also die totale, alles durchdringende Differenz der Kulturen ist, wird in der Mythologisierung von Geschichte und Politik Platz geschaffen für eine unverhüllte Aggressivität, die an Eroberung, Naturbeherrschung und Technik gebunden wird. Zusammen mit der Vergangenheitsorientierung, die allein im Krieg noch Glanz und Gloria bewilligt, entwirft Spengler eine Situation absoluter Unvereinbarkeit der Kulturen, in der keine

Verständigung zwischen Fremden, kein Verstehen der Andersartigkeit möglich ist.

Mit der ausufernden Rhetorik wird eine Folie geschaffen, vor der sich Spengler selbst als den Weisen und Seher präsentiert, der aus den Fluten widersprüchlicher Tatsachen die geradlinige Bestimmung und Zukunft der abendländischen Zivilisation prophezeien kann. Seine nicht zu erklärende Botschaft ist, vor allem anderen, zutiefst anti-demokratisch: „Leben ist Politik", soll heißen Machtpolitik, denn Koexistenz ist nicht vorgesehen. „Kosmopolitisch", „Literatur", „Demokratie" werden bei Spengler als Schimpfwörter verwendet, denn die Spenglersche Logik kennt nur das Entweder-Oder, ergo wird jegliches Bemühen darum, sich verständlich zu machen wie umgekehrt Verständnis zu haben, sei es politisch oder literarisch, verunglimpft. Dies war die Art des Prophetentums, gegen die sich Webers Polemik richtete.

Nicht nur verschieden: Moderne und Gegenmoderne

Eindeutig konträre Standpunkte nehmen Weber und Spengler zum Verhältnis von Wissenschaft und Politik ein: Während Spengler die abendländische Wissenschaft als faustischen Lebensausdruck und daher als identisch mit einer Politik der Eroberung sieht, hält Weber am Universalismus der Zweckrationalität fest und betont die Notwendigkeit über die Ziele getrennt zu verhandeln. Dennoch läßt sich bei aller Radikalität der Gegenpositionen ein Muster aus gemeinsamen Voraussetzungen und gleichlaufenden Selbstverständlichkeiten bestimmen. Wesentliche Aspekte des Verständnisses von Wissenschaft und Technik (1) im Weberschen Text tragen dazu bei, daß der Fortschritt als Schicksal der Moderne (2) begriffen wird. Ausgehend von diesen beiden Eckpunkten der Weberschen Diagnose zur Wissenschaftsentwicklung und zu den Prozessen gesellschaftlicher Rationalisierung kann der gemeinsame Horizont der beiden Gegenpositionen nachgezeichnet werden, wobei wiederum die Frauen, bzw. die Rolle der Frauen (3) und andere Differenzen (4) in den Blick kommen. Diese übereinstimmenden Bezugspunkte im jeweiligen Denk-Gefüge sollen im folgenden im einzelnen betrachtet werden.

1 Der Erfolg der Naturbeherrschung:

Das Diktum von der „Entzauberung der Welt" will Weber verstanden wissen als „das Wissen davon oder der Glaube daran, daß es prinzipiell keine geheimnisvollen unberechenbaren Mächte mehr gebe, (...) daß man alle (...) Dinge -

im Prinzip – durch Berechnen beherrschen könne“ (Weber 1995: 19). Das Ideal einer mathematisch-technischen Naturbeherrschung prägt die Vorstellung von wissenschaftlicher Objektivität, reduziert ihren Geltungsbereich auf Fragen der Zweckrationalität und gibt ihr eine spezifische auf Berechnung und Kontrolle eingeengte Gestalt. Methodisches Denken ist das Maßgebliche des wissenschaftlichen Vorgehens, ansonsten stellt Weber wissenschaftliches Arbeiten neben den Pragmatismus einer Gemüsefrau, die ihren Kohl verkauft. Aufgabe der Wissenschaften sei es, „Kenntnisse über Technik, wie man das Leben, die äußeren Dinge sowohl wie das Handeln der Menschen, durch Berechnung beherrscht“ (Weber 1995: 37) zu entwickeln und zu lehren. Was darüber hinaus noch Erwähnung findet, führt schon auf rutschiges Gebiet, denn es handelt sich eigentlich um ethische Ansprüche, mit denen wir das Terrain der Wissenschaftlichkeit verlassen. Webers Forderung nach Klarheit[25] mag noch an der Grenze liegen; die Ehrlichkeit des Wissenschaftlers, wenn es um unerwünschte Nebenfolgen und unbequeme Tatsachen geht, wenn nur über kleinere Übel statt großartiger Lösungen zu befinden ist, ist bereits eine der Erkenntnis der Sachzusammenhänge selbst äußerliche Bedingung.

Der Kontrast zwischen den objektiven Tatsachen der Wissenschaft und Wertorientierungen des Wissenschaftlers verschärft sich außerordentlich angesichts der Feststellung: „Die wissenschaftliche Arbeit ist eingespannt in den Ablauf des Fortschritts“ (Weber 1995: 16) und insbesondere der weiteren Annahme „Prinzipiell geht dieser Fortschritt in das Unendliche“ (Weber 1995: 17). Denn die entzauberte Wissenschaftswelt, nun selber der Objektivität instrumenteller Vernunft und der Logik formal-rationaler Verfahren unterworfen, steht dieser allgemeinen Dynamik im selben Moment mit eigenartiger Hilflosigkeit gegenüber: Die „technischen Vorzüge sind ganz unzweifelhaft“ (Weber 1995: 6), bezogen auf den vorausgesetzten Zweck, der getrennt zu verhandeln ist, aber immerhin ein Thema für Auseinandersetzungen darstellt, anders als die Effizienz und Nützlichkeit von Technik als solche, die abstrakt gegeben und unhinterfragt bleibt. Die indifferente Instrumentalität der Wissenschaft ebenso wie die strikte Neutralität der Technik, die Weber hier zur Grundlage seiner wissenschaftspolitischen Positionen bestimmt, erscheinen in

[25] Denn die Klarheit und die Methoden des Denkens unterscheiden den Wissenschaftler von der Gemüsefrau; vielleicht weil der Vergleich dann doch etwas gewagt schien, der recht dreist jeden gesellschaftlichen Status außer acht läßt und ganz nebenbei auch die Geschlechtergrenze überspringt (vgl. Weber 1995: 35).

einem besonders krassem Licht, wenn man sich die Situation und Zeitpunkte vergegenwärtigt, an denen er sie vornimmt bzw. bestätigt: 1917, während des 1. Weltkrieg hält Weber diese Rede vor jungen Männern, und 1919, nach dem Ende dieses Krieges, folgt die Veröffentlichung.

Webers unendlich fortschreitender, auf eine technisch-formale Rationalität bezogener Universalismus stellt das glatte Gegenteil zu Spenglers faustischer Seele dar, deren gewaltsames Expansionsstreben sich in technischen Großtaten verwirklicht und dessen Finale bereits seine Zeichen vorausschickt. Dennoch besteht eine zentrale gemeinsame Voraussetzung in der unbestrittenen Gewißheit, daß der technische Fortschritt „funktioniert", tatsächlich stattfindet und ebenso fraglos ist, was als seine Bedingung angesehen wird, nämlich die Effizienz und der Erfolg wissenschaftlicher Naturbeherrschung. Webers durchaus skeptische Betrachtungen von Wissenschaftsentwicklung und Fortschrittsdynamik bringen keinen Perspektivenwechsel mit sich, so daß die systematische Erzeugung von Nebenfolgen und Fehlern, die immanenten Krisenmomente der Bürokratisierung, Rationalisierung und Technisierung ins Bild kommen könnten. Das Ideal, oder vielleicht besser die Phantasie, einer vollständigen Berechenbarkeit und Kontrolle, zumindest der Möglichkeit nach, liefert die Kritik den Tatsachen aus. „(D)er herrschaftliche Anspruch, der ihn gerade der Natur versklavt" (Horkheimer & Adorno 1981: 39) erfährt keine Korrektur, erscheint sogar obendrein objektiv unkorrigierbar und blockiert auf diese Weise jeden auf Veränderung zielenden Eingriff.

2 Fortschritt als „Schicksal":

Im Fokus von Webers Analyse, nicht nur in diesem Aufsatz sondern in einem großen Teil seines Werkes, stehen die Prozesse der Verselbständigung bürokratischer und technischer Effizienz, die Versachlichung von Herrschaft und die damit einhergehenden normativen Orientierungen am bloßen Funktionieren, während alles andere demgegenüber machtlos, unbedeutend und beliebig wird. „Die alten vielen Götter, entzaubert und daher in Gestalt unpersönlicher Mächte, entsteigen ihren Gräbern, streben nach Gewalt über unser Leben und beginnen untereinander wieder ihren ewigen Kampf." (Weber 1995: 34) Indem sich die Mittel gegenüber den Zwecken verselbständigen, entsteht – so Webers berühmte Worte - ein „stahlhartes Gehäuse" der „Hörigkeit", eine moderne, weil rationale und deshalb universale Abhängigkeit. Im selbstzweckhaften Funktionieren der gigantischen, modernen politischen, ökonomischen und kulturellen Betriebs-Maschinen, in denen sich die Selbstentmündigung zum „Ordnungsmenschen“ vollzieht, wird Fortschritt zum Schicksal. Der Blick in die Zukunft ist bei Weber längst umgeschlagen in Fortschrittspessimismus; kaum ein Bereich der Gesellschaft vermag sich dem Verhängnis der Rationalisierung zu entziehen:

„Es ist das Schicksal unserer Zeit, mit der ihr eigenen Rationalisierung und Intellektualisierung, vor allem: Entzauberung der Welt, daß gerade die letzten und sublimsten Werte zurückgetreten sind aus der Öffentlichkeit, entweder in das hinterweltliche Reich mystischen Lebens oder in die Brüderlichkeit unmittelbarer Beziehungen der Einzelnen zueinander.“ (Weber 1995: 44)

Die Notwendigkeit, mit der sich, Weber zufolge, die Reduktion der Vernunft auf Zweckrationalität vollzieht und ein Fortschritt ohne Sinn erzeugt, ist die „unentrinnbare Gegebenheit unserer historischen Situation“ (Weber 1995: 40). Wenn sich diese Einsicht in eine sinnlos gewordene Fortschrittlichkeit nicht mit bloßer Schicksalsergebenheit begnügt und in der Erforschung der gesellschaftlichen Ursachen dieser Dynamik, die sich daraus ergebenden moralischen und politischen, religiösen und weltanschaulichen Leerstellen sichtbar zu machen und die Auseinandersetzung darüber zu führen sucht[26], so liegt darin das Gegenstück der Weberschen Auffassungen zu Spenglers imperialistischer Vision des „Tatmenschen“, der sein Schicksal erfüllt, durchaus nicht in Ablehnung des Fortschritts, eher in einer gegenmodernen Umlenkung zu einer Bestimmung durch die Vergangenheit. Aber bei Weber wie bei Spengler ist der Ausgangspunkt derselbe, nämlich daß die Entwicklung von Technik und Wissenschaft einer Eigendynamik, die dem menschlichen bzw. gesellschaftlichen Zugriff entzogen ist, unterliegt. Unaufgelöste Prozesse der Entfremdung und Verdinglichung bilden die Grundlage für die beiden gegensätzlichen Formen, entweder als gegenmoderne Re-Mythologisierung oder als moderne Entzauberung, mit denen auf die Versachlichung menschlicher Beziehungen im Zuge gesellschaftlicher Modernisierung reagiert wird.

3 Die Andersartigkeit der Frauen:

Heutzutage läßt uns eine Formulierung wie „die Brüderlichkeit unmittelbarer Beziehungen der Einzelnen zueinander“ – wir hatten es gerade schon – im-

---

26 „Das aber, was gerade dem modernen Menschen so schwer wird, und der jungen Generation am schwersten, ist: einem solchen Alltag gewachsen zu sein. Alles Jagen nach dem ‚Erlebnis‘ stammt aus dieser Schwäche. Denn Schäche ist es: dem Schicksal der Zeit nicht in sein ernstes Antlitz blicken zu können.“ (Weber 1995: 34)

merhin manchmal aufmerken. Und auch die Bemerkung „(w)er dies Schicksal der Zeit nicht männlich ertragen kann“ (Weber 1995: 44) teilt uns mit, an wen Weber seine Überlegungen zur Moderne und zur Wissenschaft adressiert und an wen nicht. Beide Hinweise erinnern uns daran, daß hier kein Platz für Frauen ist, denn weder befinden sie sich unter seinen Zuhörern, noch ist von ihnen die Rede, wenn Weber vom Wissenschaftler „innere Hingabe an die Sache und nur an sie“ (Weber 1995: 16) erwartet. Damit sind nicht die Wissenschaftlerinnen gemeint, die sich gerade den Zugang zu den Universitäten eroberten, obwohl gerade sie diesem Ideal nahekamen, wenn sie sich für Gebiete interessierten, in denen für Frauen keine Karrieren vorgesehen waren.

In einer zum bürokratischen Großbetrieb gewordenen Wissenschaftsorganisation ist die wissenschaftliche Tätigkeit zu einem Beruf geworden, der sich durch eine strenge Spezialisierung auszeichnet: „endgültige und tüchtige Leistung ist heute stets: eine spezialistische Leistung“ (Weber 1995: 12). Mit der Professionalisierung sind die Ideen genialer Dilettanten für einen wissenschaftlichen Erfolg nicht mehr ausreichend, entscheidend wird die Kenntnis der fachspezifischen Arbeitsmethoden: „Nur auf dem Boden ganz harter Arbeit bereitet sich normalerweise der Einfall vor.“(Weber 1995: 13) Aber nur wenige Sätze später fährt Weber fort: „die Arbeit kann den Einfall nicht ersetzen oder erzwingen, so wenig wie die Leidenschaft es tut“. Zwar ist der „wissenschaftliche Arbeiter“ ein „Fachmann“, trotzdem ist unverzichtbar, „was man das ‘Erlebnis‘ der Wissenschaft nennen kann (...) diesen seltsamen, von jedem Draußenstehenden belächelten Rausch, diese Leidenschaft“ (Weber 1995: 12). Beide Momente der Subjektivität moderner Wissenschaftlichkeit, wie sie hier festgehalten werden, schließen an Webers soziologische Analyse der allgemeinen Fortschritts- und Rationalisierungdynamik an. Hier zeigt sich auch die außerordentliche Wirksamkeit, die er in diesem Kontext dem Geist des asketischen Protestantismus und der mit ihm entstandenen Berufsethik zurechnet.

In einer systematischen Betrachtung, welche Rolle dem Geschlechterverhältnis in Webers Theorie zukommt, wird die Negation erkennbar, mit der die „rationale Lebensführung auf der Grundlage der Berufsidee“ (Weber nach Mülder-Bach 1987: 121) zur Grundlage eines männlichen Entwurfs der Moderne gemacht wird. In hohem Maße ist wissenschaftliche Arbeit davon geprägt: „Wissenschaft als Beruf“ setzt das Funktionieren von Arbeitsteilung voraus und zwar nicht nur die Ausdifferenzierung der Fachgebiete. Lebensbedingungen, unter denen man sich auf längere Zeit in Forschungsaufgaben versenken kann, waren nicht zuletzt durch eine geschlechtsspezifische Arbeitsteilung gewährleistet, in der insbesondere die nicht rationalisierte und nicht berufsmäßig organisierte Reproduktionsarbeit vom männlichen Wissenschaftler ferngehalten wurde. Die familiale Arbeit von Frauen in der Trennung von Privatheit und Öffentlichkeit ist Bedingung und Ergänzung der rastlosen Berufsarbeit, wie sie die protestantische Ethik vorsieht, und auch des Wissenschaftler-Ideals, wie es Weber konzipiert: „'Persönlichkeit' auf wissenschaftlichem Gebiet hat nur der, der *rein der Sache* dient" (Weber 1995: 15), eine Grundhaltung, die von Tugenden wie „Pflicht, Klarheit, Verantwortungsgefühl" (Weber 1995: 39), im Hinblick auf die Lehrtätigkeit übrigens, etwas abgemildert wird.

Unter dem Blickwinkel der Frauengeschichte erscheint die asketisch-rationale Durchdringung des Alltags als eine Serie von Abspaltungen und Zuordnungen moralischer Werte bzw. der spezifischen Verhaltensanforderungen, durch die jene verkörpert und belebt werden. Das asketische Ideal der Lebensführung, entstanden aus religiösen Überzeugungen, verlangte und schuf ein strenges Reglement der Selbstdisziplin, Webers „stahlhartes Gehäuse", das aber nur die bürgerliche Männlichkeit eindeutig zu repräsentieren vermag. Aus dem weiblichen Lebens- und Arbeitsbereich ist unter diesen Bedingungen eine eigentümliche Zwiespältigkeit nicht zu verbannen. Denn einerseits sind die geforderte Affektkontrolle, Triebunterdückung, Eindämmung von Spontaneität die Resultate einer Erziehungsarbeit, die zu einem wesentlichen Teil von Frauen durchgesetzt und geleistet wird, andererseits ist die Versorgungsarbeit im häuslich-privaten Bereich undenkbar ohne menschliche Nähe, daher auch nicht ohne Aspekte von Sinnlichkeit und Emotionalität, selbst wenn diese nur bruchstückhaft, kärglich oder verzerrt vorhanden sind. Eine Abwertung „spezifisch femininer Emotionalität", die Weber in den „hysterisch bedingten Seiten der Religiosität" wiedererkannte (nach Mülder-Bach 1987: 120), findet in jedem Fall statt: „Die Tätigkeiten der Frauen büßten damit ein, was immer ihnen an Eigenwert und Eigenständigkeit zugekommen sein mochte. Sie wurden zu Funktionen im Dienst der Erfüllung der männlich-asketischen Arbeitsmaxime." (Mülder-Bach 1987: 121)

Mit der Säkularisierung vollzieht sich zugleich die Verkehrung der Grundsätze protestantischer Berufsethik und asketischer Lebensführung in einen Selbstzweck. In der rational und arbeitsteilig geregelten, fachspezialistisch und hierarchisch geordneten Welt der Maschinen und Apparate nimmt die Macht der Dinge über den Menschen im selben Maß zu, wie die sozialen Beziehungen selbst nach den Maßgaben der Zweckrationalität geformt werden. Als Unterbrechung dieser Dynamik betrachtet Weber nur die Ausnahmesituationen „unmittelbarer Beziehungen", die aber ohne die Frauen, ihre besonderen historischen Erfahrungen und die speziellen Qualitäten, die ihnen zugeschrieben werden, zu thematisieren, einseitig abstrakt bleiben. Oder es handelt sich um Ausnahmepersonen, etwa charismatische Führerpersönlichkeiten, in denen eine mit dem Kampf um persönliche Macht und mit Machtausübung identifizierte Individualität zu einer Variante heroischer Männlichkeit ausgestaltet wird. Obwohl wir es hier im Vergleich zu Spengler nicht mit derart krassen Geschlechterstereotypen zu tun haben, sondern mit blinden Flecken, denn von den Frauen oder von irgendwelchen Besonderheiten, die sie betreffen, ist, wenn überhaupt, nur an zweit- oder drittrangiger Stelle die Rede. Charakteristisch für Webers Texte ist eher die Ausklammerung des Geschlechterverhältnisses mit der Konsequenz, daß der Gegenstand sich verengt auf eine rein männliche Tragödie der Kultur und wie Inka Mülder-Bach ihre Überlegungen zusammenfaßt: „Das Weibliche ist in Webers Theorie der Moderne ortlos" (Mülder-Bach 1987: 125). Diese Konsequenz, die Enthistorisierung der Frauen und ihrer gesellschaftlichen Praxis ist allerdings den Texten von Weber und Spengler gemeinsam.

4 Unterschiede sind undiskutabel:

„Daß Wissenschaft heute ein fachlich betriebener ‚Beruf' ist im Dienst der Selbstbesinnung und der Erkenntnis tatsächlicher Zusammenhänge, und nicht eine Heilsgüter spendende Gnadengabe von Sehern, Propheten oder ein Bestandteil des Nachdenkens von Weisen und Philosophen über den Sinn der Welt – das freilich ist eine unentrinnbare Gegebenheit unserer historischen Situation, aus der wir, wenn wir uns selbst treu bleiben, nicht herauskommen können." (Weber 1995: 40)

So hatte Weber die Ausgangslage gekennzeichnet, in der er die Wertfreiheit der Wissenschaft einerseits und den Wertpluralismus in der Politik andererseits als notwendige moderne Orientierungen bestimmte. Hier bildete allein die subjektiv freie Persönlichkeit, deren aristokratische Individualität außerhalb des Alltags steht, eine Instanz, die eigene Werte setzt, und damit ein Gegenüber zu dem negativen Begriff von Objektivität, der durch die Reduktion der Vernunft auf fachwissenschaftliche Rationalität geschaffen wurde. Weil Wissenschaft nur darüber Aussagen treffen kann, welche Mittel angemessen sind, um einen vorausgesetzten Zwecks zu erreichen, bleibt ihr diese Grenze gesetzt:

„Wie man es machen will, ‚wissenschaftlich' zu entscheiden zwischen dem Wert der französischen und der deutschen Kultur, weiß ich nicht. Hier streiten eben auch verschiedene Götter miteinander, und zwar für alle Zeit. (...) Und über diesen Göttern und ihrem Kampf waltet das Schicksal, aber ganz gewiß keine ‚Wissenschaft'." (Weber 1995: 33)

Wenn sich bei Weber Wissenschaft und Politik zueinander wie Mittel und Zwecke verhalten und strikt auseinander zu halten sind, so deshalb weil die Instrumentalität der Vernunft einen noch verbleibenden Universalismus begründet, der nicht nur eine Einsicht in die allgemeine Abhängigkeit sondern auch ein Bewußtsein, das zur Relativierung der je eigenen Wertewahl und Sinngebungen in der Lage ist, hervorbringt. Dies läßt sich klar lesen als Pendant zu Spenglers alles umfassender Differenz der Kulturen und der kulturspezifischen Werte, die auch in der Wissenschaft und Technik ihren immer unvergleichbaren Seelenausdruck aufprägen sollen. Wenn aber die Bestimmung von Wissenschaft und Technik als bloßem Mittel dahingehend gewendet wird, daß sich im Polytheismus kultureller Wertsetzungen die Frage, welche Ziele überhaupt verfolgt, nach welchen Werten gehandelt werden soll, einer jeglichen rationalen Verständigung entzieht, so kann man darin umgekehrt ein Spengler und Weber gemeinsames Element erkennen, demzufolge nämlich über kulturelle Differenzen eigentlich doch nicht wirklich geredet werden kann. Im Absolutsetzen der Differenz laufen die Fluchtlinien der gegensätzlichen Auffassungen zu Wissenschaft und Politik zusammen, konvergieren die moderne und die gegenmoderne Perspektive.

Resümee

In der Gegenüberstellung der Positionen von Weber und Spengler wird deutlich, daß Spengler keineswegs ein Fortschritts-, Technik- und Wissenschaftsfeind ist, sondern daß er die Technik- und Wissenschaftsentwicklung sowie gesellschaftliche Modernisierungen, die damit einhergehen, in seine gegenmodernen bzw. reaktionär-modernistischen Anschauungen durchaus erfolgreich, d.h. im Sinne seines elitären Rassismus, zu integrieren weiß. Ebensowenig kann umgekehrt von Weber als einem eindeutigen Befürworter jenes Intellektualisierungs-, Rationalisierungs- und Modernisierungsprozesses, den er analysiert, gesprochen werden: Sein Rationalismus schließt eine tiefe Technikskepsis und Fortschrittskritik mit ein und ist nur bedingt geeignet, um eine Sonderstellung für das Leitmodell der abendländischen Vernunft daraus abzuleiten.

Zu sehr hat deren moralische Selbstgewißheit schon an Halt verloren, wenn andere als technisch-formale Dimensionen in den Blick kommen.

In dieser Situation erfolgt die Absage an eine ins Biologistische reichende Mythologisierung von Geschichte durch das Festhalten an einer Objektivität, deren strikte Neutralität sich aus ihrer Instrumentalität herleitet, und deren Negativität, mit einer ebenso strikten Abgrenzung der Gesellschaft von Natur unterlegt wird. Damit aber fügen sich die Gegenpole in den Einstellungen zur Moderne aneinander und lassen eine Struktur in der Diskussion um Wissenschaft und Technik entstehen, die sich durch die oben beschriebenen Aspekte auszeichnet: die unbezweifelte Rationalität und Effizienz der technisch-wissenschaftlichen Naturbeherrschung, die Unaufhaltsamkeit ihres Fortschritts und der gesellschaftlichen Modernisierung, in der die Geschlechterdifferenz(en) als gesellschaftlich irrelevant, und andere, kulturelle Differenzen als so wenig verhandelbar wie Naturgesetze erscheinen. Mittels dieser Verbindung kann bis heute jeder Versuch einer Relativierung des Fortschritts und der ihn begründenden Rationalität wirksam stillgestellt werden, indem sie die Verschränkungen von Natur und Gesellschaft, die konkreten Erfahrungen von und mit Andersartigkeit sowie die historische und aktuelle Perspektivität wissenschaftstheoretischer und -politischer Standpunkte dem kritischen Blick entzieht. Diese bilden die Anknüpfungspunkte zu den aktuellen Reflexionen über das gesellschaftliche Naturverhältnis, in denen sie, besonders im Hinblick auf politische Konsequenzen seiner Gestaltungen in sozialen Prozessen, in gesellschaftlichen Zusammenhängen und Konflikten, mit Nachdruck in den Vordergrund zu rücken sind.

Ausgehend von einer wechselseitigen Konstitution von Natur und Gesellschaft, deren Verhältnis in den verschiedenen Formen ihrer gesellschaftlichen Bearbeitung, Wahrnehmung und Symbolisierung eine je spezifische Vermittlung erfährt, hat bereits Marcuses Analyse wesentlich auf den Punkt gebracht, „daß etwas mit der Rationalität des Systems selbst nicht stimmen muß“ (Marcuse 1981: 159). Er betrachtet den Prozeß, in dem die meßbaren und berechenbaren Tatsachen der instrumentellen Vernunft hergestellt werden, nämlich die Herauslösung von Werten und sozialen Normen aus der objektiven Realität, als einen Vorgang der Entwirklichung. Mit der Instrumentalisierung und Quantifizierung der Natur wird die Frage nach einer Realität, die mehr ist als ein System von Mitteln, suspendiert und ein technologisches Apriori begründet, das die Rationalität naturwissenschaftlicher Erkenntnis und gesellschaftlicher Organisation miteinander in eins setzt. Hier, und nicht erst im Anwendungszusammenhang der Naturwissenschaften, werden technische Beherrschbarkeit und Berechenbarkeit selbst zu einem Wert. Die Objektivierungen zu reiner Form und die Verallgemeinerungen eines zweckfreien Funktionierens sind nicht festgelegt, „(a)ber diese Neutralität ist ein *positives* Merkmal“ (Marcuse 1981: 171). „(D)er Prozeß technologischer Rationalität ist ein politischer Prozeß“ (Marcuse 1981: 182), und zwar, weil gerade die Unmöglichkeit, Rationalität, Vernunft, Wahrheit, Objektivität zu relativieren, „den wissenschaftlichen Entwurf (Methode und Theorie) mit einem spezifischen gesellschaftlichen Entwurf verknüpfen“ (Marcuse 1981: 174). Im Medium der Technik wird Naturbeherrschung mit der Beherrschung des Menschen verbunden, Herrschaft „als Technologie“ (Marcuse 1981: 173) manifestiert sich in den sozialen Beziehungen durch die verschiedenen Formen der Entfremdung und Verdinglichung.

Wenn Marcuse das gesellschaftliche Naturverhältnis der Moderne und dessen besondere Qualität darin bestimmt sieht, daß der Wirklichkeit Dimensionen entzogen werden, daß die Reduktion der Vernunft auf Zweckrationalität die Wert-losigkeit der Tatsachen hervorbringt, so betont er zugleich die Widersprüchlichkeit dieser Dynamik: „Paradoxerweise wird jedoch die objektive Welt von der nur quantifizierbare Qualitäten bestehen bleiben, in ihrer Objektivität mehr und mehr abhängig vom Subjekt“ (Marcuse 1981: 163), nämlich von seinen Bestimmungen und seinen Wertsetzungen. Diese Wendung von Marcuses Überlegungen geht in eine Richtung, zu der inzwischen etliche neue Impulse aus der sozialkonstruktivistischen Wissenschaftsforschung gekommen sind. Die Verselbständigung technischer und wissenschaftlicher Entwicklungen sind hier beschrieben worden als Hybrids (Latour 1995) und Cyborgs (Haraway 1997), bio-techno-soziale Mischwesen, deren Konstruiertheit und Künstlichkeit das Thema der Verschränkung und Vermittlungen von Natur und Gesellschaft wieder neu aufwerfen. Dabei werden sehr grundsätzliche Aspekte einer Wissenschafts-Kultur zutage gefördert, nicht zuletzt die moralischen, technischen und gesellschaftliche Normierungen, die Objektivität begründen und die zur Herstellung von Tatsachen beitragen, wie z.B. der Tatsache „Frau“, die hier besonders von Interesse ist.

Es waren die Beiträge der feministische Wissenschaftsforschung, die das Augenmerk speziell auf die Naturalisierungen gesellschaftlicher Verhältnisse und sozialer Ungleichheit richteten und in ihrer Auswirkung auf Wissenschafts(selbst)verständnis untersuchten. Sie arbeiteten den Zusammenhang heraus, der zwischen einem Verständnis von Objektivität, das eine abstrakt-formale Bezugslosigkeit festschreibt, und der hierarchischen Geschlechterdifferenz besteht. Sie stellten weiterhin klar, daß das, was auch und gerade in der Wissenschaft als Geschlechtsneutralität auftritt, zumeist nichts anderes ist als eine Negation der Bedeutung der Kategorie Geschlecht. Zahlreiche Betrachtungsebenen zusammenfassend, will ich hier deren Paradigmafunktion betonen, denn als Modell einer konkreten Differenz durchkreuzt sie ebenso die Totalität der technologischen Vernunft, wie sie gegen eine Rationalität steht, die nur restlose Übereinstimmung als wirkliche Verständigung anerkennt, die kein Lernen über Andersartigkeit und keinen anderen Umgang mit Fremdheit kennt, außer in Feindschaft oder aber mit einer Gerechtigkeit, die als „lauer Kompromiß“ abgewertet wird.

Schließlich wird durch die Überzeugung, nach der sowohl Tatsachen als auch Werte eigentlich undiskutierbar sind, der Kontext und die Historizität der eigenen Denkpositionen unsichtbar gemacht. Generell bleiben die Möglichkeiten einer Historisierung von Wissenschaft, Wahrheit und Objektivität verdeckt, wie sie in dem oben betrachteten Zeitraum etwa durch andere Positionen aus dem Bereich der Lebensphilosophie, später z.B. in der Wissenssoziologie oder der Kritischen Theorie angedacht wurden. Weiterhin ist es die Ausschließlichkeit, mit der Gegenüberstellung konstruiert wird, in der Umorientierungen verhindert, damalige aber auch aktuelle Alternativen, wenn nicht völlig aus dem Spiel gehalten, zumindest abgebogen werden können. Wenn also einerseits nicht über die unterschiedlichen kulturellen Identitäten und normativen Orientierungen, Leitbilder, Traditionen und ihre Horizonte gesprochen werden kann und andererseits die Tatsachen des Fortschritts feststehen, wie kann dann über Wissenschaftsentwicklung geredet werden und über deren Bedingungen und Alternativen, über das Verhältnis von Wissenschaft und Politik?

Perspektivenwechsel

Zum Schluß möchte ich die hier aufgeworfenen Fragen noch einmal dahingehend wenden, wie sie sich aus der Sicht der feministischen Theorie, unter Einbeziehung der historischen Erfahrungen von Frauen in ihrer besonderen gesellschaftlichen Praxis darstellen – auch wenn ich an dieser Stelle nur kurz umreißen kann, welche Gesichtspunkte damit in den Vordergrund treten. Im Rahmen der Überlegungen zu einem Fortschrittsverständnis, in dem objektive

Tatsachen und normative Orientierungen gegeneinandergestellt undiskutierbar sind, war die Kategorie Geschlecht an einer zentralen Stelle in Erscheinung getreten. Greift man diesen Zusammenhang gezielt auf, ergibt sich in der weiterführenden Betrachtung dann, daß dies keineswegs zufällig, sondern vielmehr darauf zurückzuführen ist, daß die Geschlechterdifferenz grundlegend mit der Unterscheidung Natur und Gesellschaft vermittelt ist. In den Mittelpunkt der Problematik rückt eine Überlagerung von Naturverhältnis und Geschlechterverhältnis, so daß die sozialen und biologischen Dimensionen gesellschaftlicher Reproduktion auseinanderfallen, was die Frauen – und vor allem sie – gleichzeitig innerhalb und außerhalb von Gesellschaft und Geschichte plaziert. Deshalb bewirkt die Fokussierung auf die Kategorie Geschlecht zunächst eine Skepsis gegenüber Dichotomisierungen jeder Art, die sich verstärkt, je näher man auf die Probleme eingeht.

Ein zentrales Element in dieser „Ordnung der Geschlechter“ (Honegger 1991) besteht in der Stereotypisierung der Frau als das Andere, nämlich einem aufgrund ihrer körperlichen Fähigkeiten zur Mutterschaft wunderbar naturnahem Wesen. In den biologischen Bestimmungen, die daraus abgeleitet wurden, wie in den symbolischen Darstellungen des „Ewig-Weiblichen“, vollzieht sich eine Ausgrenzung der spezifisch weiblichen historischen Praxis, die Leugnung der geschlechtsspezifischen Arbeitsteilung sowie der entsprechenden sozialen Abhängigkeitsverhältnisse als Teil der gesellschaftlichen Produktion und Reproduktion. Unter diesen Bedingungen sind die Erfahrungen von Frauen ganz wesentlich von Diskrepanzen und Widersprüchen, von den Unvereinbarkeiten zwischen Weiblichkeitsideologien und ihren jeweiligen Lebensumständen geprägt. Daran ist nichts Weiblich-Wesenhaftes oder Ursprüngliches, sondern es geht um Formen der Entfremdung und Verdinglichung, die die Frauen aufgrund der Naturalisierung des Geschlechterverhältnisses besonders betreffen. Die Geschlechterstereotypen sind unpassend und ungeeignet, jene spezifischen Erfahrungen zu reflektieren, in denen Zuschreibungen, Wünsche, Widerstände ineinander übergehen, die in Praxisformen eingehen und zum Bestandteil eines Selbstverständnisses werden. Dazu gehört im Verlauf der Moderne für Frauen zunehmend die Erfahrung, Grenzgängerinnen zu sein: im Beruf, in der Wissenschaft wird das intellektuelle Engagement der Frauen und die Suche nach ihrem eigenen künstlerischen Ausdruck von dieser Erfahrung begleitet.

Im Auseinanderklaffen von Geschlechterdifferenz und Geschlechterverhältnis sind einfache Wahrheiten nur selten zu haben. Eher stellt sich die Erkenntnis ein, daß diese verdecken, wie wenig es gelingt, gesellschaftliche Subjekte und deren Praxis zur Sprache zu bringen, wenn sie etwas repräsentieren, was zu den Leitwerten der herrschenden patriarchalen Kultur gegenläufig ist, und ihr Handeln den für sie speziell aufgestellten Gegen-Grundsätzen nicht einfach unterwerfen wollen oder können. Dieses Problem stellt sich im Prinzip jeder feministischen Untersuchung, weshalb die methodischen Analysen zu dieser Situation zahlreich und differenziert sind: Sie reichen etwa von Simone de Beauvoirs (1986) zu Luce Irigarays (1980) Analysen der Nichtrepräsentierbarkeit selbstbestimmter Weiblichkeit in den symbolischen Systemen des männlichen Diskurses. Weil es sich aber nicht bloß um eine Ausgliederung handelt, wird die Plazierung des Weiblichen z.B. von Teresa de Lauretis (1996) mit dem filmtheoretischen Begriff des „space-off" als eine Aussage außerhalb des offiziellen Bildes, aber zur Bildausssage gehörig bezeichnet. Andere Untersuchungen beschäftigen sich mit den Weiblichkeitsimagos, die das Verhältnis der Kultur zum Unbewußten markieren, wie Sigrid Weigel (1996) oder, auf ganz andere Weise, Jessica Benjamin (1990), wobei es aber in jedem Fall um das Ineinandergreifen von Einschluß- und Ausschlußprozessen geht. Darüber hinaus stellen Bedeutungsverschiebungen einen entscheidenden Aspekt dar: Regina Becker-Schmidt (1996) hat auf die häufige Funktion von Deckbildern im Geschlechterdiskurs hingewiesen. Die Weiblichkeitsrepräsentationen ermöglichen die Thematisierung von Problemen, die zwar allgemeiner Art sind, aber als solche nicht geäußert werden können – wie etwa, im Hinblick auf die Entstehungszeit der oben analysierten Texte, die Verletzlichkeit des Menschen, auch von Kriegern. Die nahezu universalen Anwendungsmöglichkeiten der dualistischen Geschlechterdifferenz zur Reduktion höchst widersprüchlicher Verhältnisse auf dichotomische Muster und bei ihrer Transformation in eindeutige, angeblich „klare" Gegensätze macht die zweite grundlegende Bedeutung der Kategorie Geschlecht aus, die in der Konstruktion des modernen Fortschrittsverständnisses wirksam wird und in der Analyse sichtbar gemacht werden kann.

„Die Einführung von biologischem und sozialem Geschlecht als analytische Sonde durchbricht also den modernen Diskurs, weil sie die sozialen und diskursiven Konstruktionen der Geschlechterdifferenz und, zumindest indirekt, jeglicher Aufteilung und Einteilung offenlegt. Gleichzeitig stört sie den postmodernen Diskurs, erinnert uns an die Realität des biologischen Geschlechts, das nicht eins ist – an die Körperlichkeit von Frauen, die jene Leerstelle ausfüllen, die die Sprache hinterläßt. Indem sie die gleichzeitige Unbeständigkeit, Undefinierbarkeit, aber dennoch Unauflösbarkeit der Kategorie Frau bloßstellt, durchbricht oder sprengt die Geschlechterdifferenz auch den Diskurs

des Feminismus selbst – den eigenen Diskurs. Sobald unser Fokus über die, die uns am ähnlichsten sind, hinausgeht, wenn Frauen verschiedener Hautfarbe, Klasse und Ethnizität in unseren visuellen und begrifflichen Horizont Eingang finden, dann wird ‚Frau' zu Frauen, und die feste Rolle des Geschlechts innerhalb sozialer Strukturen gerät in Bewegung. Wenn ‚real' bedeutet, einheitlich, definierbar und in seiner Definition beständig zu sein, dann gibt es zweifellos in der wirklichen Welt nicht ‚die Frau'. Versucht man jedoch Frauen zu sagen, sie seien diskursiv konstruiert, werden sie einfach auf ihre Körper und Kinder zeigen, im Vertrauen darauf, mit dieser Geste das letzte Wort zu haben." (Keller 1996: 42)

Weil die materiellen und symbolischen Dimensionen des Geschlechterverhältnisses schräg zu den Einteilungen in Wirklichkeit und Diskurs bzw. sozialer Konstruktion liegen, öffnet sich mit dieser Differenz ein Raum, in dem neues Nachdenken nötig ist und möglich werden kann, dessen weitreichende Konsequenzen sich schon angedeutet haben. Von hier aus ergeben sich die Ansprüche an die theoretischen Begriffe, mit denen die Erfahrungen und die Praxis von Frauen zu erfassen wären. Die Geschichte von Frauen ist in beweglichen Kategorien zu schreiben, die fähig sind, zu präzisen Bestimmungen, nämlich Zusammenhänge und Unterschiede wahrzunehmen sowie auch Widersprüche zu reflektieren; Gianna Pomata (1983) hat dies „polythetische Begriffe" genannt und darauf hingewiesen, daß an erster Stelle der Begriff „Frau" so gefaßt werden muß. Einen anderen Aspekt hat Donna Haraway (1996) mit „Situated Knowledges" bezeichnet, nämlich eine Erkenntnis, die sich ihrer Partikularität bewußt ist und sich um die Historisierung und Relativierung des eigenen Standpunkts bemüht, weil sie gegen deren Unterordnung unter die Abstraktion „Frau" die Differenzen unter Frauen anerkennt.

In der feministischen Wissenschaftsforschung wird schon seit geraumer Zeit beobachtet und beschrieben, wie ein spezifisches Geschlechterverhältnis, das mit der Ideologie von der „Natur der Frau" zusammenging, nachhaltigen Umschichtungen sowie verschiedenen Auflösungserscheinungen unterliegt. „Wo der Feminismus nur auf Körper hindeutet, werden sie mit den Mitteln der Wissenschaft verändert." (Keller 1996: 46) Die Veränderungen der Natur durch Wissenschaft greifen ein in den mehrfach überlagerten Konstitutionszusammenhang der Kategorie Geschlecht, in den dichten Vermittlungszusammenhang des gesellschaftlichen Natur- und Geschlechterverhältnisses und ziehen die Veränderung von Subjekten und ihren Identitäten, ihrer gesellschaftlichen Beziehungen und politischen Verhältnisse nach sich. Auf welche Weise letztlich durch das Verschwinden der Referenzgröße Natur, indem Künstlichkeit statt dessen zu einer allgemeinen Existenzbedingung wird, die

Identitäten und die Politik umgestaltet werden, ist noch nicht ausgemacht. Es ist dies aber eine Perspektive, aus der um so nachdrücklicher auf einer Wissenschaft und auf einem Verständnis von wissenschaftlicher Objektivität zu bestehen ist, die sich mit dem Anspruch auf Gleichheit und Verständigung verbinden.

In dieser Perspektive geht die Anerkennung von Differenz mit der Weigerung einher, sich auf das wiederkehrende Muster von Festschreibungen einzulassen, in dem durch die Absolutsetzung von Differenz gar keine bedeutungsvollen Unterschiede mehr existieren können. Deren Absurdität hat ihr Pendant in einer „reinen" Neutralität, sei es von Erkenntnis oder Technik, an der keinerlei Nützlichkeit mehr zu finden ist, weil ihr alles gleichgültig geworden ist, so daß sich das Schicksal zum Fortschritt in Destruktion verkehren kann. Wenn also, statt in bewegungslosen Gegensätzen zu verharren, der Unterschiedlichkeit von besonderen Erfahrungen Platz eingeräumt und ein neuer Blick auf die Widersprüche von Wissenschaft und Politik vorstellbar werden soll, was Donna Haraway (1996) das „Privileg der partikularen Perspektive" genannt hat, dann impliziert dies ein Vergnügen an parteilicher Wissenschaft, der es nicht nur um Veränderungen im Denken geht. Im konkreten Bezug des Nachdenkens auf Praktisches und Politisches taucht vieles auf, was angeblich nicht diskutierbar sein soll, gewiß oft nur unvollständig mitteilbar ist, also zweifellos schwierig wird. Aber wird die Sache eigentlich nicht hier erst wirklich interessant? Damit wären wir in dem Vorhaben, sich den gesellschaftlichen Problemen mit Wissenschaft und Technik vernünftig zu nähern, nun nicht am Ende, sondern gerade erst an einem Anfang angelangt.

Literatur

Beauvoir, S. de (1986): Das andere Geschlecht. Sitte und Sexus der Frau. Reinbek 1986.

Beck, U.; A. Giddens & S. Lash (1996): Reflexive Modernisierung. Eine Kontroverse. Frankfurt am Main 1996.

Becker-Schmidt, R. (1996): Computer sapiens. Problemaufriß und sechs feministische Thesen zum Verhältnis von Wissenschaft, Technik und gesellschaftlicher Entwicklung. In: Scheich, E. (Hrsg.): Vermittelte Weiblichkeit. Feministische Wissenschafts- und Gesellschaftstheorie. Hamburg 1996, 335-346.

Benjamin, J. (1990): Die Fesseln der Liebe. Frankfurt am Main 1990.

Bloch, E. (1972): Spengler und Rußland. In: Vom Hasard zur Katastrophe. Politische Aufsätze aus den Jahren 1934-1939. Frankfurt am Main 1972, 70-75.

Bloch, E. (1979): Anhang: Spenglers Raubtiere und relative Kulturgärten. In: Erbschaft dieser Zeit. Frankfurt am Main 1979 [1935], 318-329.

Brand, K.-W. (Hrsg.) (1998): Soziologie und Natur. Opladen 1998.

BUND (Bund für Umwelt und Naturschutz, Deutschland) & Misereor (Hrsg.) (1996): Zukunftsfähiges Deutschland. Ein Beitrag zu einer global nachhaltigen Entwicklung. Basel, Boston, Berlin 1996.

Cockburn, C. (1988): Die Herrschaftsmaschine. Geschlechterverhältnisse und technisches Know-how. Berlin, Hamburg 1988.

Cockburn, C. (1983): Brothers: Male Dominance and Technological Change. London 1983.

Forman, P. (1971): Weimar Culture, Causality, and Quantum Theory, 1918-1927: Adaption by German Physicists and Mathematicians to a Hostile Intellectual Environment. In: Historical Studies in the Physical Sciences, vol. 3, 1971, 1-115.

Haraway, D. (1996): Situiertes Wissen. Die Wissenschaftsfrage im Feminismus und das Privileg einer partialen Perspektive. In: Scheich, E. (Hrsg.): Vermittelte Weiblichkeit. Feministische Wissenschafts- und Gesellschaftstheorie. Hamburg 1996, 217-248.

Haraway, D. (1997): Modest_Witness@Second_Millenium. FemaleMan©_Meets_OncoMouse™. Feminism in TechnoScience. New York, London 1997.

Harwood, J. (1993): Styles of Scientific Thought: The German Genetics Community 1900-1933. Chicago, London 1993.

Hepp, C. (1992): Avantgarde. Moderne Kunst, Kulturkritik und Reformbewegungen nach der Jahrhundertwende. München 1992.

Honegger, C. (1991): Die Ordnung der Geschlechter. Die Wissenschaften vom Menschen und das Weib. Frankfurt am Main 1991.

Horkheimer, M. & T.W. Adorno (1981): Dialektik der Aufklärung. Frankfurt am Main 1981.

Irigaray, L. (1980): Speculum. Spiegel des anderen Geschlechts. Frankfurt am Main 1980.

Keller, E.F. (1996): Feminismus, Wissenschaft und Postmoderne. In: Scheich, E. (Hrsg.): Vermittelte Weiblichkeit. Feministische Wissenschafts- und Gesellschaftstheorie. Hamburg 1996, 39-56.

Latour, B. (1995): Wir sind nie modern gewesen. Versuch einer symmetrischen Anthropologie. Berlin 1995.

Kluge, T. (1985): Gesellschaft, Natur, Technik. Zur lebensphilosophischen und ökologischen Kritik von Technik und Gesellschaft. Opladen 1985.

Lauretis, T. de (1996): Die Technologie des Geschlechts. In: Scheich, E. (Hrsg.): Vermittelte Weiblichkeit. Feministische Wissenschafts- und Gesellschaftstheorie. Hamburg 1996, 57-93.

Marcuse, H. (1981): Der eindimensionale Mensch. Studien zur Ideologie der fortgeschrittenen Industriegesellschaft. Darmstadt, Neuwied 1981.

Merchant, C. (1989): Entwurf einer ökologischen Ethik. In: Dürr, H.-P. & W.C. Zimmerli (Hrsg.): Geist und Natur. Über den Widerspruch zwischen naturwissenschaftlicher Erkenntnis und philosophischer Welterfahrung. Bern, München, Wien 1989, 135-144.

Meyer-Abich, K.M. (1986): Wege zum Frieden mit der Natur. München 1986.

Mülder-Bach, I. (1987): Weibliche Kultur" und „stahlhartes Gehäuse". Zur Thematisierung des Geschlechterverhältnisses in den Soziologien Georg Simmels und Max Webers. In: Anselm, S. & Beck, B. (Hrsg.): Triumph und Scheitern in der Metropole. Zur Rolle der Weiblichkeit in der Geschichte Berlins. Berlin 1987, 115-140.

Plessner, H. (1982): Die verspätete Nation. Über die Verführbarkeit bürgerlichen Geistes. In: Gesammelte Schriften VI. Frankfurt am Main 1982.

Plessner, H. (1985): Zur Soziologie der modernen Forschung und ihrer Organisation in der deutschen Universität [1924]. In: Gesammelte Schriften X. Frankfurt am Main 1985, 7-30.

Pomata, G. (1983): Die Geschichte der Frauen zwischen Anthropologie und Biologie. In: Feministische Studien, Nr. 2, 1983, 113-127.

Proctor, R. (1988): Racial Hygiene: Medicine under the Nazis. Cambridge, Mass. 1988.

Radkau, J. (1989): Technik in Deutschland. Vom 18. Jahrhundert bis zur Gegenwart. Frankfurt am Main 1989.

Scheich, E. (1992): Propheten der Liebe. Ökölogische Ethik aus der Sicht feministischer Moraldiskussion. In: Kulke, C. & Scheich, E. (Hrsg.): Zwielicht der Vernunft. Die Dialektik der Aufklärung aus der Sicht von Frauen. Pfaffenweiler 1992, 173-189.

Schnädelbach, H.(1983): Philosophie in Deutschland 1831-1933, Frankfurt am Main 1983.

Schultz, I. (1996): Die Liebe der Männer zu nachhaltigen Zahlen. Eine Betrachtung der Studie „Zukunftsfähiges Deutschland" aud feministischer Sicht. In Wechselwirkung, Jg. 18, Nr. 78, April 1996, 59-63.

Schultz, I. (1998): Umwelt- und Geschlechterforschung – Eine notwendige Allianz. ISOE-DiskussionsPapiere 2, Frankfurt am Main August 1998.

Spengler, O. (1980): Der Untergang des Abendlandes. Umrisse einer Morphologie der Weltgeschichte. München (Neuausgabe in einem Band) [1918-1922] 1980.

Spengler, O. (1931): Der Mensch und die Technik. Beitrag zu einer Philosophe des Lebens, München 1931.

Wagner, N. (1987): Geist und Geschlecht. Karl Kraus und die Erotik der Wiener Moderne. Frankfurt am Main 1987.

Weber, M. (1991): Schriften zur Wissenschaftslehre. Stuttgart 1991.

Weber, M. (1995): Wissenschaft als Beruf. Stuttgart 1995.

Weigel, S. (1996): „Weiblich-Gewesenes" und der „männliche Erstgeborene des Werkes". Zur Bedeutung der Geschlechterdifferenz in Benjamins Schriften. In: Scheich, E. (Hrsg.): Vermittelte Weiblichkeit. Feministische Wissenschafts- und Gesellschaftstheorie. Hamburg 1996, 94-109.

Weller, I. (1998): Der Nachhaltigkeitsdiskurs: Blind für die Forderungen und Perspektiven von Frauen. In: Soziale Welt, 3/98, 6-8. April 1996, 59-63.

Sabine Hofmeister

Über die Produktivität des Reproduktiven

Der Beitrag des Konzepts "Vorsorgendes Wirtschaften" zum Nachhaltigkeitsdiskurs

> *"Reproduktion ist wörtlich genommen einfach Wiederproduktion, Wiederholung, Erneuerung des Produktionsprozesses, und es mag auf den ersten Blick nicht abzusehen sein, worin sich der Begriff der Reproduktion von dem allgemeinverständlichen der Produktion eigentlich unterscheiden und wofür hierfür ein neuer, befremdender Ausdruck nötig sein soll. Allein gerade in der Wiederholung, in der ständigen Wiederkehr des Produktionsprozesses liegt ein wichtiges Moment für sich. Zunächst ist die regelmäßige Wiederholung der Produktion die allgemeine Voraussetzung und Grundlage der regelmäßigen Konsumtion und damit die Vorbedingung der Kulturexistenz der menschlichen Gesellschaft unter allen ihren geschichtlichen Formen. In diesem Sinne enthält der Begriff der Reproduktion ein kulturgeschichtliches Moment."*
>
> *Rosa Luxemburg*

Ja, wozu eigentlich ist für die Reproduktion im Unterschied zur Produktion ein "neuer, befremdender Ausdruck" nötig? Was genau unterscheidet "Produktion" von "Reproduktion"? Was ist produktiv? Was ist reproduktiv? Oder sollte ich besser fragen: Was im ökonomischen System *gilt* als produktiv? Und was *gilt* als reproduktiv? Wie verhalten sich im Wirtschaftsprozeß Produktions- und Reproduktionsprozesse zueinander? Wie ist die Wiederherstellung im Herstellungsprozeß organisiert?

Mit Blick auf die zitierten, von Rosa Luxemburg formulierten Sätze, die sie an den Anfang ihres 1913 erstmals erschienenen Hauptwerkes "Zur Akkumulation des Kapitals" gestellt hatte, sind es sehr alte Fragen, die sich vor dem Hintergrund des Nachhaltigkeitsdiskurses wieder neu stellen. Die im Netzwerk "Vorsorgendes Wirtschaften" assoziierten Frauen, vor allem Ökonominnen – Wissenschaftlerinnen und Praktikerinnen –, arbeiten seit etwa fünf Jahren entlang dieser Fragen an einem Konzept für eine künftige, dem Leitbild der nachhaltigen Entwicklung entsprechende Wirtschaftsweise. Im Rahmen des folgenden Beitrags werde ich ausgehend von der Frage nach der Produktivität des Reproduktiven das Konzept "Vorsorgendes Wirtschaften" vorstellen.

Erstens werde ich zeigen, in welchen Kontexten sich im Rahmen der Diskussion um die Prinzipien einer nachhaltigen Wirtschaftsweise die Frage nach der "Produktivität des Reproduktiven" neu stellt, um im *zweiten Teil* anknüpfend an die "Entstehungsgeschichte" des Arbeitskreises "Vorsorgendes Wirtschaften" zu fragen, was aus der Perspektive des "Reproduktiven" die Defizite am Diskurs über nachhaltige Ökonomie sind. Dabei wird deutlich werden, daß und weshalb es wichtig ist, daß sich Frauen ausgehend von ihrem besonderen Wissen und ihren Alltagserfahrungen explizit zu diesem Diskurs verhalten. *Drittens* werde ich das Konzept "Vorsorgendes Wirtschaften" vorstellen und zu der daran vorgetragenen Kritik Stellung nehmen. Schließlich werde ich *viertens* zusammenfassend darstellen, worin nach meiner Überzeugung der Beitrag des Konzeptes zum Nachhaltigkeitsdiskurs besteht, und welches die Schlüsselfragen in diesem Diskurs sind, denen aus der Perspektive von Frauen weiter nachgegangen werden sollte – oder besser, in die wir uns als Frauen im Prozeß der politischen Weiterentwicklung und Umsetzung des Konzeptes "Nachhaltige Entwicklung" einbringen können.

Die Produktivität des Reproduktiven

Betrachten wir vor dem Hintergrund der oben zitierten Sätze von Rosa Luxemburg das ökonomische System der Industriegesellschaft, wie es sich in den letzten zweihundert Jahren herausgebildet hat, so entdecken wir eine merkwürdige Diskrepanz: Dieselbe Wirtschaft, die auf der Ebene der *Geldökonomie* viel von Nachhaltigkeit versteht – die auf dieser Ebene buchstäblich bis auf den letzten Pfennig bilanziert und ersetzt, was an monetär bewertetem Kapital verlorengegangen und hinzugekommen ist – hat gleichzeitig ihr *ökologisches* Vermögen als ein *konstantes* Guthaben vorausgesetzt: als ein Guthaben, das für "alle Zeiten" verfügbar ist. Mit Blick auf ihre physischen Grundlagen vertraut diese Ökonomie geradezu naiv auf die Fähigkeiten der ökologischen Systeme, sich *selbst* zu reproduzieren.

Dies ist der Grund dafür, daß dieselbe Wirtschaft, die auf der geldökonomischen Ebene bislang noch immer "Erfolge" für sich verbuchen kann, in *stoffwirtschaftlicher* Hinsicht so jämmerlich versagt. Sie versteht es nicht, ihre physischen Produkte auf eine Weise herzustellen, daß jene Qualitäten, die für den nachfolgenden Wirtschaftsprozeß benötigt werden, als *Produktivität* in diesen schon enthalten sind. Die ökologische Natur gilt dieser Ökonomie einerseits als ihre *Quelle* – als die Quelle, aus der sie sich *ver*sorgt. Andererseits gilt die Natur ihr als eine *Senke*, in die hinein sie sich *ent*sorgt. Daß Quelle und Senke dasselbe sind – daß schließlich die der industriellen Ökonomie eigene Entsorgungslogik die Versorgungsansprüche desselben ökonomischen Systems konterkarieren könnte – ist bislang ökonomisch noch unverstanden geblieben. Eine Ökonomie aber, der das Verständnis über den *physischen* Zusammenhang von Quellen- und Senkenfunktionen der ökologischen Systeme abhanden gekommen ist, läuft notwendig Gefahr, *Kontra*produktivität dort zu erzeugen, wo sie Produktivität in Anspruch nimmt. Und genau dies geschieht. Es geschieht immer umfassender und immer schneller.

In der Industriegesellschaft haben sich die Innovationsfähigkeiten und die Innovationsgeschwindigkeit des ökonomisch-technischen "Produktionssystems" von den Bedingungen und Zeiten der *physischen* Reproduktion losgerissen. Dieser *Riß* zwischen Produktions- und Reproduktionssphäre ist nach meiner Überzeugung die Ursache für jene Phänomene, die als "*Um*weltprobleme" und als "*ökologische* Krisenphänomene" gedeutet werden, die bei näherer Betrachtung jedoch vielmehr Ausdruck einer dramatischen Krise des *ökonomischen* Systems sind: Der Bruch zwischen abstrakter geldvermittelter Wertökonomie als einer auf *dieser* Ebene im besten Sinne *nachhaltigen* Ökonomie und den sich über physische und soziale Prozesse vermittelnden ökonomischen Praxen ist Ursache einer *nicht* nachhaltigen Wirtschaftsweise. Was auf der physischen Ebene in den Prozeß der ökonomischen Nutzung als einem *Ver*wertungsprozeß umfassend einbezogen wird, wird auf der Ebene der ökonomischen *Be*wertung umgekehrt mit der gleichen Konsequenz aus der Sphäre des Ökonomischen hinausgeschleudert. Die vielfältigen Produkte und produktiven Leistungen der ökologischen Natur, die in den physischen Wertschöpfungsprozeß *internalisiert* werden, werden zugleich durch die ökonomische Bewertungslogik hindurch *externalisiert* (Hofmeister 1998).

Ausgehend von dieser dem industrieökonomischen System eigenen Bewertungslogik gilt es als rational, die Anteile an der Erhaltung und Erneuerung des Industriesystems, die der ökologischen Natur zuzurechnen sind, *außerhalb* des Ökonomischen zu verorten: Als "Natur" gehen jene Produkte lebendiger Produktivität sowie das Lebendige selbst in keine Wertrechnung ein. Die ökologische Natur gilt noch immer weitgehend als ein wert- und kostenloser "Input" für das ökonomische System der Industriegesellschaft, das sich selbst – reduziert auf die Faktoren Arbeit, Kapital und "technischer Fortschritt" – für die *einzige* Produktivkraft hält und als solche in einem *Gegensatz* zur Natur zu wissen glaubt. Die Produktivität des Lebendigen ist in der Industriegesellschaft nicht Teil von deren ökonomischer Identität (Immler & Hofmeister 1998).

Auf diese Weise hat schließlich die Ignoranz des industrieökonomischen Systems gegenüber der ökologischen Natur als *Quelle* ökonomischer Wertschöpfung dazu geführt, daß jene sich als *Resultat*, als das physische Ergebnis abstrakter Wertschöpfungsprozesse *destruktiv* zu entfalten beginnt. Entlang der Phänomene, die in der Summe als "ökologische Krise" wahrgenommen werden, beginnt die Gesellschaft, sich in einem *negativen* Sinne darüber bewußt zu werden, welche ökologischen Produktivitäten ihr ökonomisches System in Anspruch nimmt. Über den Umweg der Wahrnehmung von *Kontra*produktivität beginnen die Industriegesellschaften damit, über die von ihnen beanspruchte ökologische Produktivität Gewißheit zu erlangen. Die ökologische Natur, die der Industriegesellschaft am Ende ihrer stoffwirtschaftlichen Prozesse abfallseitig zu einer *Senke* geworden ist, wird zunehmend in ihrer Eigenschaft, künftig wieder zur *Quelle* zu werden – Grundlage künftiger Wertschöpfungsprozesse zu sein – erkannt. Dieser Erkenntnisprozeß hat mit der Entwicklung kontraproduktiver ökologischer Leistungen begonnen, und er kommt in derselben Geschwindigkeit voran, wie die Zerstörung von Naturproduktivität weiter voranschreitet. Er ist noch nicht abgeschlossen.

Im Diskurs über *nachhaltiges Wirtschaften* erhält die Industriegesellschaft jetzt die Chance, diesen Zusammenhang als einen ökonomischen Zusammenhang besser zu verstehen: Daß ökonomische Praxis einen produktiven und zugleich einen *reproduktiven* Prozeß darstellt, diese Erkenntnis verschafft sich zunehmend auch Zugang in das industrieökonomische Bewußtsein. Im jetzt begonnenen politischen und wissenschaftlichen Diskurs um Prinzipien und Konzepte nachhaltiger Entwicklung erschließen sich das Verständnis über die *ökonomischen* Ursachen "ökologischer" Krisenerscheinungen und damit zugleich die gesellschaftlichen Potentiale zur Überwindung dieser Krise. Die Erkenntnis, daß die "Grenzen des Wachstums" gerade nicht *entweder* an den Anfängen der anthropogenen Produktlinien (ressourcenseitig) zu suchen sind, wie in den siebziger und achtziger Jahren diskutiert, *oder* aber an deren Enden – bei den begrenzten Aufnahmekapazitäten der Ökosysteme –, wie es seit Mitte der achtziger Jahre, insbesondere mit Blick auf Phänomene, wie das "Waldsterben" und die Zerstörung der Ozonschicht gesehen wird, beginnt sich Raum zu verschaffen. Aus dem Denken in Kategorien des "entweder-oder" schält sich – wenngleich erst vorsichtig – ein Denken im "sowohl-als-auch" heraus. Deutlich wird, daß Ressourcennutzung und Umweltbelastung einen untrennbaren Problemzusammenhang bilden: Indem die Produkte der ökologischen Natur als *Stoffe* in das anthropogene Nutzungssystem hineingeholt, indem sie produktiv und konsumtiv umgestaltet und umgewandelt werden, werden zugleich wieder (gewollt und ungewollt) ökologische Qualitäten hergestellt. Aus diesem Wiederherstellungsprozeß können produktive, aber auch, wie es ausgehend von "Umweltproblemen" sichtbar wird, kontraproduktive Resultate hervorgehen. Auf der Basis des für den Nachhaltigkeitsdiskurs konstitutiven Gebots *intergenerationaler Gerechtigkeit* wird jetzt deutlicher, daß es Aufgabe der Gesellschaft und ihrer Ökonomie sein muß, den Wiederherstellungsprozeß ihrer physisch ökonomischen Grundlagen "richtig" zu organisieren – das heißt, ihn so zu organisieren, daß die Resultate gegenwärtiger Ökonomie, die in der vorherrschenden ökonomischen Praxis zu Abfällen werden, Qualitäten von "Ressourcen" annehmen, also zu fruchtbaren Quellen künftiger Ökonomien werden können. Entlang des Weges in eine Ökonomie der Nachhaltigkeit kommt es daher darauf an, die Wirtschaftsprozesse *reproduktiv* umzugestalten – die stofflichen Resultate wirtschaftlichen Handelns mit dem Ziel ihrer Eignung als künftige "Ressourcenbasis" wieder hervorzubringen. In dieser Aufgabe entfaltet sich gegenwärtig die Theorie und Praxis *ökologischer Stoffwirtschaft* (ausführlich Hofmeister 1998).

Genau an dieser Stelle verbindet sich das Nachdenken über ökologische Nachhaltigkeit und über die ökonomischen Ursachen der "ökologischen Krise" mit dem Nachdenken über jene Phänomene im *sozialen* Raum, die wir zunehmend ebenfalls als "Krisenerscheinungen" wahrzunehmen beginnen (Spitzner in diesem Band): Auch innerhalb der gesellschaftlichen Sphäre trennt sich Ökonomisches von Außer-Ökonomischem ab – Bewertetes als "Nicht-Natur" von "Natur". Auch mit Blick auf die soziale Verfaßtheit der Industriegesellschaft findet sich derselbe Entwicklungsmodus: Die Produktivität des "Reproduktiven" wird in die ökonomischen Wertschöpfungsprozesse auf der einen Seite *internalisiert*, und zugleich werden die physischen und sozialen "Nebenfolgen" derselben Prozesse wieder in die Sphäre des "Reproduktiven" *externalisiert* – um den Preis einer sich stetig auf höherem Niveau erneuernden und zunehmend schneller voranschreitenden Verwandlung von Produktivität in

Kontraproduktivität. Der Bruch zwischen abstrakt wertökonomisch organisierter "Produktionssphäre" und über sozial-lebensweltliche und physische Prozesse vermittelter "Reproduktionssphäre" – der Bruch zwischen Markt- und Versorgungsökonomie – stellt sich im sozialen Raum vor allem als ein Bruch zwischen den sozialen Geschlechtern (gender) "Mann" und "Frau" dar (Hofmeister 1995: 51 ff.). Und dies ist auffallend: Auch hier erzeugt dieser Bruch zunehmend kontraproduktive Folgen, die auf das ganze System negativ zurückwirken. Meike Spitzner spricht daher zu Recht von der "Krise der Reproduktionsarbeit" (Spitzner in diesem Band). Die durch zunehmende Erwerbstätigkeit von Frauen, dem immer spürbarer werdenden Erosionsprozeß der "Normal(erwerbs)arbeit" und den Zerfall der Institution "Familie" gerissenen Löcher in die *soziale* "Naturquelle" der Wertschöpfung – in die "innere Natur" des industrieökonomischen Systems – beginnen mehr und mehr aufzureißen. Sie wachsen sich aus zu Krisenerscheinungen, die unter Schlagworten, wie "Geburtenrückgang", "Kinder- und Jugendkriminalität" und "Feminisierung der Armut" immer breiteren Raum in der Tagespresse und auf den Tagesordnungen politischer Debatten beanspruchen. Diese Löcher werden zwangsläufig so lange weiter aufreißen, wie Männer nicht bereit sind, sich innerhalb der Versorgungsökonomie im gleichen Maße zu engagieren, wie Frauen es tun.

Auch von hier aus wird sichtbar, worum es auf dem Weg in eine nachhaltig wirtschaftende Gesellschaft gehen muß. Es geht um die Wiederherstellung dessen, was in der industrieökonomischen Bewertungslogik von vornherein als *getrennt* erscheint: um die Wiederherstellung der ökonomischen *Einheit* von Herstellungs- und Wiederherstellungsprozessen mit Blick auf die physischen *und* mit Blick auf die sozialen Grundlagen des Wirtschaftens. Es geht um die Einheit von marktvermittelter Wirtschaft und Versorgungswirtschaft, um die Einheit zwischen der monetären und der sozialen und physischen Dimension des Wirtschaftens und schließlich um die Einheit des anthropogen-gesellschaftlichen Haushaltes mit dem Haushalt der Natur. Es geht um die Wiederherstellung einer *Verbindung*, die durch nichts anderes als durch die abstrakte Ökonomie des Industriesystems auseinandergebrochen ist. Und gerade das wird im "Mainstream-Diskurs" um nachhaltige Entwicklung allzu häufig noch übersehen. Schauen wir also auf die im Nachhaltigkeitsdiskurs bislang "blind gebliebenen Flecken".

Kritik am Nachhaltigkeitsdiskurs

Die Debatte um nachhaltige Entwicklung blendet zum großen Teil immer noch aus, was die Strukturen industrieökonomischer Rationalität und Praxis sind. Die ökonomischen Ursachen *nicht* nachhaltigen Wirtschaftens sind noch weitgehend unverstanden geblieben. Dies wird deutlich mit Blick auf das Naturverständnis der "Ökologischen Ökonomie" ("Ecological Economics") als den ökonomietheoretisch weitreichendsten Ansatz in der Nachhaltigkeitsdebatte. Hier wird das Verhältnis von Wirtschaft zu Gesellschaft und zur Natur als ein hierarchisches System interpretiert: Das ökonomische System wird als Subsystem des sozialen Systems begriffen und jenes wiederum als Subsystem des Natursystems (vgl. Abb. 1).

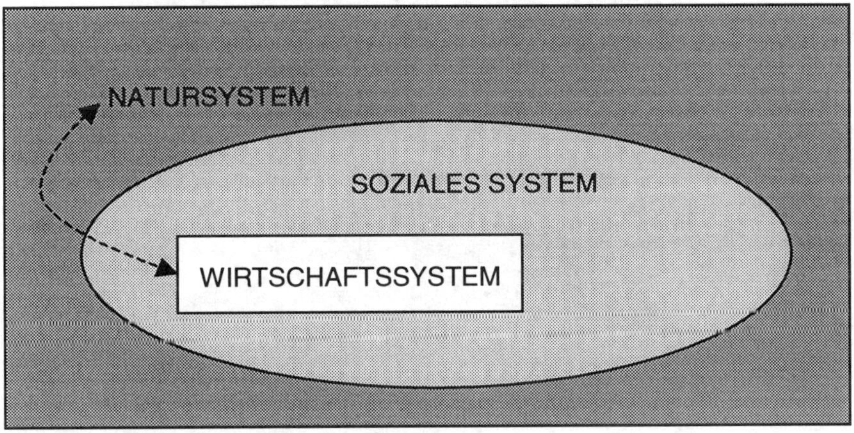

Abb. 1: Naturverständnis im Nachhaltigkeitsdiskurs

Theoretisch weiterführend ist diese Sichtweise insoweit, als die Ökonomie hierin als eingebettet (embedded) in sozial-lebensweltliche und ökologische Prozesse begriffen wird. Sie wird in ihrer Angewiesenheit auf die in diesem Verständnis als übergeordnete Systeme gefaßten Systeme verstanden. Und doch bleibt das "alte" ökonomietheoretische Denken erhalten, und hierin liegt der *erste* Kritikpunkt: in der Bestimmung des "Sozialen" und des "Natürlichen" als *Außen* – als das definitiv "Nicht-Ökonomische". Daher ist es folgerichtig, daß auch die von der "Ökologischen Ökonomie" gefundenen Antworten auf Fragen nach den Nachhaltigkeitszielen und nach den Wegen, die in eine nachhaltig wirtschaftende Gesellschaft hineinführen, in weiten Teilen dem "alten" industrieökonomischen Paradigma verhaftet bleiben.

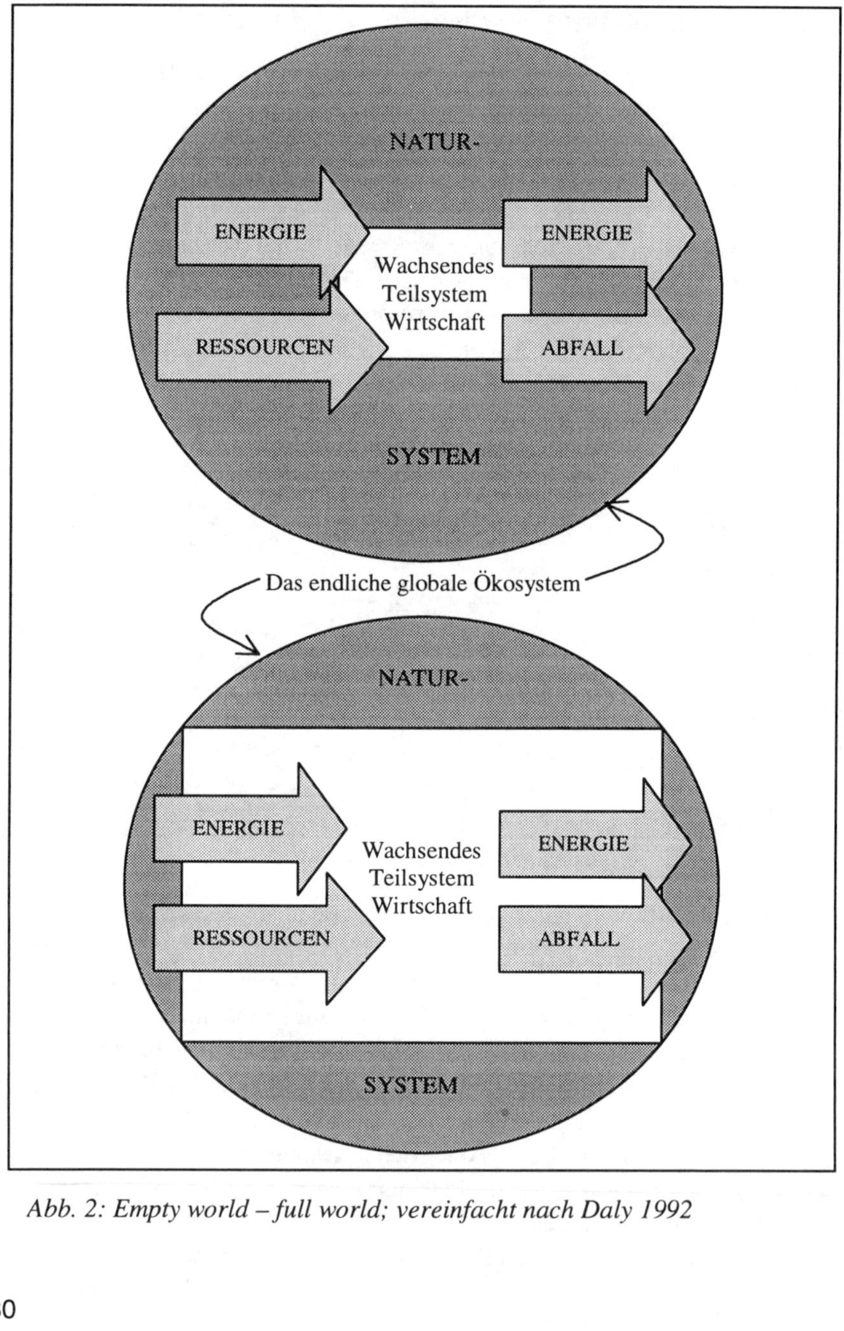

Abb. 2: Empty world – full world; vereinfacht nach Daly 1992

Im Bild von Daly (1992) spiegelt sich das Muster dieser durch die Schule der "Ecological Economics" vertretenen Antworten auf diese Fragen wider (vgl. Abb. 2).

Ausgehend von diesem Bild wird die bestehende Nicht-Nachhaltigkeit des Wirtschaftens als eine Frage des Maßes oder des "Raumes" angesehen, die das ökonomische Subsystem im ganzen System für sich beansprucht. Die Lösung wird daher konsequenterweise in der Antwort auf die Frage nach dem *"rechten Maß"* (carrying capacity) gesucht. Daly's Argument ist richtig und falsch zugleich: Es ist richtig, weil die Frage nach Nachhaltigkeit oder Nicht-Nachhaltigkeit einer Wirtschaft selbstverständlich *auch* eine Frage nach dem Ausmaß – z.B. nach dem "Wieviel" an Stoff- und Energieumsätzen – beinhaltet. Es ist aber auch falsch, weil in diesem Denkmodell systematisch übersehen wird, daß die Gesellschaft und ihre Ökonomie auf der *physischen* Ebene bereits eine *Verbindung* mit der ökologischen Natur eingegangen sind und sich daher die Frage nach einer "leeren" oder "halbvollen Welt" schon beantwortet *hat.* Dies ist der *zweite* Kritikpunkt an dem hier zum Ausdruck kommenden Naturverständnis. Um in Daly's Bild zu bleiben: Unsere Welt ist irreversibel *voll.* Ob wir an die ubiquitäre Verbreitung persistenter chemischer Substanzen oder an anthropogen verursachte Klimaänderungen denken, wir werden uns darüber Gewißheit verschaffen müssen, daß die längst schon hergestellte physische Verbindung zwischen sozio-ökonomischen und ökologischen Entwicklungsprozessen weder räumlich noch zeitlich begrenzbar oder gar rückholbar ist. Die "ökologischen Probleme" *sind* zu globalen und zu irreversiblen Problemen angewachsen. Diese Entwicklung gilt es, endlich auch zu akzeptieren. Doch daraus ergeben sich Konsequenzen mit Blick auf die Suche nach "Lösungswegen", die entscheidend sein dürften: Ausgehend von der Einsicht in die *Irreversibilität* dieser Entwicklung, die zu einer "vollen Welt" (Daly) hingeführt hat, wird es sinnlos, mit Blick auf die Wirtschaft ausschließlich darüber nachzudenken, wie sich ihr *Umfang* verringern ließe und ausschließlich nach Wegen zu einer *effizienteren* Gestaltung der Stoffaustauschprozesse zwischen Gesellschaft und Natur zu suchen. Vielmehr muß die *Qualität* der eingegangenen Verbindung zwischen sozio-ökonomischem und ökologischem System in den Mittelpunkt der Fragen nach einem nachhaltigen Entwicklungsweg rücken. Die Frage danach, welche Naturqualitäten auf welche Weise (mit)produziert werden, aber wird auf der Basis einer derart vereinfachten Problemwahrnehmung systematisch und von vornherein ausgeblendet (Hofmeister 1998: 209 ff.). Dies ist der zweite Kritikpunkt am Naturverständnis der "Ökologischen Ökonomie", das seinen Ausdruck in den hierauf beruhenden Strategieansätzen und methodischen Zugängen zur nachhaltigen Entwicklung findet.

Drittens wird auch im Verständnis der Vertreter der "Ökologischen Ökonomie" das Wirtschaften auf *geldwirtschaftliche* Prozesse heruntergebrochen. Die nicht monetär vermittelten oder nicht monetär vermittelbaren Prozesse sind auch hier nicht Teil des ökonomischen Subsystems: Der im Ansatz der "Ökologischen Ökonomie" erkennbare Denkfortschritt besteht darin, daß innerhalb dieser Logik sichtbar wird, daß auch die ökologische Natur eine ökonomische Funktion *hat*: Explizit wird hier von "Naturkapital" – oder bestenfalls von "Naturvermögen" – gesprochen. Das alte Denken jedoch spiegelt sich geradezu aufs deutlichste in der Wahl ausgerechnet dieser Begriffe wider: Denn nicht gesehen wird, daß ökologische Natur eine ökonomische Funktion *ist*. Indem Natur zum "ökologischen Kapitalstock" gemacht wird, wird ihre *Produktivität* wieder systematisch weg- und ausgeblendet. Die Maxime der "Ecological Economics" heißt entsprechend: Es gilt, den Kapitalstock "Natur" *konstant* zu halten. Es ist klar, daß alles Prozeßhafte, alles Dynamische – also schließlich die den natürlichen Prozessen eigenen *Zeitlichkeiten* – mit diesem Postulat nach wie vor geleugnet werden. Die Zeiten werden aus der Natur herausgedacht. Hans Immler hat mit seinen Arbeiten gezeigt, daß das ökonomische Verständnis von der Natur als einer *Konstanten* – als der *ewig* sprudelnden Quelle, die dem ökonomischen System äußerlich ist und bleibt und qua definition keine ökonomische Funktion darstellt – theoriegeschichtlich den wichtigsten Baustein für die Herausbildung und die Verallgemeinerung der abstrakten Wertökonomie als Waren- und Geldökonomie abgab (Immler 1985). Diese Ökonomie, die sich theoretisch und praktisch seit Mitte des 18. Jahrhunderts entfalten konnte, ist zwangsläufig und unvermeidlich zu einer *nicht* nachhaltigen Ökonomie geworden.

Genau dasselbe gilt auch für die "innere Natur" dieses ökonomischen Systems: für die sozial *weibliche* Produktivität. Auch hier wird konstant gesetzt, was anscheinend die der Ökonomie äußere Produktivität und in diesem Sinne *"Reproduktivität"* ist: die produktiven Leistungen von Frauen im sozialen Raum als Voraussetzung für das Funktionieren der marktvermittelten Geldökonomie. Was als konstant gilt, muß nicht erneuert werden. Es ist "da" – Punkt. Ausgehend von dieser Logik wird auch diese Produktivität in der Sphäre der

Selbstreproduktion verortet. Die Ökonomie übernimmt die Verantwortung für die Erneuerung dieser Produktivität nicht.

Mit Blick auf den Nachhaltigkeitsdiskurs aber bedeutet die Fortschreibung des Paradigmas "Naturkonstanz" in der Konsequenz nichts anderes, als daß der Bruch – die *Trennung* zwischen ökonomischer Produktivität und nicht ökonomischer Produktivität als "Reproduktivität", die Trennung zwischen Wirtschaft und Natur und zwischen dem sozialen Geschlecht Mann und dem sozialen Geschlecht Frau – auch hierin festgeschrieben und erneuert wird: Was dabei systematisch aus dem Diskurs herausgehalten wird, ist das Verständnis von der lebendigen *Produktivität* – von der Produktivität dessen, was als "Natur" gilt. Doch dies blockiert zugleich auch das Verständnis davon, daß das ökonomische *Naturprodukt* – das ökologische und das soziale Resultat dieses auf den abstrakten Wertschöpfungsprozeß heruntergebrochenen ökonomischen Prozesses – zugleich *Produktivität* ist. Daß Naturprodukt und Naturproduktivität dasselbe sind – daß, was in der Gegenwart als "Senke" genutzt wird, künftig in seinen durch die ökonomischen Prozesse hindurch gestalteten und umgestalteten Qualitäten wieder "Quelle" sein wird –, das bleibt auch im Diskurs um nachhaltige Entwicklung noch immer weitgehend unsichtbar.

Zusammengefaßt bedeutet dies, daß auch im Nachhaltigkeitsdiskurs die *Dichotomie* zwischen Produktions- und Reproduktionssphäre unausgesprochen und unreflektiert weiter fortgeschrieben und erneuert wird. Damit wird ein ökonomisches System fortgeschrieben und erneuert, das sich auf der Basis des Widerspruchsverhältnisses zwischen Produktion und Reproduktion konstituiert hat und das schließlich notwendig in ein Widerspruchsverhältnis zu seinen eigenen reproduktiven Wurzeln hineingeraten ist – ein System, dessen Entwicklungsmodus auf der *Externalisierung* dessen, was in der versorgungswirtschaftlichen und in der ökologischen Sphäre produktiv ist, beruht und das auf diese Weise systemisch kontraproduktive soziale und ökologische Folgen hervorbringt: ein System also, das auf der Grundlage von Naturausbeutung und von Geschlechterhierarchie erst funktionsfähig geworden ist und das von der Kolonialisierung dessen, was es für das andere, für sein Gegenüber hält, "lebt" – von der Kolonialisierung der ökologischen Natur und der sozial weiblichen "Natur".

Der für die industrieökonomische Rationalität konstitutive Bruch zwischen Produktions- und Reproduktionssphäre wird in der Nachhaltigkeitsdebatte wieder neu aufgelegt. Diese "trockene" und recht abstrakte Diagnose findet in den Postulaten der Verfechter des Nachhaltigkeitsprinzips einen sehr konkreten Ausdruck: Die Trennung zwischen Effizienz- und Suffizienzprinzip ist ein sichtbarer Ausdruck dieser in sich gebrochenen Rationalität. Denn das Effizienzprinzip steht für die ökonomisch wahrgenommene, "produktive" Sphäre, während das Suffizienzprinzip der anscheinend nicht-ökonomischen, "reproduktiven" Sphäre zugeordnet wird. Ersteres läßt sich durch "harte", anscheinend objektive Daten, z.B. zur Tragfähigkeit ökologischer Systeme, begründen, mit dem Ergebnis, daß Reduktionsraten zur Erhöhung der Ressourcenproduktivität quantifizierbar und belegbar erscheinen (u.a. Schmidt-Bleek 1994; vgl. dazu ausführlich Schultz in diesem Band). Das zweite Prinzip dagegen wird nicht begründet, sondern "nur" diskutiert: Es sind die "weichen" Debatten über Lebensstile, die mit Blick auf das Suffizienzprinzip ausgetragen werden. Kurz: Das Effizienzprinzip steht für das sozial männliche, und das Suffizienzprinzip steht für das sozial weibliche Prinzip nachhaltigen Wirtschaftens. In dieser *dichotomen* Konstruktion spiegelt sich der industrieökonomische Bruch zwischen Produktion und Reproduktion wider. Beide Prinzipien bleiben durch die bekannten Studien zur Nachhaltigen Entwicklung hindurch prinzipiell unverbunden und unvermittelt nebeneinander stehen (u.a. BUND & Misereor 1996). Irmgard Schultz hat deutlich herausgearbeitet, daß die dichotome Anlage des Nachhaltigkeitsdiskurses in der Konsequenz dazu führt, daß die Verantwortung zur Erreichung von Nachhaltigkeitszielen notwendig *feminisiert* wird (Schultz 1996: 61). Die ökologische Natur und die soziale "Natur" bleiben in diesem dem Nachhaltigkeitsdiskurs zugrundeliegenden Denken "draußen": Sie sind fest verankert in der Scheinwelt einer "immerwährenden Selbstreproduktivität". Sie bleiben das *andere* zur Ökonomie und damit außerhalb des Verantwortungsbereichs der ökonomischen Akteure und Entscheidungsträger.

Konzept "Vorsorgendes Wirtschaften"

Vor dem Hintergrund einer kritischen Auseinandersetzung mit dem seinerzeit erst zögerlich beginnenden Diskurs zu Nachhaltiger Entwicklung im deutschsprachigen Raum konstituierte sich 1993 der Arbeitskreis "Vorsorgendes Wirtschaften". Dieser von Frauen – vor allem von Ökonominnen – gebildete Kreis ging im Gegensatz zur vorherrschenden Ökonomik von folgender, die Gruppe bis zum gegenwärtigen Zeitpunkt verbindenden und verbündenden *These* aus: Der ökonomische Handlungsraum ist viel größer als die marktvermittelte, über

Geld koordinierte Ökonomie. Und erst das Verständnis davon, was das *Ganze* des Wirtschaftens ist, – was ökonomisch wirksam wird, also produktiv *ist,* und umgekehrt: was durch ökonomische Prozesse verändert wird – öffnet den Weg hin zu nachhaltigem Wirtschaften.

Konzept "Vorsorgendes Wirtschaften"

Ausgangsthese

"Der ökonomische Handlungsraum ist größer als die marktvermittelte, über Geld koordinierte Ökonomie. Erst das Verständnis davon, was der ganze ökonomische Raum ist, öffnet einen Weg zur Ökonomie der Nachhaltigkeit."

Das heißt in der Konsequenz:
"Die marktvermittelte (Geld-)Wirtschaft wird zum Mittel für die Realisierung der Lebenszwecke." (Biesecker)

Übersicht 1: Ausgangsthese "Vorsorgendes Wirtschaften"

Die Konsequenz aus dieser These mit Blick auf das herkömmliche Verständnis vom Wirtschaften ist die *Umkehrung* von Zweck und Mittel: Zweck *industrieökonomischer* Praxis ist die abstrakte Geldwertschöpfung. Hier steht gerade nicht die Befriedigung von Bedürfnissen im Vordergrund, sondern die Realisierung von abstraktem Wert. In dieser ökonomischen Rationalität sind es die Bedürfnisse, die erzeugt werden, um der abstrakten Wertschöpfungsprozesse wegen. *Vorsorgendes* Wirtschaften dagegen ist und bleibt auf die Realisierung der Gebrauchs- und Naturwerte gerichtet. Das, worauf "Ökonomie" im Industriesystem reduziert wird – auf die abstrakte Wertschöpfung und auf marktvermittelte, über das Geld koordinierte Austauschprozesse –, wird im Konzept "Vorsorgendes Wirtschaften" zum *Mittel* für die Realisierung der Lebenszwecke. (Vgl. Biesecker 1998: 28 ff.)

Eine solche Umorientierung ökonomischen Denkens und Handelns aber muß nicht neu erfunden werden. Sie ist auch keine Utopie, sondern immer schon im "Inneren" des ökonomischen Systems fest verankert: Kein abstrakter Wertschöpfungsprozeß käme zustande, wenn nicht auch und gerade in der sogenannten "Produktionssphäre" eine solche an den physischen Eigenschaften und Zwecken orientierte Rationalität kontinuierlich wirksam würde: Dies läßt sich nicht nur, aber auch am Beispiel der betrieblichen Materialwirtschaft verdeutlichen (Hofmeister 1989: 14 ff.). Für den *versorgungswirtschaftlichen* Bereich, in der sogenannten "Reproduktionssphäre"– ob in der Hauswirtschaft oder beispielsweise in der Gartenwirtschaft – gilt dies erst recht: Die Leistungen derjenigen, die hier tätig werden, sind auf die lebendigen Bedürfnisse und nicht (oder nur mittelbar) auf die Vermehrung von Geldwerten gerichtet.

Vor diesem Hintergrund haben wir drei Prinzipien des "Vorsorgenden Wirtschaftens" formuliert:

1. Das Prinzip der Vorsorge (statt Nachsorge)

Das Konzept "Vorsorgendes Wirtschaften" kreist um den Begriff des Sorgens ("caring") und zwar in einem doppelten Sinn: sorgen für *sich* und *andere Menschen* einerseits und sorg-sam, sorg-fältig umgehen mit der *Natur* in der Sorge um die physischen Grundlagen des Wirtschaftens und um die Lebensmöglichkeiten künftiger Generationen andererseits. Aus dem Sorgen um die Zukunft entsteht die Notwendigkeit des *Vor*sorgens in der Gegenwart. Sorgendes Wirtschaften wird zum vor-sorgenden Wirtschaften. Ausgehend von diesem Handlungsprinzip haben wir begonnen, anhand von Lebensbereichen, in denen *schon* heute oder heute *noch* Vorsorgendes Wirtschaften praktiziert wird, die Elemente dieser Wirtschaftsweise herauszuarbeiten und anschaulich zu machen: Dies geschieht durch die Auseinandersetzung mit Fallbeispielen. Ziel ist es, einerseits die Möglichkeiten und andererseits die Barrieren und Hemmnisse für eine vorsorgeorientierte Umgestaltung der Ökonomie in der Industriegesellschaft auszuloten.

Konzept "Vorsorgendes Wirtschaften"

Handlungsprinzipien

Vorsorge *(statt Nachsorge)*

Kooperation *(statt Konkurrenz)*

Orientierung am Lebensnotwendigen
(statt Orientierung am abstrakten Geldwert)

Übersicht 2: Handlungsprinzipien "Vorsorgendes Wirtschaften"

2. Das Prinzip der Kooperation (statt Konkurrenz)

Der zweite für das Konzept "Vorsorgendes Wirtschaften" fundamentale Begriff heißt *Kooperation*. "Wir sind nicht zur Konkurrenz verdammt", schreibt Adelheid Biesecker (1994: 28 ff.), und meint damit folgendes: Wo immer wir auch hinschauen mögen – ob in Produktions- oder in Dienstleistungsbetriebe oder auch in die Haus- und Gartenwirtschaft –, niemals werden wir nur dem "Homo oeconomicus" begegnen, diesem seine Interessen mit den "Ellenbogen" gegen andere durchsetzenden, egozentrischen Konstrukt der nutzenorientierten Ökonomik. Nein, überall finden wir auch Kooperation: Kein Forschungsbericht würde fertiggestellt, kein Kraftwerk ginge in Betrieb und kein Kind wüchse auf, ohne daß Menschen miteinander kooperieren würden. Kooperation und Kommunikation sind auf dem Weg in eine vorsorgend wirtschaftende Gesellschaft Schlüsselkategorien.

3. Orientierung am Lebensnotwendigen (statt am abstrakten Geldwert)

Mit der Vermittlung des dritten Prinzips "Orientierung am Lebensnotwendigen" im Nachhaltigkeitsdiskurs hat die Arbeitsgruppe die meisten Schwierigkeiten: Die hier gewählte Formulierung setzt allzu schnell Assoziationen frei, die in die Richtung des die Nachhaltigkeitsdebatte prägenden Begriffs "Suffizienzprinzip" weisen. Doch ist damit gerade nicht eine Ökonomie des *Verzichts* – der Genügsamkeit und Bescheidenheit – gemeint, sondern vielmehr die Notwendigkeit, daß sich das Wirtschaften daran orientiert, was dem Leben dienlich ist: Heide Inhetveen zeigt am Beispiel der Gartenwirtschaft, daß in dieser Orientierung viel mehr enthalten ist, als ein Wirtschaften unter dem "kalten Stern" der Knappheit (Inhetveen 1994: 22 ff.).

Konzept "Vorsorgendes Wirtschaften"

Methodik

Diskursive Kooperation von "Praktikerinnen" und "Theoretikerinnen"

Interdisziplinarität und Transdisziplinarität

"Zusammendenken" von eigenen Erfahrungen, durch Fallstudienanalysen gewonnenem Praxiswissen und Ansätzen zur Theoriebildung

Übersicht 3: Methodik "Vorsorgendes Wirtschaften"

So weit zu den Leitbegiffen und Handlungsprinzipien des "Vorsorgenden Wirtschaftens". Mit Blick auf das *methodische* Vorgehen ist die Arbeit des Netzwerkes in der Wechselwirkung zwischen "Theorie" und "Praxis" ein zentrales Element in der Konzeption des Vorsorgenden Wirtschaftens. Dies wird zum einen an der Zusammensetzung des Netzwerkes deutlich: Wissenschaftlerinnen unterschiedlicher Disziplinen arbeiten gemeinsam mit Künstlerinnen und Frauen aus der Praxis. Zum anderen wird dies auch daran deutlich, daß die Ausdifferenzierung der Konzeption entlang von Fallstudien aus der ökonomischen Praxis vorgenommen wird: Indem wir ausgewählte Projekte betrachten und mit Blick auf das Konzept "Vorsorgendes Wirtschaften" analysieren, beginnt sich die normative Dimension des Vorsorgenden Wirtschaftens zu konkretisieren: Handlungskriterien werden sichtbar. Dabei differenziert sich zugleich die Konzeption aus. Wir werden uns klarer darüber, was "Vorsorgendes Wirtschaften" sein könnte, aber auch was auf der Ebene des Denkens noch fehlt, um die Idee des "Vorsorgenden Wirtschaftens" zu vermitteln und umsetzungsfähig zu machen. (Vgl. Biesecker et al. 1997: 8.)

Die Kritik am Konzept "Vorsorgendes Wirtschaften" setzt im wesentlichen an drei Punkten an:

- ein dem Konzept zugrundeliegender falscher bzw. "verklärter" Begriff von Hauswirtschaft
- ein dem Konzept zugrundeliegendes idealisierendes und homogenisierendes Frauenbild
- "wishful thinking"

(Knapp 1997: 9 ff.)

Ulla Knapps erster und im Zentrum ihrer Polemik stehender Kritikpunkt ist, daß der private Haushalt *nicht* als Ausgangspunkt für allgemein gültige Handlungsrichtlinien für eine nachhaltige Ökonomie dienen kann. Dieser sei erstens von der abstrakten Logik der Geldökonomie überformt, und zweitens sei der Haushalt der Ort geschlechtsspezifischer Arbeitsteilung – ein Ort, der gleichsam für Abhängigkeiten und Diskriminierungen des sozialen Geschlechts "Frau" steht (Knapp 1997: 9 ff.). Ich gebe Ulla Knapp an dieser Stelle ausnahmslos recht. Doch geht es dem Netzwerk "Vorsorgendes Wirtschaften" keinesfalls darum, den privaten Haushalt etwa als "vorbildlich" für eine Vorsorgende Wirtschaftsweise herauszustellen. Vielmehr geht es uns um die *Verbindung* von Haushaltsökonomie in ihrer Ganzheit (denn auch im Industriebetrieb wird hauswirtschaftlich gedacht und gehandelt) mit der Geldwirtschaft als einer am abstrakten Wert orientierten Ökonomie. Die Konzeption "Vorsorgendes Wirtschaften" ist, genauer formuliert, auf die *Rückbindung* der letzteren an die haushaltsökonomische Rationalität gerichtet. Doch was unterscheidet haushaltsökonomisches Denken und Handeln so grundlegend von der abstrakten Geldökonomie?

Konzept "Vorsorgendes Wirtschaften"

Merkmale von "Haushaltsökonomie"

Verbindung von Gegenwärtigkeit und Zukunftsorientierung des Wirtschaftens

Rhythmik und Ungleichzeitigkeit wirtschaftlicher Tätigkeiten
(Orientierung an den "Eigenzeiten" statt an der linearen, genormten Zeit)

Überschauen der räumlichen Dimension wirtschaftlicher Tätigkeiten und ihrer Folgen
(Orientierung an den räumlichen Besonderheiten)

Verbindung von Versorgung und "Entsorgung"

Verbindung von Gestaltung mit Erhaltung
(Einheit von "Produktion" und "Reproduktion")

Übersicht 4: Merkmale von "Haushaltsökonomie"

Die Bindung der Gegenwärtigkeit ökonomischer Entscheidungen und Handlungen an die Orientierung auf die Zukunft ergibt sich aus dem handlungsleitenden Prinzip der *Vorsorge*: Die künftigen Ergebnisse und Folgewirkungen haushaltsökonomischer Handlungen werden, so weit wie möglich, in der Gegenwart antizipiert und den Entscheidungen über das wirtschaftliche Handeln vorausgesetzt. Aus der Orientierung an den Bedürfnissen – an den eigenen, an denen der anderen und an den "Bedürfnissen" der äußeren ökologischen Natur – folgt, daß sich das wirtschaftliche Handeln an den "Eigenzeiten" statt an der linearen, genormten Zeit orientiert. Haushaltsökonomische Praxen lassen sich wesentlich durch die Rhythmik und Ungleichzeitigkeit der Tätigkeiten charakterisieren. Die Bindung des wirtschaftlichen Handelns in der Zeit findet ihre Entsprechung in ihrer Bindung an den Raum: Denken wir beispielsweise an die Gartenwirtschaft so wird deutlich, daß ausgehend von dem verfügbaren Raum und von seinen Besonderheiten (z.B. Bodenbeschaffenheit, Lichtverhältnisse) entschieden wird, welche Bewirtschaftung sinnvoll – das heißt: was in welchem Umfang "wirtschaftlich" – ist. Ebenso wird mit Blick auf die Gartenwirtschaft deutlich, was mit der Verbindung zwischen Versorgung und "Entsorgung" gemeint ist: Im Garten gibt es keine Abfälle. Alle Produkte, die er hervorbringt, können verwendet und wiederverwendet werden. Sie werden schließlich wieder in den Haushalt des Gartens zurückgeführt und tragen auf diese Weise zur Verbesserung der Produktivität dieses Haushalts bei (Inhetveen 1994: 22 ff.). Aus diesen vier Merkmalen, die für das haushaltsökonomische Denken und Handeln typisch sind, wenngleich sie auch nicht in allen Tätigkeiten vollständig und in gleicher Weise ausgeprägt sind, ergibt sich schließlich das im Zusammenhang mit dem Konzept "Nachhaltigkeit" wichtigste Kennzeichen haushaltsökonomischer Praxis: die Verbindung von *Gestaltung mit Erhaltung*: Vom Standpunkt haushaltsökonomischer Rationalität aus lassen sich produktive Tätigkeiten von reproduktiven Tätigkeiten nicht unterscheiden. Im tätigen Prozeß selbst sind Herstellen und Wiederherstellen miteinander verbunden. Es läßt sich sinnvoll nicht entscheiden, ob und wie weit das Herstellen eines Abendessens ein produktiver *oder* reproduktiver Prozeß ist. Dasselbe gilt auch für die Anlage und Pflege des Kompostes im Garten. Und es gilt auch – hier wird es allzu leicht vergessen – für die materialwirtschaftlichen Entscheidungen und Handlungen im Betrieb.

Ulla Knapps auf die Haushaltsökonomie gerichtete Kritik trifft also nur insoweit zu, als "Haushaltsökonomie" auf die Bewirtschaftung des privaten Haushaltes reduziert und diese idealisiert wird: Auch für die Bewirtschaftung des privaten Haushaltes gilt, daß sich haushaltsökonomisches Denken und Handeln hier mit abstrakt wertökonomischen Entscheidungen und Handlungen *verbinden*. Und genau dies ist der zentrale Punkt mit Blick auf das Konzept "Vorsorgendes Wirtschaften". Es geht in dieser Konzeption grundsätzlich um die Verbindung der beiden Ökonomien, die Adelheid Biesecker einmal als ein "Zwillingspaar" charakterisiert hat (Biesecker 1996: 4 f.): Es geht um die Verbindung von marktvermittelter und über das Geld koordinierter Ökonomie als dem "männlichen Zwilling" mit der über physische und sozial-lebensweltliche Prozesse vermittelten Versorgungsökonomie als dem "weiblichen Zwilling". Die Analyse und Wiederherstellung dieser Verbindung aber geschieht notwendig und bewußt unter Rückgriff auf das *haushaltsökonomische* Denken und Handeln, das bislang auch im Nachhaltigkeitsdiskurs weitgehend im Schatten der abstrakten Wertökonomie unsichtbar geblieben ist.

Knapps zweiter Kritikpunkt – die Kritik, dem Konzept "Vorsorgendes Wirtschaften" läge ein homogenes und *idealisiertes* Bild der "Frau" zugrunde – steht im unmittelbaren Zusammenhang mit dem ersten. Er basiert auf einem Mißverständnis: Die im Netzwerk "Vorsorgendes Wirtschaften" miteinander verbundenen Frauen sind selbstverständlich *nicht* der Auffassung, daß Frauen grundsätzlich die sorgenden, pflegenden, bedürfnisorientierten und kooperierenden Wirtschaftssubjekte sind, die sich "Kraft ihrer Natur" unterscheiden von dem ellenbogenstarken, egozentrierten männlichen "Homo oeconomicus". Eine solche Auffassung ist erstens empirisch falsch, und zweitens ist sie aufgrund des implizierten Biologismus politisch gefährlich. Vorsorge ist nicht an sich "weiblich". Und Eigennutz ist nicht an sich "männlich". Aber daß die in der Sphäre der Versorgungswirtschaft gewonnenen Erfahrungen entscheidend dazu beitragen können, daß die für eine Praxis Vorsorgender Ökonomie wesentlichen Fähigkeiten erlernt und "eingeübt" werden, ist im Netzwerk "Vorsorgendes Wirtschaften" weitgehend unumstritten. Die mit den handlungsleitenden Prinzipien "Vorsorgenden Wirtschaftens" verbundenen Kompetenzen der Wirtschaftssubjekte lassen sich in der vorherrschenden ökonomischen Praxis eher im versorgungswirtschaftlichen Bereich – als einem Bereich, der noch immer weitgehend in der Verantwortung von Frauen liegt – als in der Erwerbsökonomie erwerben. Es gilt daher, den Zugang und die Teilhabe an erwerbs- und versorgungswirtschaftlichen Tätigkeiten beiden Geschlechtern in gleichem Umfang zu ermöglichen.

Ulla Knapps dritter Kritikpunkt *"wishful thinking"* trifft zu und trifft doch nicht: Die Suche nach Zugängen und Ansätzen zum und nach Hemmnissen für das Vorsorgende Wirtschaften in der ökonomischen *Praxis*, spricht dafür, daß das Netzwerk "Vorsorgendes Wirtschaften" nicht ausschließlich in den Wolken einer nachhaltig paradiesischen Vision vom Wirtschaften schwebt. Doch unter einem anderen Gesichtspunkt hat Ulla Knapp sicher recht: "Vorsorgendes Wirtschaften" ist ein normatives und ein parteiliches Konzept (Biesecker et al. 1997: 8). Weder die Praxisanalysen noch etwa die Ableitung konzeptioneller Elemente sind "wertneutral" angelegt, und dies ist den im Netzwerk verbundenen Frauen bewußt. Wir *wollen* ein normatives und parteiliches Konzept, und wir halten es für notwendig. Es ist ein zentrales Anliegen des Netzwerkes "Vorsorgendes Wirtschaften" auf die Bedeutung von Ethik und Moral für das Wirtschaften explizit hinzuweisen.

"Vorsorgendes Wirtschaften wird geleitet von der grundlegenden, alles verbindenen Frage 'Wie wollen wir mit anderen auf dieser Erde leben?'. Vorsorgendes Wirtschaften verlangt die Übernahme von Verantwortung für Natur und Gesellschaft auf lange Sicht. Es stellt sich einer im Kern moralischen Forderung an die Art und Weise des Wirtschaftens, die derzeitige (industrielle, westliche) Wirtschaftsweise nicht oder nicht in ausreichendem Maß erfüllt, nämlich der Forderung nach einer moralischen Einstellung der wirtschaftenden Menschen den Mitmenschen und der Natur gegenüber, von der sie selbst ein Teil sind. Indem Vorsorgendes Wirtschaften die Notwendigkeit dieser Einstellung offenlegt, wird es explizit zu einem normativen Konzept, das die politische, wirtschaftliche, rechtliche, ethische und kulturelle Dimension der heutigen ökologischen und sozialen Situation verbindet." (Biesecker et al. 1997: 8)

Der Diskurs um "Nachhaltige Entwicklung" basiert auf den Geboten intragenerationale und intergenerationale Gerechtigkeit. Diese Gerechtigkeitsgebote sind zentral für die gesamte Nachhaltigkeitsdebatte, und sie werden im Zentrum der Umsetzung von Nachhaltigkeitszielen stehen müssen. Nachhaltige Entwicklung braucht eine *normative* Konzeption für eine Vorsorgende Wirtschaftsweise. Auf dem Weg in eine Ökonomie der Nachhaltigkeit kommen wir also nicht darum herum, *wollend* zu denken.

Ausblick: Beitrag des Konzeptes "Vorsorgendes Wirtschaften" zum Nachhaltigkeitsdiskurs

Zusammenfassend läßt sich die Frage nach dem Beitrag des Konzeptes "Vorsorgendes Wirtschaften" zum Nachhaltigkeitsdiskurs ausgehend von der in diesem Konzept fundamental verankerten *Verbindung* der im industrieökonomischen Denken und Handeln *dichotom* gegenüberstehenden Strukturen und Merkmale des Wirtschaftens beantworten: Die Verbindungen

- von Versorgungs- und Marktökonomien
- von (sozial) Weiblichem und (sozial) Männlichem
- von Gegenwärtigkeit und Zukunftsorientierung wirtschaftlichen Handelns
- von gesellschaftlichem Haushalt und Naturhaushalt und
- von produktivem und reproduktivem ökonomischen Handeln

sind die Grundlage und das Ziel des Konzeptes. Diese Verbindungen gilt es, als realexistierende Bindungen in den Praxen gegenwärtiger Wirtschaftsprozesse (wieder) sichtbar zu machen, um darin eine künftige Vorsorgende Wirtschaftsweise verankern zu können. Mit Bezug auf den Nachhaltigkeitsdiskurs leistet das Konzept "Vorsorgendes Wirtschaften" daher einen kritischen *und* einen konstruktiven Beitrag.

Seine *kritische* Komponente besteht darin, daß wir mit diesem Konzept die Finger legen auf die sich auch im Nachhaltigkeitsdiskurs immer wieder selbstreproduzierenden Dichotomien – wie die zwischen dem "männlichen" Effizienzprinzip und dem "weiblichen" Suffizienzprinzip oder zwischen "harten", berechenbaren, naturwissenschaftlichen Daten und den "weichen", vorläufigen und ungenauen, also "labberigen" Aussagen zu den sozialen Bedingungen nachhaltiger Entwicklung[1]. Die *konstruktive* Komponente des Konzepts aber besteht darin, daß die im Netzwerk "Vorsorgendes Wirtschaften" assoziierten Frauen entlang von Praxisanalysen und konzeptionell-theoretischer Arbeit zeigen, daß die von Feministinnen immer wieder eingeklagten "blinden Flecken" nichts anderes sind als das *Ganze* (Hofmeister 1995: 51 ff.): Es ist nicht der eine oder andere Fleck, und es sind nicht viele kleine Fleckchen, die "blind" bleiben, weil sie ausgespart werden im Diskurs – in einem Diskurs, der den Blick auf das Ökonomische immer wieder verkürzt auf die Ökonomie als abstrakt marktvermittelter Geldökonomie. Sondern dieser, der *ausgeleuchtete* Ausschnitt des Ökonomischen ist bei genauer Betrachtung nicht mehr als ein ziemlich kleiner Fleck im Ganzen. Seine übermäßige Ausleuchtung und Aufblendung verschattet das ganze ökonomische System und versperrt den Blick auf die physischen und sozialen Zusammenhänge des Wirtschaftens. Nicht die Versorgungswirtschaft in der ihr eigenen haushaltsökonomischen Rationalität läßt sich isoliert darstellen, sondern diese wirkt im Kern dessen, was als das "Ökonomische" gilt. Im Blick auf das Ganze des Wirtschaftens wird haushaltsökonomisches Denken und Handeln überall sichtbar.

Vorsorgendes Wirtschaften muß daher nicht "erfunden", sondern es muß zuerst einmal *sichtbar* gemacht werden. Es gilt zunächst einmal, um die "Produktivität des Reproduktiven" zu wissen und die Art und Weise, wie diese Produktivität wirksam wird, zu verstehen. Ausgehend von diesem Verständnis läßt sich "reproduktive" Produktivität auch *ökonomisch* geltend machen. Und das *Ganze* des Wirtschaftens läßt sich wiederherstellen. Durch Vorsorgendes Wirtschaften hindurch nähern wir uns an eine Ökonomie der Nachhaltigkeit an.

---

1 Sandra Lustig (mdl.) in der Diskussion des Referates von Irmgard Schultz (vgl. Schultz in diesem Band) im Rahmen der Ringvorlesung "Nachhaltigkeit und Feminismus. Neue Perspektiven – alte Blockaden" am 28. Mai 1998 in Berlin.

Literatur

Biesecker, A. (1994): Wir sind nicht zur Konkurrenz verdammt. In: Busch-Lüty, C. et al. (Hrsg.): Vorsorgendes Wirtschaften – Frauen auf dem Weg zu einer Ökonomie der Nachhaltigkeit. Politische Ökologie (PÖ 39), Jg. 12 (1994), 28-31.

Biesecker, A. (1996): Lebensweltliche Erneuerung der Ökonomie – über alte und neue Formen weiblichen Wirtschaftens. Bremer Diskussionspapiere zur Sozialökonomik Nr. 8, Universität Bremen, Fachbereich Wirtschaftswissenschaften, 1996.

Biesecker, A. (1997): Neue institutionelle Arrangements für „Vorsorgendes Wirtschaften" – 12 Thesen. In: Grenzdörffer, K.; A. Biesecker; C. Vocke (Hrsg.), Neue institutionelle Arrangements für eine zeitgemäße Wohlfahrt. Pfaffenweiler 1997, 181-198.

Biesecker, A. (1998): Shareholder, Stakeholder and Beyond – Auf dem Weg zu einer Vorsorgenden Wirtschaftsweise. Bremer Diskussionspapiere zur Institutionellen Ökonomie und Sozialökonomie, Nr. 26, Universität Bremen, FB Wirtschaftswissenschaften, Bremen 1998.

Biesecker, A.; M. Jochimsen; U. Knobloch (1997): Vorsorgendes Wirtschaften – Ein Ansatz zur Überwindung der Defizite in der Nachhaltigkeitsdiskussion. In: Ökologisches Wirtschaften, 3/4 1997, Spezial Nachhaltiges Wirtschaften – eine feministische Perspektive, 7-9.

BUND (Bund für Umwelt und Naturschutz, Deutschland) & Misereor (Hrsg.) (1996): Zukunftsfähiges Deutschland. Ein Beitrag zu einer global nachhaltigen Entwicklung. Basel, Boston, Berlin 1996.

Daly, H. E. (1992): Vom Wirtschaften in einer leeren Welt zum Wirtschaften in einer vollen Welt. Wir haben einen historischen Wendepunkt in der wirtschaftlichen Entwicklung erreicht. In: Goodland, R. et al. (Hrsg.): Nach dem Brundtland-Bericht – Umweltverträgliche wirtschaftliche Entwicklung, Bonn 1992, 29-40.

Hofmeister, S. (1989): Stoff- und Energiebilanzen – Zur Eignung des physischen Bilanzprinzips als Konzeption der Umweltplanung, Landschaftsentwicklung und Umweltforschung, Schriftenreihe des Fachbereichs Landschaftsentwicklung der TU Berlin, Nr. 58, Berlin 1989.

Hofmeister, S. (1995): Der "blinde Fleck" ist das Ganze. Anmerkungen zur Bedeutung der Reproduktion in der Ökonomie. In: Biesecker, A.; K. Grenzdörffer; H. Heide; S. Wolf (Hrsg.): Neue Bewertungen in der Ökonomie. Pfaffenweiler 1995, 51-65.

Hofmeister, S. (1998): Von der Abfallwirtschaft zur ökologischen Stoffwirtschaft – Wege zu einer Ökonomie der Reproduktion. Opladen 1998.

Inhetveen, H.(1994): Hortikultur als Vorbild – Am Beispiel der Nutzgartenwirtschaft können wichtige Aspekte des Vorsorgenden Wirtschaftens entfaltet werden. In: Busch-Lüty, C. et al. (Hrsg.): Vorsorgendes Wirtschaften – Frauen auf dem Weg zu einer Ökonomie der Nachhaltigkeit. Politische Ökologie (PÖ 39), Jg. 12 (1994), 22-27.

Immler, H. (1985): Natur in der ökonomischen Theorie. Opladen 1985.

Immler, H. & S. Hofmeister (1998): Natur als Grundlage und Ziel der Wirtschaft. Grundzüge einer Ökonomie der Reproduktion. Opladen 1998.

Knapp, U. (1997): Ökofeministisch wirtschaften? Eine Polemik gegen den Haushalt als Ausgangspunkt allgemeiner Richtlinien. In: Ökologisches Wirtschaften, 3/4 1997, Spezial Nachhaltiges Wirtschaften – eine feministische Perspektive, 9-12.

Luxemburg, R. (1981): Die Akkumulation des Kapitals. Ein Beitrag zur ökonomischen Erklärung des Imperialismus. Gesammelte Werke Bd. 5, Ökonomische Schriften, Berlin 1981 (erste Auflage: 1913).

Schmidt-Bleek, F. (1994): Wieviel Umwelt braucht der Mensch? MIPS – Das Maß für ökologisches Wirtschaften. Berlin, Basel, Boston 1994.

Schultz, I. (1996): Die Liebe der Männer zu nachhaltigen Zahlen. Eine Betrachtung der Studie "Zukunftsfähiges Deutschland" aus feministischer Sicht. In: Wechselwirkung, Jg. 18, Nr. 78, April 1996, 59-63.

Zum Nachhaltigkeitsdiskurs

Irmgard Schultz

Eine feministische Kritik an der Studie Zukunftsfähiges Deutschland

Statt einer ausschließlich zielorientierten Konzeptualisierung erfordert nachhaltige Entwicklung eine prozeßorientierte Konzeptualisierung

In meinem Beitrag möchte ich fünf Punkte behandeln:

1. möchte ich mich kurz innerhalb der Nachhaltigkeitsdebatte verorten,
2. möchte ich kurz auf die Studie Zukunftsfähiges Deutschland eingehen und begründen, mit welcher Haltung ich mich mit ihr auseinandersetze.

3., 4. und 5. möchte ich drei unterschiedliche Kritikperspektiven an der Studie darstellen, die sich aufeinander beziehen.

Verortung innerhalb der Nachhaltigkeitsdebatte

Ich verorte mich anders innerhalb der Nachhaltigkeitsdebatte als die von Claudia Bernhard in dieser Veranstaltungsreihe ebenfalls vorgetragene BUKO-Position es tut. Nachhaltige Entwicklung sehe ich als ein mögliches internationales Großkonzept, das auf der politischen Ebene konträre Perspektiven zu der sogenannten Standortposition oder Standortpolitik eröffnen kann. Anders als die drei berühmten Säulen, welche die Nachhaltigkeitskonzeption zu konkretisieren versuchen (die der Umwelt, der Wirtschaft und des Sozialen), haben wir in unserem Institut eine folgenreiche Differenzierung erarbeitet, die andere Möglichkeiten der Konzeptualisierung von nachhaltiger Entwicklung eröffnet. Diese Differenzierung ist auf einer internationalen Tagung der UNESCO erarbeitet worden, die federführend unter unserem Institut 1995 Sozialwissenschaftlerinnen und Sozialwissenschaftler aus aller Welt versammelte unter der Frage, warum die Sozialwissenschaften bisher auf analytischer Ebene das Konzept einer nachhaltigen Entwicklung nicht aufgegriffen haben (Becker et al. 1997). Um überhaupt nachhaltige Entwicklung auch analytisch konzeptualisieren zu können, ist erst einmal ein Verständnis über die Ebene, die das Konzept vertritt, notwendig. Deshalb haben die versammelten SozialwissenschaftlerInnen die folgenreiche Unterscheidung von nachhaltiger Entwicklung erstens als einem politischen Konzept, zweitens als einer moralisch-normativen Perspektive und drittens als einem wissenschaftlich-analytischen Konzept getroffen. Einig waren sie sich darin, daß nachhaltige Entwicklung bisher entweder moralisch-normativ ausbuchstabiert worden ist, dazu gehört die berühmte normative Perspektive der Zukunftsfähigkeit mit Blick auf die folgenden Generationen sowie die normative Perspektive einer Nord-Süd-Gerechtigkeit. Oder es ist als politisches Konzept ausformuliert worden (z.B. durch die Rio-Konferenz), das aber bisher noch nicht hinreichend konkretisiert worden ist. Eine Ursache dafür, daß die SozialwissenschaftlerInnen weltweit dieses politische Konzept nicht aufgenommen haben, sahen die Versammelten dieser Tagung darin, daß es als wissenschaftlich-analytisches Konzept bisher auch noch nicht angedacht und konkretisiert worden ist. Wenn wir uns jetzt fragen, ob die Studie Zukunftsfähiges Deutschland einen Beitrag für eine *wissenschaftliche* Konkretisierung nachhaltiger Entwicklung geleistet hat, dann muß dies auf einer ganz entscheidenden Ebene, nämlich dem Anspruch, die soziale, die ökologische und die wirtschaftliche Perspektive auch wirklich zu verbinden, verneint werden.

Die Studie Zukunftsfähiges Deutschland

Die Studie Zukunftsfähiges Deutschland (BUND & Misereor 1996) stellt eine Erfolgsgeschichte in der Veröffentlichung ähnlicher Studien dar. Sie ist inzwischen in die vierte Auflage gegangen, keine vergleichbare wissenschaftliche Studie hat in den letzten Jahren so viel Aufmerksamkeit in der Presse bekommen, wie diese Studie. Zu fragen ist, warum. Aus feministischer Perspektive ist an dieser Studie mehrfach bisher öffentlich Kritik geübt worden, ich glaube, ich war die erste, die das in der Frühjahrsnummer der Zeitschrift Wechselwirkung von 1996 getan hat (Schultz 1996); andere Kritiken aus unterschiedlichen Perspektiven und mit unterschiedlichen Argumentationen sind bisher gefolgt. Um nicht all diese Kritiken zu wiederholen, möchte ich eine neue Form von aufeinander aufbauenden Kritikperspektiven an der Studie darlegen, die meiner Meinung nach bisher in der feministischen Debatte zu wenig ausgebaut worden sind. Dafür greife ich auf eine Unterscheidung der analytischen Herangehensweise zurück, die von Marianne Rodenstein im Kontext der feministischen Architektur und Stadtplanung entwickelt worden ist (Rodenstein 1992/93). Das ist die Unterscheidung von feministischer Kritik erstens als *Defizit- oder Mängelanalyse*. Zu diesem Typus der Kritik gehören all die sogenannten "Blinde Flecken"-Nachweise. Von dieser Art der Defizitanalyse ist zweitens eine Kritikperspektive und Analyseform zu unterscheiden, die als *Dekonstruktion* bezeichnet wird. Die Dekonstruktion weist nicht nur nach, daß blinde Flecken in bezug auf Geschlechterverhältnisse innerhalb einer theoretischen Darlegung festzustellen sind, sondern sie zeigt, daß die theoretischen Grundannahmen, zentrale Begriffe, Methoden, die ganze analytische Konzeption auf entscheidend falschen Grundannahmen beruhen, die dekonstruiert werden mit Hilfe bekannter wissenschaftlicher Nachweise. Eine dritte Form der theoretischen und analytischen Auseinandersetzung ist davon wiederum zu unterscheiden, die als *Rekonstruktion* bezeichnet werden kann. In der rekonstruktiven Analyse werden nun nicht nur blinde Flecken aufgezeigt, die grundsätzliche Verhältnisse zwischen den Geschlechtern betreffen, es werden nicht nur theoretische Grundannahmen als nicht haltbar nachgewiesen, sondern die Kritik wird mit dem Impetus und mit der Zielrichtung geführt, daß neue Perspektiven der Gestaltung, neue Perspektiven der Problemlösung aufgezeigt werden. Im folgenden möchte ich nun versuchen, diesen analytischen Dreischritt in bezug auf die Studie Zukunftsfähiges Deutschland durchzuführen.

Erste Kritikperspektive: Defizitanalyse

Bevor ich zur Defizitanalyse komme, möchte ich wenigstens kurz darstellen, was die Studie leistet. Das große Verdienst der Studie Zukunftsfähiges Deutschland besteht meiner Meinung nach darin, daß sie die Perspektive der Nord-Süd-Gerechtigkeit wieder in die Diskussion gebracht hat und insgesamt auch zu konkretisieren versucht. Dafür ist die sozial-ökologische Allianz zwischen dem BUND und der kirchlichen Entwicklungsorganisation Misereor eine gute Voraussetzung. In diesem Bündnis sehe ich allein schon ein Moment des großen Erfolges, den die Studie gehabt hat. Für die Konkretisierung von Nachhaltigkeitsperspektiven für Deutschland können in der Studie ganz grob drei unterschiedliche Herangehensweisen unterschieden werden. Das ist zum einen die in Kapitel zwei aufgezeigte und plausibilisierte Darstellung von Umweltindikatoren, die in Rückgriff auf das in Holland entwickelte Konzept eines Umweltraumes Perspektiven für Ökologie und Gerechtigkeit eröffnet. Dieses ganze Kapitel zielt stark auf die politische Begründung von Umweltzielen als Meilensteine in der Konkretisierung nachhaltiger Entwicklung. Einen ähnlichen Ansatz verfolgen die in Kapitel drei dargelegten Bilanzen des deutschen Umweltverbrauchs, der in seinen Auswirkungen auf die Länder des Südens dargestellt wird. Einen ganz anderen Zugang und eine andere Form der Konkretisierung nachhaltiger Entwicklung stellt hingegen die in Kapitel vier unter dem Begriff Leitbilder versuchte Konkretisierung der sozialen Dimension nachhaltiger Entwicklung dar. Von diesem Leitbildkapitel unterscheidet sich dann noch einmal in Kapitel fünf – Übergänge heißt dieses Kapitel – die Darlegung des möglichen Wandels und in Kapitel sechs die Begründung politischer Zusammenhänge explizit die Ausformulierung sozialer Fairneß, Wirtschaftsverträglichkeit und die Diskussion eines Ausgleichs zwischen den Ländern des Nordens und des Südens. Wird insgesamt mit dem normativen Anspruch in der Einführung und der Ausführung im sechsten Kapitel die Nord-Süd-Gerechtigkeit doch stark plausibilisiert, konkretisiert und auch bebildert, so bleibt, das ist in Kürze meine Defizitanalyse, die soziale Gerechtigkeit im eigenen Lande konzeptionell ausgespart, also ein blinder Fleck. Damit werden aber auch die unterschiedlichen Ausgangsbedingungen der Geschlechter auf dem Weg zu einer nachhaltigen Entwicklung ausgeblendet. Mit der auf die Begründung von Umweltzielen ausgerichteten Konkretisierung bleiben die unterschiedlichen Gestaltungsmöglichkeiten der verschiedenen sozialen Gruppen in unserer Gesellschaft und ganz besonders die unterschiedlichen Machtverhältnisse zwischen den Geschlechtern unthematisiert und ausgeblendet. Damit bleiben auch die Erfahrungen, das Wissen, die Kompetenzen von Frauen, die Kompetenzen, die aus der praktischen Gestaltung weiblicher Lebensalltage und weiblicher Biographien erwachsen, für die Konkretisierung des Weges zur nachhaltigen Entwicklung ungenutzt.

Wenn in der Studie steht: "Die folgenden Leitbilder verstehen sich daher als Gestaltungsentwürfe für Akteure in unterschiedlichen sozialen Feldern – Unternehmer, Konsumenten, öffentliche Versorger, Gesetzgeber, Städter, Bürger in ländlichen Gebieten, entwicklungspolitisch Engagierte. " (BUND & Misereor 1996: 152), dann ist die männliche Anrede in diesem Zitat kein Lapsus. Frauen kommen in der Studie in systematischer Hinsicht nicht vor, Machtverhältnisse zwischen den Geschlechtern, wie politische Macht überhaupt, sind ausgespart. Es wird zwar das Problem der ungleichen Verteilung von Hausarbeit angesprochen, aber dieses wird nicht in systematischer Hinsicht bedacht, sondern auf die Ebene einer freiwilligen good-will-Lösung verlegt. So steht im Kapitel über soziale Fairneß "Neue Zeitstrukturen allein bringen auch keine Lockerung der geschlechtsspezifischen Arbeitsteilung zwischen Mann und

Frau, wenn nicht beide dazu motiviert sind." (BUND & Misereor 1996: 355) Diese Art der Auseinandersetzung mit der geschlechtsspezifischen Arbeitsteilung verniedlicht sie zu einer Angelegenheit individueller freiwilliger Lösungen und nicht der Lösung eines strukturellen gesellschaftlichen Problems. Besonders gravierend hinsichtlich einer Defizitanalyse ist auch, daß Kinder und alle mit den Kindern verbundenen Gestaltungsaufgaben, die für ein zukunftsfähiges Deutschland ja nicht unwichtig wären, in der gesamten Studie nicht ein einziges mal erwähnt werden. Ebenso auch nicht MigrantInnen, nicht Flüchtlinge; der Vorwurf eines wissenschaftlichen und politischen Androzentrismus ist deshalb gerechtfertigt und um den Vorwurf eines politischen Chauvinismus zu ergänzen. Nach der Lektüre Zukunftsfähiges Deutschland ergibt sich der Eindruck als würden in Deutschland nur Männer eines bestimmten sozialen Milieus, sprich des gehobenen Bildungsbürgertums, und nur die vorherrschende Ethnie der Deutschen wohnen. Joachim Spangenberg, selbst Mitautor der Studie, kritisierte deshalb freimütig: "Die Studie spricht maximal 10% der in Deutschland wohnenden Menschen an."

Zweite Kritikperspektive: Versuch einer dekonstruktiven Kritik

Wie ich einführend begründet habe, bezieht sich eine dekonstruktive Kritik auf die theoretischen Grundannahmen, auf die Analysekonzeption als Ganzes, auf zentrale Theoreme, Begriffe, Annahmen. Deshalb möchte ich mich zuerst mit dem Aufbau, der Gesamtkonzeption der Studie, auseinandersetzen. Wie ich eingangs ebenfalls schon kurz dargestellt habe, stellt die Studie in unterschiedlichen Systematiken Umweltverbrauchsberechnungen an und begründet und plausibilisiert eine Politik der nachhaltigen Entwicklung, die über Umweltziele jeweils etappenweise fortzuentwickeln ist. Insgesamt kann festgestellt werden, daß die Konzeptionalisierung der Umweltziele einerseits und die Konkretisierung sozialer Perspektiven andererseits auseinanderfallen. Das Leitbildkapitel, also Kapitel vier, folgt sperrig und ohne Bezug auf die vorherigen Umweltziel- und Umweltverbrauchskapitel. Aber auch die Systematik innerhalb des Leitbildkapitels ist nicht leicht nachvollziehbar. Warum acht und nicht achtzehn Leitbilder dargestellt wurden, warum gerade die in den einzelnen unter Leitbild zusammengefaßten Abschnitten dargestellten Zusammenhänge auf diese Weise und nicht anders geordnet wurden, bleibt ein Geheimnis der Autoren und der Autorinnen. An dieser Beliebigkeit ändert auch die Auswahl der sogenannten Wendeszenarien nichts. Warum diese und keine anderen? Warum nicht durchgehend Beispiele, die zeigen, wo wer und wie ansatzweise etwas Neues ausprobiert? Von den 24 Wendeszenarien, mit denen gezeigt werden soll, wo der Weg in die richtige Richtung langgeht, beziehen sich lediglich 11 auf vorbildhafte Beispiele. Der Rest sind Entwürfe, die wie das gesamte Leitbildkapitel an einem Überhang normativer Begründungen leiden. Der Versuch einer Theoretisierung der Ausgangsbedingungen, sei es als sozial-ökologisches Krisenkonzept, sei es als Theoretisierung des Sozialen Wandels mit Blick auf die neuen sozialen Bewegungen oder mit Blick auf vorhandene Sozialbeziehungen, wird nicht unternommen. Problematisch ist, daß mit dieser Art der Zukunftsvision zwar die Dimension Umwelt für die Zukunft (wie sie sein soll) beleuchtet wird, die Dimension des Sozialen aber, in ihren ungleichen Ausgangsbedingungen für die Zukunft fortgeschrieben wird. Damit liegen die ungleichen Sozialbeziehungen in einem Kontinuitätsparadigma, das insgesamt auch unkritische Modernisierungsansätze kennzeichnet. An einer Studie, die explizit mit dem Anspruch "sozial-ökologisch" antritt, ist ein solches Kontinuitätsparadigma der sozialen Perspektive jedoch mit Nachdruck zu kritisieren. Damit werden die zur Zeit herrschenden Sozialstrukturen stillschweigend auch für die Zukunft Deutschlands unterstellt. Eine böswillige Kritik könnte deshalb sagen, die Studie als Ganzes läßt eine Grundkonzeption, eine Analysekonzeption vermissen. Eine solche Art der Kritik wäre jedoch nicht weiterführend. Eine wirkliche Dekonstruktion versucht, auch die innere Logik eines auf den ersten Blick nicht sich erschließenden Argumentationszusammenhangs nachzuvollziehen. Und diese wird in der Studie selbst benannt.

Für das Auseinanderfallen von Umweltverbrauchsberechnungen und dem Leitbildkapitel, also der Dimension der Umwelt und der Dimension des Sozialen, geben die Autorinnen und Autoren selbst eine Begründung an:

"Es ist zugleich die Stärke und die Schwäche der stofflich-quantitativen Darstellung, daß sie die Komplexität des historischen Moments auf die Differenz zwischen einer Ist- und einer Sollmenge konzentriert. Um zu Aussagen diesen Typs zu kommen, ist eine doppelte Reduktionsleistung erforderlich. Zum einen wird vom Gesellschaftlichen, also dem Ineinander von Institution, Macht und Bedeutung, in das jeder Umgang mit der Natur eingelassen ist, abstrahiert, mit der Folge, daß die Umweltproblematik als Naturkrise und nicht als Gesellschaftskrise erscheint. Und zum anderen sieht diese Darstellung von der Mannigfaltigkeit der Naturvorgänge und Erscheinungen ab und hebt statt dessen deren gemeinsame, meßbare Substrate – Energie, Stoffe, Fläche – heraus." (BUND & Misereor 1996: 151)

Die AutorInnen ziehen daraus die Konsequenz, daß die Darlegung der quantitativen Reduktionsziele überführt werden müsse in eine Darlegung qualitativer Zielvorstellungen, "sonst bliebe die Studie in der Expertenfalle hängen: zwar Grenzwerte zu ermitteln, aber nichts für die Teilnahme der Bürger tun zu können. Denn die Menschen möchten nicht nur müssen, sie möchten auch wollen dürfen." (ebd.) Damit dividieren die Autoren und Autorinnen – und das macht den Kern meiner Kritik aus – die Perspektive des Quantitativen und die Perspektive des Qualitativen auseinander. Ein Mißverständnis wäre nun, ich würde kritisieren – und so ist meine veröffentlichte Kritik zum Teil mißinterpretiert worden – daß die AutorInnen quantitative Berechnungen für Umweltzielbestimmungen anstellen würden. Meine Kritik geht vielmehr dahin, daß sie das Quantitative und das Qualitative auseinanderreißen und einerseits der Dimension der Umwelt und ihrer Zukunftsgestaltung und andererseits der Dimension des Sozialen und seiner Zukunftsgestaltung zuordnen. Als fatal sehe ich es an, daß sie die Perspektive des Quantitativen mit der ökologischen Perspektive identifizieren und dann auch nochmals zur Perspektive der technisch-ökologischen Effizienzsteigerung verkürzen. Demgegenüber reduzieren sie die Perspektive des Sozialen ausschließlich zu einer qualitativen Perspektive, als ob es keine quantitativen Aussagen über soziale Zusammenhänge gäbe. Damit ist Sozialstruktur, die ja auch in Datenform erschließbar ist, in systematischer Hinsicht ausgeblendet. Eine statistische oder kategoriale Bestandsaufnahme sozial-struktureller Verhältnisse erspart sich also die Studie. Werden bei den Naturverbräuchen Ist-Soll-Zustände quantitativ in Beziehung gesetzt, so werden bei den gesellschaftlich-sozialen Perspektiven Ist-Zustände gar nicht erst in ihren unterschiedlichen Relationen ermittelt. Damit wird Zukunftsfähigkeit aber immer nur über normative Sollsetzungen und unter Ausblendung bestehender sozial-struktureller Ausgangsbedingungen konzeptualisiert. Was es bedeuten könnte und müßte, sowohl die Dimension des Sozialen als auch die Dimension des Ökologischen in ihrer unauflöslichen Verbindung von quantitativen und qualitativen Perspektiven zu konzeptualisieren (das muß ich der Gerechtigkeit gegenüber den Kollegen und Kolleginnen aus Wuppertal anführen), ist bisher auch noch nie wirklich dargelegt worden. Der konzeptionelle blinde Fleck und die konzeptionelle Schwäche der Wuppertal-Studie ist eine, welche bisher die gesamte Umweltforschung und auch die Nachhaltigkeitsforschung bestimmt. Deshalb macht es unbedingt Sinn und ich plädiere nachdrücklich dafür, sich aus feministischer Sicht mit der Studie Zukunftsfähiges Deutschland nicht nur im Hinblick einer Defizitanalyse oder einer Dekonstruktion zu beschäftigen, sondern auch einmal eine Rekonstruktion in positiver Absicht zu versuchen.

Dritte Kritikperspektive: Versuch einer Rekonstruktion in konstruktiver Absicht

Diesen Teil kann auch ich nicht richtig ausfüllen. Es würde erfordern, die positiven Momente der Studie Zukunftsfähiges Deutschland aufzugreifen, die Umweltzielbegründung, die Umweltverbrauchbilanzierung, die Darlegung "ökologischer Rucksäcke" u.ä., die zum Teil ja überaus plausibel und nachvollziehbar sind, aufzugreifen und mit sozial-strukturellen Ausgangsbedingungen in Beziehung zu setzen. Dies ist innerhalb der Umwelt- und Nachhaltigkeitsforschung bisher jedoch noch nie systematisch getan worden. Deshalb werde ich mich jetzt auf sechs Punkte in meinem Versuch, die Studie konstruktiv weiterzudenken, beschränken.

1. Insgesamt gilt für diese Studie, Weniger wäre Mehr gewesen. Dieser lapidare Satz, der ja nachdrücklich im Leitbildkapitel im Hinblick auf Konsumverhalten begründet wird, ist in wissenschaftlicher Hinsicht gar nicht so leicht aufzunehmen. Zu reflektieren wären die Wechselbeziehungen zwischen dem Realitätsausschnitt, der für die Darstellung von Zukunftsperspektiven gewählt wird, mit den globalen, Sozial-, Wirtschafts- und Umweltverhältnissen. Das Scoping, also das Wählen eines Ausschnitts und die Festlegung des Rahmens, wie es in den Technikwissenschaften heißt, ist in dieser Studie unterbelichtet bzw. nicht reflektiert vorgenommen worden. Weniger wäre Mehr gewesen bedeutet, im Hinblick auf nationale Politik konsequent so zu argumentieren, wie es beispielsweise das Konzept des nationalen Umweltraums nahelegt, das im Kern den nationalen Umweltverbrauch bestimmt. Die Perspektive einer In-Verhältnis-Setzung von nationaler zu globaler Politik hätte weiter begründet werden müssen. Dafür hätten viele Teile der Studie, wie beispielsweise das schwer nachvollziehbare Energieszenario, hier keinen Platz gehabt.

2. Eine Rekonstruktion in konstruktiver Absicht müßte über eine andere Grundsystematik und einen anderen Aufbau der Studie nachdenken. Angeboten hätte sich (das kann ich aber erst im Nachhinein mit Kenntnis der vorliegenden Studie so sagen) ein Anknüpfen an der Systematik der sogenannten *Bedürfnisfelder*. So werden Umweltverbräuche in Kapitel 3 hinsichtlich von Material-, Energie-, Wasser- und Flächennutzung bilanziert, aber auch hin-

sichtlich von Bedürfnisfeldern wie Bauen und Wohnen, Ernährung, Freizeit/Tourismus usw. Dieser Bedürfnisfeldansatz hätte genommen werden können, und durchgängig durch alle Kapitel eine sich wechselseitig wiederholende Systematik darstellen können. Das hätte dann so ausgesehen, daß die Umweltverbräuche im Bedürfnisfeld Ernährung, Bauen und Wohnen etc. im Kapitel Umweltverbräuche für Deutschland dargestellt werden, anschließend die Umweltverbräuche für Ernährung in globaler Perspektive (d.h. internationale Handelsstrukturen, Einfuhr von Viehfutter usw.; all das, was sehr richtig in der Studie dargestellt ist). Die sozial-strukturellen Bedingungen im Bedürfnisfeld Ernährung würden dann in einem sicherlich nicht Leitbilder zu nennenden Kapitel der Alltags- und Sozialrealität dargestellt werden. Und hier hätten auch geschlechtsspezifische Verhältnisse bei der Herstellung von Nahrungsmitteln ihren Platz; hier hätte auf die Situation der Landfrauen, Bäuerinnen, auf das Bauernsterben in seiner Auswirkung auf die Frauen auf dem Land dargestellt werden müssen. Hier hätte aber auch die Verarbeitung der Lebensmittel im Haushalt, die ganze Konsumarbeit der Frauen in ihrer ungleichen Verteilung zwischen den Geschlechtern dargestellt werden müssen. Bei konsequent durchlaufendem Bedürfnisfeldansatz wären dementsprechend die geschlechtsspezifischen Macht- und Sozialverhältnisse schon über diese Systematik mehr in den Blick gekommen.

3. Leitbilder würden nicht ausgemalt am Grünen Tisch, würden nicht „erfunden", sondern erst einmal als existierende Konstrukte in den Köpfen der Menschen beschrieben, die deren Vorstellungen und Handeln leiten. Bei konsequenter Durchstrukturierung nach dem Bedürfnisfeldansatz würden dann im Sozialstruktur-Kapitel die real existierenden Leitbilder bezogen auf das jeweilige Bedürfnisfeld dargestellt. Beispielsweise würden Ernährungsleitbilder nicht normativ ausgemalt, sondern die vorhandenen und in unterschiedlichen gesellschaftlichen Gruppen unterschiedlich ausgeprägten Leitbilder über Ernährung würden dargestellt. Dazu würde unter anderem auch das Leitbild des übermäßigen Fleischkonsums gehören, das in unserer Kultur bis zu den alten Germanen zurückzuverfolgen ist (ganz im Gegensatz übrigens zur mediterranen Ernährungskultur). Es würde deutlich werden, daß dieses Leitbild des Fleischkonsums mit kriegerischer Männlichkeit und einer kulturellen Vorstellung von Virilität und Potenz unterfüttert ist, die bis heute auch noch, so ist jedenfalls zu vermuten, die Vorstellung fleischessender Männer im Steakhouse leiten. Statt zu begründen, warum Fleischessen der Umwelt schadet, käme

damit in den Blick, welche symbolischen und kulturellen Barrieren dem fleischlosen Essen entgegenstehen. Ebenso könnte und müßte mit den Leitbildern der anderen Bedürfnisfelder verfahren werden: Mobilitätsleitbilder, Wohnleitbilder, Freizeitleitbilder wären in ihrer sozialen Ausdifferenziertheit erst einmal festzuhalten, zu untersuchen, darzustellen und dann mit zukunftsbezogenen Perspektiven einer auch naturverträglichen Entwicklung in Beziehung zu setzen.

4. Deutlich wird an dieser Rekonstruktion einer Studie Zukunftsfähiges Deutschland, daß sie nicht allein von ein paar Forschern und Forscherinnen aufgeschrieben werden könnte. Eine wissenschaftlich ernstzunehmende Studie würde die Grenzen ihres Wissens- und Erkenntnisstandes darstellen und formulieren, welche Untersuchungen, welche Forschungsaufgaben notwendig sind, um Konzepte für ein zukunftsfähiges Deutschland zu entwickeln. Sie wäre nicht eine Anleitung für den Hausgebrauch, sondern würde primär auch ein Forschungsprogramm formulieren. Bezeichnenderweise fehlt das Thema Wissenschaft und ihre Rolle für eine nachhaltige Entwicklung in der Wuppertal-Studie völlig. Die krisenerzeugende Funkion von Wissenschaft, die selbst ein Moment der Krisenverursachung ist, wird ausgeblendet. Die Studie spiegelt ein überholtes Konzept von wissenschaftlicher Bearbeitung wider, nämlich die omnipotente Vorstellung, daß einige Wissenschaftler und Wissenschaftlerinnen allein die Zukunftsperspektiven für ein ganzes Land entwickeln könnten.

5. Aus dieser Kritik ist eine grundsätzliche Öffnung wissenschaftlicher Darlegungen zu folgern, die von der feministischen Forschung im Hinblick auf die Konkretisierung der Perspektiven nachhaltiger Entwicklung auch immer nachdrücklich eingefordert wird. Das ist der Anspruch, daß nicht Wissenschaftler allein, sondern in Allianz mit Laien Zukunftsperspektiven *partizipativ* entwikkeln. Der Unterschied zwischen der holländischen Studie Sustainable Netherlands und der deutschen Studie besteht darin, daß in der holländischen Studie schon während der Erarbeitung Vertreter der Gewerkschaften, der Kommunen und auch von Parteien einbezogen waren. Zu kritisieren ist, daß Frauenverbände und feministische Forscherinnen auch dort nicht explizit beteiligt waren. Aber der partizipative Anspruch an der wissenschaftlichen Konkretisierung zukunftsfähiger Perspektiven ist unbedingt für jede weitere Studie dieser Art mit Nachdruck festzuhalten.

6. Als bisher ungelöst und als echte Frage möchte ich das Problem der Zahlen und ihre Darstellung in Relationen festhalten. Wie müßte eine In-Verhältnis-Setzung von Umwelt- und Sozialdaten in einer besseren Studie Zukunftsfähiges Deutschland aussehen? Sollten die Verbräuche beispielsweise im Bedürfnisfeld Ernährung in ihrer Relation zwischen Männern und Frauen dargestellt werden? Müßten dann nicht nur die Verbräuche von unterschiedslos allen Frauen, sondern auch differenziert zwischen Reichen und Armen, zwischen Einwanderinnen und Alteingesessenen unterschieden werden? Wo wären die Strukturdaten systematisch zu verknüpfen? Was sind aus einer Geschlechterperspektive die zentralen Eckpfeiler, bei denen Sozialstrukturdaten und Naturgebrauchsdaten systematisch verknüpft werden müssen? Diese Fragen kann ich nur weitergeben.

Literatur

BUND (Bund für Umwelt und Naturschutz, Deutschland) & Misereor (Hrsg.) (1996): Zukunftsfähiges Deutschland. Ein Beitrag zu einer global nachhaltigen Entwicklung. Basel, Boston, Berlin 1996.

Becker, E.; T. Jahn; I. Stiess; P. Wehling (1997): Sustainability: A Cross-Disciplinary Concept for Social Transformations. MOST, UNESCO, Policy Papers 6, Paris 1997.

Schultz, I. (1996): Die Liebe der Männer zu nachhaltigen Zahlen. Eine Betrachtung der Studie "Zukunftsfähiges Deutschland" aus feministischer Sicht. In: Wechselwirkung, Jg. 18, Nr. 78, April 1996, 59-63.

Rodenstein, M. (1992/93): Feministische Stadt- und Regionalforschung: Zum Stand der Diskussion städtischer Lebensverhältnisse. FreiRäume, Sonderheft 1992/93, 20-35.

Claudia Bernhard

Die neue Bescheidenheit – wie antifeministisch ist die Nachhaltigkeit?*

In Krisenzeiten ist es in unserer Gesellschaft üblich, die bestehenden Unterdrückungsstrukturen einer Prüfung zu unterziehen und möglichst zu modernisieren, die Krise also durch eine effektivere Ausbeutung zu bekämpfen. Der Raubbau an Natur oder Umwelt stößt seit geraumer Zeit an bedrohliche Grenzen, Veränderungen im gesamten kapitalistischen System sind unausweichlich. Der "ökologische Umbau" fordert Einsparungen, Verbrauchssenkungen, keinerlei Verschwendung mehr. Der entscheidende Punkt ist nun aber nicht, daß wir sparen sollen, sondern die Streitfrage ist, wer sparen soll. In den Plänen, Strategien und Diskussionen werden hauptsächlich die ins Auge gefaßt, die nicht an den Schalthebeln der Macht sitzen. In unserem Thesenpapier (BUKO o.J.) haben wir das die "ökologische Modernisierung der Diskriminierung" genannt. Das heißt, die, die ohnehin in einer schlechteren, sozialen und ökonomischen Lage sind wie Frauen, Arme oder die Menschen in der sogenannten Dritten Welt, sollen ihre Ansprüche noch weiter reduzieren.

Beispielhaft für diese Strategie ist hier die Studie "Zukunftsfähiges Deutschland" (BUND & Misereor 1996) geworden, die den Überdruß in der mittelständischen Konsumgesellschaft thematisiert. Die Entmenschlichung, die Isolation und die hemmungslose Ellenbogengesellschaft, die nur an Materiellem interessiert ist, werden angeprangert. Nicht angeprangert werden die Machtverhältnisse und deren Verantwortlichkeit für die lebensbedrohlichen Entwicklungen.

Die Nachhaltigkeitsdiskussion nimmt hier durchaus Punkte auf, die sich an die Argumentation des Feminismus anlehnen. Im Kampf um Gleichberechtigung wurde zwar die Partizipation der Frauen in allen Bereichen und auf allen Ebenen gefordert, aber immer auch die Ausrichtung am patriarchalen Modell kritisiert. Nach jahrelangem Abstrampeln kann es eine richtige Erholung werden, wenn frau hört, daß das "bisherige Vollbeschäftigungsarrangement der Ver-

* Der folgende Beitrag gibt nicht die Meinung der Herausgeberinnen wieder.

gangenheit angehört"[1]. Wird also das Angleichen an die männliche Erwerbsbiographie nicht mehr in der Weise nötig sein? Wird sich diese Erwerbsbiographie grundlegend verändern? Gibt es hier vielleicht sogar Möglichkeiten, die geschlechtsspezifische Arbeitsteilung abzubauen? Ist es nicht zu begrüßen, wenn der bornierte patriarchale Arbeitsbegriff endlich der Vergangenheit angehören würde?

Sparen als weibliche Tugend

Aber das Konzept für die Zukunft, wie es hierzulande diskutiert wird, ist bei näherem Hinsehen doch einigermaßen ernüchternd. Es baut auf der Feststellung auf, daß die Wohlstandsgesellschaft, die sich ein Minimum an Emanzipation "leisten" konnte, in der Krise ist. In der Wirtschaft werden die Produktionsanlagen ins Ausland verlegt, im Inland rationalisiert und demzufolge Arbeitsplätze abgebaut. Ein Ende dieser Entwicklung ist nicht abzusehen. Gleichzeitig nimmt der Staat seine Funktion der sozialen Absicherung nicht mehr wahr. Die steigende Armut ist so signifikant für die kommende Entwicklung wie das Ansteigen des Reichtums von ein paar wenigen. Dazu addiert sich die Sorge um die Umwelt, die zunehmend verdreckt und die Lebensbedingungen auch ökologisch radikal verschlechtert.

Diese Krise ist eine Herausforderung an das patriarchal-kapitalistische System und seine Regenerationsfähigkeit. Es muß sich verändern, moderner werden, wenn die Machtstrukturen erhalten werden sollen. Vor dieser Aufgabe stehen in erster Linie die Industriestaaten, die internationale wie auch jeweils nationale Umbau-Strategien entwickeln müssen. Nachhaltigkeitsszenarien wie "Zukunftsfähiges Deutschland" (BUND & Misereor 1996) sind ein exemplarisches Beispiel und dies ist trotz seiner Widersprüchlichkeiten durchaus ernstzunehmen.

Für Frauen zeichnen sich darin erschreckende Aussichten ab. Im Blickpunkt der Ressourcenschonung stehen hauptsächlich die privaten Haushalte. Die Leitbilder und Handlungsanweisungen sind ein fundamentaler Angriff auf die gesamte Lebens- und Arbeitswelt von Frauen, und das weder unabsichtlich noch unbewußt, sondern als ein Plan, der die Möglichkeiten für Frauen gründlich reduzieren soll.

---

1 Zitate sind, wenn nicht anders angegeben, aus BUND & Misereor 1996.

Im Gegensatz zu den bisherigen, zugegebenerweise nicht befriedigenden Alternativen weiblicher Lebensplanung wird es in Zukunft kaum noch welche geben. Für die Zukunft ist eine "Mischung von Erwerbsarbeit und unbezahlter Eigenarbeit" vorgesehen, wobei mit Erwerbsarbeit Teilzeitarbeit im sogenannten Niedriglohnsektor gemeint ist. Ein Bereich, in dem sowieso hauptsächlich Frauen arbeiten. Der "volle" Arbeitsplatz wird völlig unwahrscheinlich, insofern auch die ökonomische Unabhängigkeit. Gleichzeitig wird die Last der unbezahlten Eigenarbeit, die zur Zeit fast ausschließlich von Frauen geleistet wird, noch größer.

"Umweltschonung und ein deutlich geringerer Ressourcenverbrauch führen zu einer Verringerung des Volumens an Erwerbsarbeit. Das bedeutet aber keinesfalls, daß es weniger zu tun gibt. " Die historischen Kenntnisse müssen nicht besonders gründlich sein, um zu wissen, daß die unbezahlte Arbeit immer dem weiblichen Teil der Bevölkerung zugedacht ist. Ob die Nachbarschaftshilfe, die Herstellung von Nahrungsmitteln oder die soziale Hilfe, all diese Bereiche sollen wieder radikal privatisiert werden.

Die Stoßrichtung ist klar. Es wird viel weniger zu verteilen geben, sprich Geld, aber gleichzeitig wird der notwendige Arbeitseinsatz, um den Alltag zu bewerkstelligen unermeßlich steigen. Und dies wird einseitig auf dem Rücken der Frauen ausgetragen. Bisher gab es für Frauen zumindest die Möglichkeit, zwischen verschiedenen Existenzsicherungen zu wählen und sich wenigstens anteilig auch von ein paar Arbeitsleistungen freizukaufen. Die Tiefkühlkost, die Wegwerfwindeln, die Kinderbetreuungsstätten waren materiell vermittelte Kompromisse zwischen den Zeitansprüchen von Frauen und dem männlichen Anspruch auf eine geordnete Reproduktion. Selbst der Verzicht auf Familie und die Konzentration auf einen Beruf war, wenn auch gesellschaftlich nicht übermäßig gern gesehen, nicht ausgeschlossen.

Das geht dem Ende entgegen. Zu den traditionellen Argumenten, die Frauen an den Herd zurückschicken – sich den Kindern zu widmen und den Männern die Arbeitsplätze nicht streitig zu machen –, gesellt sich jetzt auch noch das ökologische Argument. Es hat die geradezu widerliche Komponente, die Art und Weise, wie die Frauen die Reproduktionsarbeit zu gestalten haben, auf das genaueste vorzuschreiben. Nämlich arbeitsintensiv, auslaugend, farblos, luxusfrei, ohne jegliche Fluchtmöglichkeiten und komplett enttechnisiert. Da spielt es plötzlich eine Rolle, wieviel Wäsche gewaschen wird, wie hoch der Befüllungsgrad von Spülmaschinen zu sein hat oder warum denn der Trockner benutzt wird, wenn sich die Wäsche viel energiesparender auf die Leine hängen läßt. Genau dort fällt der "Zusammenhang von Technisierung und Anspruchssteigerung" ins Gewicht. "Dann ist nichts so effizient wie das nicht gekaufte Gerät."

Für sich genommen ist die Übertechnisierung des Alltags auch durchaus kritikwürdig. Aber indiskutabel ist es, die Technisierung zu senken und gleichzeitig die Anforderungen an die Reproduktion zu steigern. Ein gelungener Vorschlag zur Reduzierung des Wäscheaufkommens wäre zum Beispiel, daß die Männer ihre Wäsche selber waschen.

Internationaler Wettbewerb als Leitlinie

Der pedantische Ehrgeiz das Leben von "überflüssiger" Technik freizuschaufeln, ist sofort wie weggeblasen, wenn man/frau sich die Zukunftsszenarien für die Männer ansieht. Dort nämlich tun sich die schönen, neuen Welten der Öko-Technologien auf. Da wird nicht gegeizt oder geknausert, da wird die Natur optimiert, der "Ökoproduktivität" zu ungeahnten Erfolgskurven verholfen. Es wird Ressourcenmanagement in großem Stil betrieben, ob "dezentrale Photovoltaik", "solarthermische Wärme" oder "Offshore Windpotentiale". Was wäre erst die Bundesbahn mit der "Modularität der Komponenten", der "Pendolino-Technik" und einer "Niederflurbauweise"! Abgesehen davon rechtfertigt der "verkehrsvermeidende Wertewandel" den Einsatz von Informations- und Kommunikationstechnologien, da er die persönliche Mobilität überflüssig macht.

Das mag zum Teil lächerlich und nicht weiter bedrohlich klingen, aber hier werden die Chancen auf dem internationalen Markt ausgekartet. Es geht gar nicht in erster Linie um die Organisation der gesellschaftlichen Naturverhältnisse, sondern um die Entwicklung von Produkten. "In den Bereichen 'Umwelttechnologie' und 'Dematerialisierte Produkte und Dienstleistungen' wird ein zukunftsfähiges Deutschland neue Stärken entwickeln. Dies gilt besonders, wenn andere Industrieländer mit der Anpassung an die ökologischen Herausforderungen später beginnen. Die neuen Stärken der deutschen Wirtschaft werden nur zu einem geringen Teil materielle Produkte umfassen, zu einem größeren Teil jedoch immaterielle Güter, geistiges Eigentum und Beratungsleistungen."

Hier tritt die imperialistische Intention offen zu Tage, die auf der Ausbeutung der heimischen Reproduktions- und Subsistenzarbeit aufbaut. Wieder einmal lassen sich erstaunliche Parallelen zur NS-Politik nachzeichnen. Damals schon verfiel der Reichsnährstand darauf, den Bauersfrauen u.a. fahrbare Gemeinschaftswaschanlagen, bestehend aus Waschmaschine und Schleuder, aufzudrängen (Münkel 1995). Damit war absolut nicht bezweckt, die Arbeit zu erleichtern, sondern sie umzulenken, um die nationale Autarkie der Nahrungsmittelversorgung trotz steigender Anstrengungen für die Rüstungsproduktion zu erreichen. Die Umorganisation der ländlichen Haushalte stand in direktem Zusammenhang mit der NS-Expansionspolitik. An der Instrumentalisierung der weiblichen Arbeitskraft für expansionistische Ziele hat sich auch beim heutigen "ökologischen Umbau" nichts geändert. Heute werden zur Absicherung der internationalen Wettbewerbsfähigkeit die privaten Haushalte enttechnisiert, in ihrem Energieverbrauch reduziert, um die gewonnenen Einsparungen in den technologischen Wettlauf auf den internationalen Märkten zu investieren. "Effizienz muß auch hier durch Suffizienz stabilisiert werden", was nichts anderes meint, als daß die Subsistenz die Expansion alimentiert.

Frauenunterdrückung im Namen der Umwelt

Die angestrebten Veränderungen haben nicht nur eine ökonomische Dimension. Es dreht sich auch auf der politischen und persönlichen Ebene um die umfassende Zurückweisung der Ansprüche von Frauen. Die Backlash-These vom Rückschlag gegen den Feminismus ist mit Vorsicht zu genießen, aber sie verweist zumindest auf den härter gewordenen Kampf um Behauptung von Freiheiten und Gestaltungsmöglichkeiten für Frauen. Das Dilemma war, daß die in den 70er Jahren durchgesetzten Freiräume – in vielen Fällen spontan und chaotisch, aber auch erfolgreich – zunehmend integriert, institutionalisiert und damit entschärft wurden. Das Ergebnis bestand darin, daß Frauen im Beruf dem männlichen Modell nacheifern mußten, um sich durchzusetzen, oder zu Hause die klassische weibliche Rolle zu erfüllen hatten, also schlicht aus verschiedenen reduzierten aufoktroyierten Lebensmodellen wählen konnten.

Die Zeiten dieser Art Gleichberechtigungsgesellschaft neigen sich dem Ende zu. Die Alternativen schwinden bzw. bieten sich nur noch für einen kleiner werdenden privilegierten Anteil von Frauen. Mit dem Verweis auf die Umweltschonung haben die Männer endlich auch ein quasi geschlechtsneutrales Argument gefunden, Frauen wieder stärker in ihre Schranken zu verweisen. Es ist nun möglich, die unabhängige Frau, die sich um nichts und niemand schert, genußvoll als anti-ökologisches Monster zu brandmarken. Effizienz und Suffizienz heißt auch: der neuen 'Intelligenz' der Männer soll eine neue Bescheidenheit der Frauen an die Seite treten.

Autonomie geht vor Ökologie!

Nachdem weder die hemmungslose Ressourcenverschwendung noch die artige Sparvariante eine akzeptable Handlungsperspektive sein kann, stellt sich die Frage nach anderen Lösungen. Die schon erhobene Forderung, solche Studien und Strategien demnächst unter breiter Mitwirkung von Frauen entstehen zu lassen, nimmt sich zum Ziel, die Gleichberechtigung in der Nachhaltigkeit verwirklichen zu wollen. Das ist aber weder realistisch noch wünschenswert. Das Effizenz/Suffizienz-Konzept wird durch weibliche Verzierungen nicht herrschaftsfreier.

Natürlich vollzieht sich die Spaltung auch unter den Frauen. Im Sinne der "ökologischen" Emanzipation sind Frauen getreu dem männlichen Vorbild längst auf diesen Zug aufgesprungen. Unter dem Motto "Umweltschonung" investiert frau in ökologisch einwandfreie Projekte, kreiert Marketing-Konzepte oder stattet Büros mit recycelten Rohstoffen aus. Dies darf aber nicht darüber hinwegtäuschen, daß für Frauen grundsätzlich die Chance, dem männlichen Modell von Karriere nachzueifern, kleiner wird und es in jedem Fall auf Kosten der nichtintegrierten Frauen läuft.

Das Dilemma ist klar. Die Forderung kann nicht heißen, daß Frauen an dem weltweiten Ausbeutungssystem stärker beteiligt werden, die klassische männliche Vollbeschäftigung für alle zu verlangen und die Privilegien gerechter auf beide Geschlechter zu verteilen, da der Reichtum der Industrienationen schließlich wesentlich auf der Vernutzung von weiblicher Arbeitskraft in den Ländern der "Dritten Welt" beruht.

Sich aber völlig aus den Strukturen herauszuhalten, in weitgehende Bescheidenheit zu verfallen und womöglich den Rückzug in das möglichst abgekoppelte Subsistenzareal anzutreten, ist auch kein befriedigender Weg, denn der Rest der Welt existiert trotzdem, mal abgesehen davon, daß dieses Lebensmodell nicht jedem/jeder zur Verfügung steht.

Denn es gibt ja weniger Mittel, infolgedessen mehr Aufwand für das Allernotwendigste und gleichzeitig der Abbau von allen möglichen Projekten, Initiativen im nichtstaatlichen, nichtprivatwirtschaftlichen Bereich. Das ist genau das Problem. Insofern ist eine grundlegende finanzielle Absicherung notwendig und die Möglichkeit, unkontrollierte Räume zu erhalten oder zurückzugewinnen.

Frauen haben sich um ihre Unabhängigkeit zu kümmern und sich nicht zusätzlich unter die "ökologische" Knute zu begeben. Umwelt war einmal ein sogenanntes Frauenthema, aber dieser Bereich ist längst professionalisiert und institutionalisiert worden. Wer sich heute für Nachhaltigkeit engagiert, muß wissen daß hier ausgekartet wird, wer für wen welche Umwelt schont und daß lediglich versucht wird, den Machtapparat zu regenerieren.

Unbestritten ist es richtig, sich aus diesem Weltmarkt herauszuwinden. Aber dazu gehört eine regionale Selbstversorgung, die auch einen Stadt-Land-Austausch einschließen muß, weil nicht alle ihr Stück Land haben können. Dafür sind gewissermaßen subversiv-soziale Netze notwendig. In den Städten muß es weiter alle Formen des politischen Widerstands geben, der Normen, Vorschriften unterläuft, Protest organisiert, an alternativen Existenzformen festhält, genauso wie dies in ländlichen Gefilden nötig ist. Beide Bereiche müssen sich ergänzen, einen eigenständigen Austausch und einen solidarischen Bezug aufeinander entwickeln, damit Strukturen entstehen können, die widerstandsfähig und unabhängig werden. Und wenn sich eine Technik gegen die Herrschaftsmaschinerie verwenden läßt, wird sie eben auch verwendet. Zu einem nicht unerheblichen Teil tun wir dies schließlich auch schon.

In Anbetracht der aktuellen Lage und der Indoktrination durch den herrschenden Ökologie-Diskurs kann die bestimmende Leitlinie, an der unsere Entscheidungen auszurichten sind, nicht die Umwelt sein, sondern die Autonomie. Frauen müssen sich dagegen verwahren, sich jetzt auch noch mittels der ökopatriarchalen Variante Grenzen setzen zu lassen. Das ist der absolut zentrale Punkt. Denn eine herrschaftsarme Gesellschaft, die von relativ freier selbstbestimmter Gestaltung getragen wird und die Unterdrückungsstrukturen abbaut, kann dieses Ausmaß an Umweltzerstörung gar nicht bewerkstelligen.

Flexibilität und Verwertung

Frauen leben seit jeher in viel höherem Maße in Mischexistenzformen, ihre Erwerbstätigkeiten werden unterbrochen, sind keine Vollzeitjobs, variieren und wechseln, kurzum sind ein Sammelsurium von Überlebensformen. In *der*

Beziehung sind sie Männern (auch gezwungenermaßen) deutlich überlegen, sie sind flexibel und haben Improvisationstalent. Aber das ist schließlich kein Wert an sich, solange dies von den Herrschaftsverhältnissen ausgenutzt wird. Diese Fähigkeiten von Frauen werden fremdverwaltet, sie erfüllen Anforderungen, die sie nicht bestimmen können und tragen damit zum Funktionieren der gesamten Strukturen bei.

Es ist sehr viel schwieriger geworden, den patriarchalen Gehalt der Entwicklungen wahrzunehmen. Die aufgeklärte Männlichkeit verfügt über einen gewissen Charme und setzt längst zivilisierte Machtmittel ein, frei nach dem Motto: die effektivste Unterdrückung ist die, die nicht bemerkt, sondern mitreproduziert wird. Dies läßt sich auch bezüglich der Verlagerung der politischen Steuerungs- und Entscheidungssysteme von staatlicher auf die internationale Ebene beobachten. Die internationalen Organisationen folgen im Globalisierungsprozeß denselben demokratischen Gesetzen wie die nationalstaatlichen, nur daß die Einflußnahme noch weiter sinkt. Es gibt zwar einen Regelungs- und Vermittlungsbedarf zwischen Wirtschaft, Politik und Gesellschaft und damit auch eine Notwendigkeit, weite Teile der "Zivilgesellschaft" zu integrieren, aber das bedeutet auch, daß sich die NGOs (wie zum Beispiel die lokalen Agenda-Gruppen) als mitfunktionierender Teil im erneuerten System des Neoliberalismus und der globalen Wettbewerbsgesellschaft sehen dürfen.

Möglich wird das durch das perfektionierte Prinzip der "angepaßten Partizipation", Grundlage aller Demokratisierungsprozesse und wesentlicher Bestandteil der Modernisierung. Angepaßte Partizipation bedeutet, daß partieller, abgestufter Zugang zu den Machtmitteln und Entscheidungsprozessen gewährt wird, der Zugang aber abhängig von der Zustimmung zu den Strukturen ist. Anders ausgedrückt, wer gleicher ist, darf mitbestimmen. Dieses Prinzip setzt sich heute auf globalem Terrain fort und erreicht hinsichtlich des Geschlechterverhältnisses einen neuen Standard.

Deshalb ist es für Frauen überlebensnotwendig, Klarheit und Kreativität gegenüber den aktuellen Ausformungen des Patriarchats zu entwickeln, um sich nicht ständig wieder in den Dienst dieser Verwertungsgesellschaft zu stellen. Ein Teil dessen ist sicher, die Abhängigkeiten zu verteilen, so absurd das klingen mag. Auf sozialer und ökonomischer Ebene muß es ein Mosaiksystem geben, das immer gewährleistet, nicht der Willkür *eines* Menschen oder *einer* Institution ausgeliefert zu sein. Ein anderer Teil ist es, auch in Zukunft Phantasie auf die Erhaltung und Schaffung von Gegenstrukturen zu verwenden. Nur dann gibt es eine Perspektive für eine herrschaftsärmere Gesellschaft und eine Annäherung an das, was sich immer noch an dem Begriff Selbstbestimmung orientiert.

Literatur

BUKO (Bundeskongreß entwicklungspolitischer Aktionsgruppen) (o.J.): Thesenpapier "Zwischen Sparstrümpfen und Gigabytes", Kritik an der Nachhaltigkeit und an der Studie "Zukunftsfähiges Deutschland", erstellt von Frauen aus der "Danke für den Fisch"-Gruppe (bzw. Nachhaltigkeits-AG).

BUND (Bund für Umwelt und Naturschutz, Deutschland) & Misereor (Hrsg.) (1996): Zukunftsfähiges Deutschland. Ein Beitrag zu einer global nachhaltigen Entwicklung. Basel, Boston, Berlin 1996.

Münkel, D. (1995): Ein besseres Leben für die Landfrau? Technik im bäuerlichen Haushalt während der NS-Zeit. In: METIS 1/95, Pfaffenweiler 1995.

Kathrin Buchholz

"Frauen und Umwelt" – (k)ein Thema für eine Lokale Agenda 21?

Überlegungen zu Voraussetzungen und Ansätzen für die Konkretisierung und Umsetzung umweltbezogener Interessen von Frauen

Bei der Betrachtung der Lokalen Agenda 21-Prozesse in der Bundesrepublik, in deren Rahmen auf der Grundlage der Agenda 21 kommunale Aktionspläne erarbeitet werden sollen, fällt auf, daß der Zusammenhang von Umweltthemen mit frauenpolitischen Aspekten, der sowohl in der Agenda 21 als auch in der Aktionsplattform der 4. Weltfrauenkonferenz von Peking ausdrücklich benannt wird, so gut wie gar nicht aufgegriffen wird (siehe Beitrag von Ulrike Röhr in diesem Band). Ich möchte hier einige Überlegungen dazu vorstellen, welche Voraussetzungen und Ansätze in der Bundesrepublik vorhanden sind, "Frauen und Umwelt" als Zusammenhang politisch aufzugreifen. Dabei gehe ich davon aus, daß Umweltprobleme und Umweltschutzkonzepte einen spürbaren Einfluß auf die Lebenssituationen von Frauen in der Bundesrepublik haben. Es fehlt jedoch teilweise an Grundlagen dafür, den bestehenden Zusammenhang zwischen Umweltbelastungen sowie ihren Folgen und dem Geschlechterverhältnis für eine Integration in politische Prozesse wie die Lokale Agenda 21 zu konkretisieren. Dies betrifft sowohl die Kapitel und Abschnitte zum Themenkomplex "Frauen und Umwelt" in den beiden genannten internationalen Dokumenten als auch Widersprüche und Probleme, die mit einigen Forderungen im Frauen-Umwelt-Bereich verbunden sind.

Die Behandlung des Themenkomplex "Frauen und Umwelt" in der Agenda 21 und der Aktionsplattform der 4. Weltfrauenkonferenz in Peking

Die explizite Berücksichtigung von Frauenforderungen in der Agenda 21 ist der Erfolg der internationalen Arbeit engagierter Frauen. Ein wichtiger Schritt dabei war die Vorbereitungskonferenz der Frauen für die UN-Konferenz für Umwelt und Entwicklung (UNCED) in Rio, die "Weltfrauenkonferenz für einen gesunden Planeten" im November 1991 in Miami. Im Abschlußdokument dieser Konferenz, der Women's Action Agenda 21, formulierten die Teilnehmerinnen eine fundamentale Kritik an der herrschenden Weltwirtschaftsordnung, "die menschliches und ökologisches Wohlergehen dem Interesse des Kapitals unterordnet" und appellieren für "einen tiefgreifenden und unverzüglichen Wandel des menschlichen Wertesystems und der menschlichen Tätigkeiten" (Women's Action Agenda 21, zitiert nach Wichterich 1992: 130-143). Der Begriff der "nachhaltigen Entwicklung" taucht im Dokument von Miami interessanterweise gar nicht auf.

Durch die intensive Lobbyarbeit engagierter Frauen auf den UNCED-Vorbereitungstreffen und während der Konferenz gelang es durchzusetzen, daß Frauenforderungen sowohl als Querschnittsthema in den einzelnen Fachkapiteln als auch als eigenes Kapitel in die Agenda 21 aufgenommen wurden. Das Kapitel 24 "Globaler Aktionsplan für Frauen zur Erzielung eine nachhaltigen und gerechten Entwicklung" enthält neben "klassischen" frauenpolitischen Forderungen wie Einkommenssicherung, den Zugang zu Bildung, Gesundheitsversorgung und das Recht, frei und eigenverantwortlich über die Zahl der Kinder zu entscheiden u.v.m., insbesondere auch solche, die speziell den Themenkomplex "Frauen und Umwelt" betreffen. Auch auf der Weltfrauenkonferenz in Peking 1995 wurde das Thema "Frauen und Umwelt" verhandelt und fand als Kapitel K Eingang in das Abschlußdokument.

Forderungen zum Themenkomplex "Frauen und Umwelt" in den beiden Dokumenten sind beispielsweise die Erhöhung des Frauenanteils bei politischen EntscheidungsträgerInnen, PlanerInnen, FachberaterInnen, ManagerInnen und BeraterInnen in den Bereichen Umwelt und Entwicklung sowie die Verbesserung des Zugangs von Frauen zu entsprechenden Ausbildungen. Darüber hinaus werden bezogen auf Forschung, Datenerfassung und Wissenstransfer u.a. die folgenden Forderungen formuliert:

- Partizipative und handlungsorientierte Forschung über die vorhandenen Kenntnisse und Erfahrungen von Frauen über die Bewirtschaftung und Erhaltung der natürlichen Ressourcen
- Die Überprüfung der Auswirkungen entwicklungs- und umweltpolitischer Planungen auf Frauen
- Der Aufbau geschlechtsspezifischer Datenbanken und Informationssysteme

- Die Untersuchung der Auswirkungen von Umweltzerstörung auf Frauen
- Die Untersuchung der strukturellen Zusammenhänge zwischen Geschlechterbeziehungen, Umwelt und Entwicklung
- Einbeziehung der Ergebnisse geschlechtsspezifischer Forschung in die allgemeine Politik im Hinblick auf die Schaffung bestandfähiger menschlicher Siedlungen

In beiden Dokumenten beziehen sich Ziele und Maßnahmen zum Themenbereich "Frauen und Umwelt", bei denen auf die konkrete Lebenssituation von Frauen verwiesen wird, in erster Linie auf Frauen in ländlichen Gebieten des Südens.[1] In diesen Regionen, in denen Frauen oft durch Subsistenzproduktion und die direkte Bewirtschaftung natürlicher Ressourcen die Ernährung und das Überleben der Familie sichern, ist der Zusammenhang zwischen den Lebensbedingungen von Frauen und den Folgen von Umweltzerstörung, die teilweise bis zur existentiellen Bedrohung reichen, unmittelbar zu erkennen. So wird im Kapitel K der Aktionsplattform von Peking die Rolle und die besondere Situation von Frauen, die auf dem Land leben, und denjenigen, die in der Landwirtschaft arbeiten, für die der Zugang zu natürlichen Ressourcen und Produktionsressourcen von zentraler Bedeutung ist, besonders hervorgehoben (BMFSFJ 1996). Im Kapitel 24 der Agenda 21 wird ein besonders dringender Handlungsbedarf dafür formuliert, die rapide zunehmende Verschlechterung der Umweltsituation und der wirtschaftlichen Lage in den Entwicklungsländern zu beenden. Dabei wird deutlich gemacht, daß vor allem Frauen und Kinder in ländlichen Gebieten unter den Folgen von Dürren, Wüstenausbreitung und Waldvernichtung, Giftmüll und den Auswirkungen des Einsatzes ungeeigneter agrochemischer Produkte zu leiden haben (BMU o.J., TZ 24.6). Die Forderung nach sauberem Wasser in erreichbarer Nähe und einer zuverlässigen Versorgung mit Brennholz (BMU o.J., TZ. 24.3 d) reflektiert, daß Frauen in den Ländern des Südens häufig gezwungen sind, immer weitere Wege (d.h. mehrstündige Fußmärsche) zurückzulegen, um Wasser, Feuerholz und Nahrungsmittel zu besorgen.

Beide Dokumente liefern wenig konkrete Anhaltspunkte für die politische Umsetzung des Themenfeldes "Frauen und Umwelt" in Industrieländern wie

---

[1] Eine Ausnahme stellt dabei der Bezug auf die führende Rolle von Frauen bei der Entwicklung nachhaltiger Produktions- und Konsummuster dar. Hier wird jedoch eine Konsumentinnenmacht unterstellt, die m. E. nur eingeschränkt existiert (s.u.).

der Bundesrepublik. Da die Zusammenhänge zwischen der Umweltproblematik und der Lebenssituation von Frauen in diesen Ländern nicht so offensichtlich ist wie in den ländlichen Gebieten des Südens, kommt hier m. E. den Forderungen nach der Schaffung einer geeigneten Datenbasis und der Untersuchung der Auswirkungen von Umweltplanungen auf Frauen sowie der strukturellen Beziehungen zwischen Geschlechterverhältnis, Umwelt und Entwicklung eine große Bedeutung zu. Diese sind jedoch kaum auf lokaler Ebene zu lösen, sondern erfordern entsprechende forschungspolitische Entscheidungen auf nationaler Ebene und in den Bundesländern. Hier fehlt es jedoch sowohl am politischen Willen als auch aufgrund der Ressortgrenzen in Politik und Verwaltung an den institutionellen Voraussetzungen, den Themenbereich "Frauen und Umwelt" aufzugreifen (Buchholz & Rüth 1997). Wie aus der Antwort des Bundesministeriums für Familie, Senioren, Frauen und Jugend vom 15.1.1997 auf eine Kleine Anfrage von Bündnis 90/ DIE GRÜNEN deutlich wird, sieht die Bundesregierung keine Notwendigkeit, ökologische Problemlagen und umweltpolitische Konzepte im Hinblick auf das Geschlechterverhältnis zu überprüfen. Vielmehr wird davon ausgegangen, daß die Umweltpolitik der Bundesregierung geschlechtsneutral sei und sich gleichermaßen an Frauen und Männer richte (Deutscher Bundestag 1997).

"Frauen und Umwelt" in der Bundesrepublik

Verschiedene Studien und Veröffentlichungen vor allem von feministischen Wissenschaftlerinnen und engagierten und betroffenen Frauen machen jedoch deutlich, daß die Bewältigung von Umweltproblemen sowie gängige Umweltkonzepte durch das herrschende Geschlechterverhältnis geprägt sind und/oder dieses reproduzieren bzw. verschärfen (vgl. Weller 1995).

Auch in der Bundesrepublik sind es Frauen, die im Alltag die Auswirkungen von Umweltbelastungen und -zerstörungen kompensieren (müssen): In der Regel sind sie es, die den durch den zunehmenden Verkehr eingeschränkten Bewegungsradius ihrer Kinder durch Begleitdienste oder aufwendige Freizeitangebote ausgleichen. Sie tragen die Hauptverantwortung für die Versorgung und Pflege allergiekranker Kinder und sorgen für eine möglichst schadstoffarme Ernährung. Dabei stehen sie mit der Bewältigung dieser und anderer umweltbedingter Probleme weitestgehend alleine da, da diese als „privat" aus dem Zuständigkeitsverständnis der herrschenden Umweltpolitik ausgeblendet werden.

Die Tendenz einer Abschiebung von Umweltverantwortung in den Privatbereich und den Zuständigkeitsbereich von Frauen betrifft sowohl das Krisenmanagement der Folgen von Umweltbelastungen als auch allgemein propagierte Umweltschutzkonzepte. So richten sich Konzepte zum Hausmüllrecycling wie das Duale System Deutschland, Energiesparappelle und Aufforderungen zu einer ökologischen Konsumtionsweise in erster Linie an private Haushalte und damit an Frauen als diejenigen, die nach wie vor die Hauptverantwortung für die Versorgung der Familie und die privat geleistete Reproduktionsarbeit tragen. Die damit einhergehende Verlagerung von Umweltverantwortung ist sowohl aus frauenpolitischer Perspektive als auch im Hinblick auf die Lösung der ökologischen Probleme zu kritisieren. So verengt sich das Abfallproblem in der öffentlichen Wahrnehmung auf ein Hausmüllproblem. Hausmüll ist zwar mengenmäßig mit 35 Millionen Tonnen jährlich durchaus von Bedeutung, macht jedoch lediglich 10,3% des Gesamtabfallaufkommens aus (Statistisches Bundesamt 1997). Irmgard Schultz spricht im Zusammenhang dieses "Umdefinieren(s) des Problems der Abfallentstehung in ein Verhaltensproblem der Endverbraucherinnen" von einem "Frauen & Müll-Syndrom":

"Das Hauptcharakteristikum dieses Syndroms besteht darin, daß es Scheinlösungen des Abfallproblems suggeriert, die schon mit der Problembeschreibung angelegt sind." (Schultz 1995: 197)
"Als Syndrom ist diese Art der Definition des Abfallproblems zu bezeichnen, weil es zugleich extrem aufwendig wie uneffektiv im Sinne einer wirklichen ,Problemlösung' ist. Es zieht syndromartig eine Unmenge an Aktivitäten zusammen, die mit großem Propaganda und Gefühlsaufwand betrieben werden, die aber gemessen am Gesamtabfallproblem wenig bewirken." (Schultz 1995:200)

Gleichzeitig fehlt es auch in den Bereichen, in denen sich Appelle an ökologische Verhaltensweisen vornehmlich an Frauen richten, jedoch an Ideen und Maßnahmen, die die Situation von Frauen systematisch berücksichtigen. Dies ist nicht weiter verwunderlich, da im Umweltbereich (wie fast überall) die Ebene der ExpertInnen durch eine äußerst geringe Präsenz von Frauen gekennzeichnet ist. Umweltwissenschaften und -politik sind durch eine androzentrische Sichtweise gekennzeichnet, die die Alltagserfahrungen von Frauen und die Erfordernisse des Reproduktionsbereiches systematisch ausblenden.

Sehr deutlich wird dies im Fall von Schadstoffbelastungen. Die mit den Giftbelastungen einhergehenden Auseinandersetzungen sind häufig gekennzeichnet durch eine Konfliktlinie zwischen (männlichem) Expertenwissen auf der einen Seite und konkretem Wissen aus Alltagsbeobachtungen auf der anderen

Seite. Für letztere existieren in der Regel keine Anlaufstellen in Expertengremien oder Verwaltung, vielmehr findet eine Stigmatisierung von Betroffenen als überemotional und hysterisch statt, die in Einzelfällen bis zur Empfehlung einer psychiatrischen Behandlung reicht (Hien 1993). Der Umgang mit Gesundheitsrisiken durch Umweltgifte wird in den Bereich privater Verantwortung abgeschoben (Buchholz 1994). Arbeiten über die Folgen von Tschernobyl und Konflikte über bewohnte Altlasten und Innenraumluftbelastungen machen deutlich, daß Frauen sich sensibler für mit Umweltgiften verbundene Gesundheitsprobleme und -risiken zeigen (Mussel & Pfeil 1993, Schultz 1987). Darin drückt sich die stärkere Wahrnehmung von Gesundheitsverantwortung (für die Familie) durch Frauen aus, wozu sie teilweise durch die Abschiebung von gesellschaftlich erzeugten Gesundheitsrisiken in den privaten Verantwortungsbereich gezwungen sind.

Auch die gängige Praxis, zur Durchsetzung von ökologischen Konsum- und Verbrauchsmustern vorrangig auf die Information bzw. Belehrung der VerbraucherInnen zu setzen, ist ein Kennzeichen einer einseitigen Sichtweise, die Erfahrungen und Erfordernisse des Alltags nicht als ernst zu nehmendes Wissen anerkennt.

Im Konsumbereich wird Frauen als denjenigen, die den überwiegenden Teil der Versorgungsarbeiten leisten, eine besondere Gestaltungsmacht zugesprochen. Diese Argumentation ist allerdings kritisch zu betrachten, da die hier unterstellte Konsumentinnenmacht nur sehr eingeschränkt existiert (siehe zum Beispiel Textilien Weller in diesem Band). Zum einen sind Konsumentscheidungen eingebunden in die gesellschaftlichen Rahmenbedingungen und erheblich vom Warenangebot abhängig. Zum anderen ist zu differenzieren, bei welchen Produkten Frauen bei der Konsumentscheidung eine führende Rolle zukommt. Hier fehlen wie so häufig entsprechende Daten. Es ist jedoch anzunehmen, daß sich der Einflußbereich von Frauen vorrangig auf den Bereich der alltäglichen Versorgung beschränkt. Bei anderen Produktgruppen mit teilweise ganz erheblichen Auswirkungen auf die Umwelt und die Arbeitsbedingungen in Ländern des Südens wie beispielsweise der Unterhaltungselektronik kann mit Sicherheit nicht von einer führenden Rolle der Frauen gesprochen werden.

Anhand der genannten Themenbereiche und Beispiele wird eine strukturelle Verflechtung zwischen Umweltproblematik und dem Geschlechterverhältnis in der Bundesrepublik deutlich.

Diese wird im wesentlichen vermittelt durch

- die Verlagerung von Umweltverantwortung in die Privathaushalte,
- die vornehmliche Wahrnehmung von Gesundheitsverantwortung für Familie und Kinder durch Frauen sowie
- die Ausblendung der Belange des Reproduktionsbereiches in Umweltforschung und -politik.

Widersprüche und Probleme im Zusammenhang mit Forderungen im Frauen-Umwelt-Bereich

Es ist allerdings noch ein weiterer und schwieriger Schritt, diese ersten Erkenntnisse, sie sich eher auf die strukturelle Ebene beziehen, in konkrete und lokal bezogene Forderungen und Projekte zum Themenbereich "Frauen und Umwelt" im Rahmen der Lokalen Agenda umzusetzen.

Bereits formulierte Forderungen beziehen sich häufig darauf, die alltäglichen Anforderungen der Reproduktionsarbeit stärker in umweltpolitische Konzepte einzubeziehen. Dies verweist auf ein strukturelles Dilemma, das mit der Bearbeitung des Themenkomplexes "Frauen und Umwelt" verbunden ist. Indem die mangelnde Berücksichtigung der Reproduktionsarbeit, die nach wie vor hauptverantwortlich von Frauen geleistet wird, als fehlende Beachtung der Interessen von Frauen formuliert wird, besteht die Gefahr, damit zu einer Verfestigung der bestehenden Rollenzuweisungen beizutragen.

Es wäre meines Erachtens jedoch falsch, die bestehenden Ausblendungen deshalb nicht mehr zu benennen. Der Begriff von der "Krise der Reproduktionsarbeit" verweist darauf, daß Reproduktionsarbeit auch bei einer Erwerbstätigkeit von Frauen nach wie vor überwiegend von Frauen geleistet wird, und es auch in der Regel ihr Problem ist, die unterschiedlichen Anforderungen von Reproduktions- und Erwerbsarbeit miteinander zu verbinden. Bislang gibt es kaum Anzcichen dafür, daß Männer einen adäquaten Teil der Arbeit und *Verantwortung* im Reproduktionsbereich übernehmen (Beik & Spitzner 1996 sowie Spitzner in diesem Band). So zu tun, als seien die Erfordernisse der Reproduktionsarbeit nicht mehr die Probleme von Frauen, würde eine so nicht bestehende Chancengleichheit von Frauen und Männern in der Bundesrepublik suggerieren und durch die damit einhergehende Verschleierung der Hierarchie zwischen den Geschlechtern die bestehenden Ungerechtigkeiten eher verschärfen als lösen.

Ich plädiere daher für einen reflektierenden Umgang mit der Frauen-Umwelt-Problematik, der die bestehende soziale Situation benennt und auch an dezidiert von Frauen geäußerten Motivationen zu umweltschonenden Verhaltensweisen anknüpft, dabei aber im Auge behält, daß spezifische Anforderungen und Interessen von Frauen im Umweltbereich ein Ausdruck des historisch gewordenen hierarchischen Geschlechterverhältnisses sind. Die Ausblendung zentraler Alltagsanforderungen in Umweltforschung und -politik, die nach wie vor von männlich dominierten Expertengremien bestimmt werden, und die existierende geschlechtsspezifische Arbeitsteilung sind dabei zwei Seiten einer Medaille. Diesen Zusammenhang mitzudenken und zu benennen, ist wichtig, um die Verfestigung bestehender Rollenzuschreibungen zu vermeiden.

Schlußfolgerungen im Hinblick auf die Konkretisierung umweltbezogener Interessen von Frauen im Rahmen der Lokalen Agenda 21

Für ein Aufgreifen des Themenkomplexes "Frauen und Umwelt" im Rahmen der Lokalen Agenda-Prozesse in der BRD stellt sich das Problem, aus den Forderungen der Agenda 21 und der Aktionsplattform der 4. Weltfrauenkonferenz konkrete Maßnahmen und Projekte zu entwickeln, die auch von den Akteurinnen vor Ort vertreten werden. Dies erfordert zusätzliche Anstrengungen, da die umweltbezogenen Teile dieser Dokumente sich auf den ersten Blick nicht unmittelbar mit der Situation von Frauen in der Bundesrepublik verbinden lassen. Die geschlechtshierarchischen Strukturen in der herrschenden Wahrnehmung und Bearbeitung der Umweltproblematik haben durchaus Folgen für die Lebensrealität von Frauen in der Bundesrepublik, sie werden jedoch in der Regel nicht unmittelbar als "Frauen-Umwelt-Problem" erfahren.

Daher besteht meines Erachtens die Notwendigkeit, die Voraussetzungen für die Berücksichtigung des Geschlechterverhältnisses und die Integration der Interessen von Frauen in umweltpolitische Konzepte und die umweltbezogenen Themenfelder der Lokalen Agenda 21 gezielt zu verbessern. Als einen sinnvollen Weg sehe ich dabei ein Zusammenwirken von Expertinnen, die Ausblendungen und blinde Flecken in Umweltforschung und -politik aufzeigen, und umwelt- und frauenpolitisch engagierten Frauen an der Basis. Aufgrund des übergreifenden Anspruchs der Agenda 21 und des Konzeptes einer Nachhaltigen Entwicklung bieten die Lokalen Agenda-Prozesse einen guten Rahmen, um Frauen aus verschiedenen (Politik-)Bereichen zusammen zu führen. Damit besteht meines Erachtens zum jetzigen Zeitpunkt eine gute Chance, die Konkretisierung umweltbezogener Interessen von Frauen voranzubringen.

Ein Schritt in diese Richtung ist es, die von Frauen geäußerten Wünsche und Forderungen im Umweltbereich sichtbar zu machen und in einem Dialog zwischen feministischen Wissenschaftlerinnen und Frauen, die sich im Umweltbereich und der Lokalen Agenda 21 engagieren, zu erkunden, inwieweit diese Forderungen und Wünsche mit ihrem Frau-Sein in Zusammenhang stehen. Dies ist ein Ziel des im Rahmen des Förderprogramms Frauenforschung der Senatsverwaltung für Arbeit, Frauen und Berufliche Bildung in Berlin geförderten Projekts "Frauen, Umwelt und Lokale Agenda 21"[2]. Dabei ist es uns wichtig, als Forschungsprojekt in einem lebendigen Austausch mit engagierten Frauen im Agenda-Prozeß zu stehen und den Erkenntnisprozeß so zu gestalten, daß sie auch unmittelbar von dem Projekt profitieren.

Schlußbemerkung

Ich bin mir bewußt, daß die in diesem Beitrag vorgenommene Fokussierung auf "Umwelt" eigentlich dem Grundgedanken nachhaltiger Entwicklung widerspricht, eine Verknüpfung zwischen ökologischen, sozialen, ökonomischen und kulturellen Aspekten herzustellen. Es würde jedoch vor dem Hintergrund des derzeitigen Diskussionsstandes eine Überforderung darstellen, alle diese Bereiche verknüpfen zu wollen und das Geschlechterverhältnis als Querschnittsthema zu integrieren. An vielen Punkten bringt die Verbindung von "Frauen" und "Umwelt" die sozialen Voraussetzungen und Konsequenzen von Umweltfragen mit in die Diskussion und kann einen Anknüpfungspunkt für die Verknüpfung der verschiedenen Aspekte einer nachhaltigen Entwicklung liefern.

Literatur

Beik, U. & M. Spitzner (1996) unter Mitarbeit von U. v. Winterfeld und H. Ganser: Reproduktionsarbeitsmobilität – theoretische und empirische Erfassung, Dynamik ihrer Entwicklung und Analyse ökologischer Dimensionen und Handlungsstrategien. In: Forschungsverbund Ökologisch verträgliche Mobilität (Hrsg.): Rahmenbedingungen von Mobilität in Stadtregionen. Bericht Nr. 1 des Verbundprojektes

2 Das Projekt ist im Forschungsbereich sozial-ökologische Forschung/ Feministische Umweltforschung an der TU Berlin angesiedelt und hat eine Laufzeit von 2 Jahren (bis einschließlich März 2000).

"Ökologisch verträgliche Mobilität" im Auftrag des Bundesministeriums für Bildung, Wissenschaft, Forschung und Technologie, Förderschwerpunkt "Ökologische Forschung in Stadtregionen und Industrielandschaften (Stadtökologie)", Wuppertal 1996.

BMFSFJ (Bundesministerium für Familie, Senioren, Frauen und Jugend) (Hrsg.) (1996): Dokumentation der Erklärung und Aktionsplattform der 4. Welfrauenkonferenz 1995. Bonn 1996.

BMU (Bundesministerium für Umwelt, Naturschutz und Reaktorsicherheit) (Hrsg.) (o.J.): Konferenz der Vereinten Nationen für Umwelt und Entwicklung im Juni 1992 in Rio de Janeiro – Dokumente – Agenda 21. Bonn o.J.

Buchholz, K. (1994): PCB-Innenraumbelastungen in Schulen – Mütter zwischen wissenschaftlicher Risikoabschätzung und Gesundheitsverantwortung für ihre Kinder. In: Buchen, J. et al. (Hrsg.): Das Umweltproblem ist nicht geschlechtsneutral – Feministische Perspektiven. Bielefeld 1994, 168-187.

Buchholz, K. & P. v. Rüth (1997): Fünf Jahre nach Rio: Stand der Umsetzung der Frauenforderungen der Agenda 21 in der BRD. Herausgegeben vom Forum Umwelt & Entwicklung, Bonn 1997.

Deutscher Bundestag (1997): Frauen, Umwelt und nachhaltige Entwicklung – Umsetzung der Beschlüsse der Umweltkonferenz von Rio und der Pekinger Weltfrauenkonferenz. Bundestagsdruchsache 13/6768, Bonn 1997.

Hien, W. (1993): Über Definitionsmacht und Rationalität. Kritische Nachlese zum Störfall im Höchst-Werk Grießheim. In: Wechselwirkung, Jg. 15, Nr. 63, Oktober 1993, 28-32.

Mussel, C. & S. Pfeil (Hrsg.) (1993): Giftweiber. Umweltgifte im Lebensalltag und die leidvollen Erfahrungen mit Öffentlichkeitsbeteiligung. Universität Gesamthochschule Kassel 1993.

Schultz, I. (1987): Die Folgen von Tschernobyl: Untersuchung einer hessischen Problemlage für eine Forschungsprogrammatik "soziale Ökologie". Frankfurt am Main 1987.

Schultz, I. (1995): Umweltforschung, Frauenpolitik und die Gestaltungsmacht der Frauen. In: Schultz, I. & I. Weller (Hrsg.): Gender & Environment: Ökologie und die Gestaltungsmacht von Frauen. Frankfurt am Main 1995, 189-205.

Statistisches Bundesamt (Hrsg.) (1997): Datenreport 1997: Zahlen und Fakten über die Bundesrepublik Deutschland. Bonn 1997.

Weller, I. (1995): Forschungs- und Diskussionsstand zu Gender & Environment. In: Schultz, I. & I. Weller (Hrsg.): Gender & Environment: Ökologie und die Gestaltungsmacht von Frauen. Frankfurt am Main 1995, 20-43.

Wichterich, C. (1992): Die Erde bemuttern. Frauen und Ökologie nach dem Erdgipfel in Rio. Herausgegeben von der Heinrich-Böll-Stiftung, Köln 1992.

Zu Handlungsfeldern von Nachhaltigkeit

Ines Weller

Ökologische Stoff- und Produktinnovation

Analyse der Gestaltungsmacht privater Konsumentinnen und Konsumenten am Beispiel Textilien

Private Konsumentinnen und Konsumenten werden von der Umweltpolitik und -forschung zunehmend als die entscheidenden Mitverursacher umweltbelastender und ressourcenzehrender Produktions- und Konsummuster betrachtet. Ihnen wird daher eine besondere Verantwortung bei der Umgestaltung der derzeitigen ohne Zweifel nicht nachhaltigen Produktions- und Konsumformen zugewiesen. Der folgende Beitrag fragt – am Beispiel von Textilien – nach der tatsächlichen Gestaltungsmacht privater Endverbraucherinnen und –verbraucher, dekonstruiert einige Grundannahmen textiler Stoffstromanalysen über den Gebrauch von Bekleidung und stellt erste Überlegungen zur Stärkung der KonsumentInnenmacht zur Diskussion.

Ökologische Stoff- und Produktinnovationen für eine nachhaltigere Gestaltung von Produktions- und Konsummustern

Die Notwendigkeit, den gesamten Life Cycle von Stoffen und Produkten umweltverträglicher zu gestalten, wird insbesondere in der Chemie- und Stoffpolitik schon länger und nicht erst mit Beginn der Etablierung der Nachhaltigkeitsdebatte diskutiert. Mit dazu beigetragen hat bereits Ende der 80er Jahre die Einsicht, daß die Reduzierung unerwünschter Emissionen von Produktionsanlagen, thematisiert zunächst insbesondere am Beispiel der chemischen Industrie, nur einen erster Schritt für die Verbesserung der Umweltsituation darstellt. Als mindestens ebenso umweltrelevant sind die Produkte selbst zu betrachten, die als Farbstoffe, Textilfasern, Pkw´s oder Personalcomputer völlig legal und beabsichtigt die Fabriktore verlassen. Da ihr Gebrauch und größtenteils auch ihre Behandlung in der Nachgebrauchsphase einen diffusen und großflächigen Eintrag unterschiedlichster Problemstoffe in die Umwelt bewirken, gehören die Produkte zu den "Hauptemissionen (nicht nur, d.V.) der Chemischen Industrie" (Weise 1991: 55) und erfordern daher ebenfalls grundlegende ökologische Verbesserungen.

Der Nachhaltigkeitsdiskurs hat die Debatte über die ökologische Innovation von Stoffen und Produkten weiter vorangetrieben und konkretisiert: Vorangetrieben, indem die Notwendigkeit von Veränderungen der heutigen nicht nachhaltigen Produktions- und Konsummuster insbesondere der westlichen Industriestaaten aus Sicht einer nachhaltigen Entwicklung hervorgehoben wurden, z.B. im vierten Kapitel der Agenda 21, und konkretisiert, indem neue Instrumente und Ansätze für ökologische Innovationen entwickelt wurden, u.a. das Instrument Stoffstrommanagement oder der Ansatz Produktliniencontrolling, die beide auf die ökologische Verbesserung von Stoffen bzw. Produkten entlang ihres gesamten Life Cycles zielen.

Der Begriff Innovation bezeichnet sowohl den Prozess der Erneuerung als auch sein Ergebnis, d.h. neue Produkte, Verfahren und Dienstleistungen. Zu unterscheiden ist zwischen Basisinnovationen, die einen völlig neuen Entwicklungspfad eröffnen, z.B. Car-Sharing-Angebote oder Fax-Geräte, und Verbesserungsinnovationen, bei der die Produkte bestehender Entwicklungslinien optimiert werden, z.B. der Drei-Wege-Katalysator für Pkw´s oder öko-Textilien aus ökologisch angebauter Baumwolle. Die Enquête-Kommission "Schutz des Menschen und der Umwelt" des 13. Deutschen Bundestages hat Innovationen für eine nachhaltige Entwicklung als eines ihrer Schwerpunktthemen ausgewählt und bearbeitet. Sie greift auf die Definition der EU-Kommission zurück, für die Innovation bedeutet, "in Wirtschaft und Gesellschaft Neuerungen hervorzubringen, zu übernehmen und erfolgreich zu nutzen" (Deutscher Bundestag 1997: 145). Insofern gehen Innovationen deutlich über die reine Produktentwicklung hinaus und reichen in den Gebrauch und die Anwendung hinein. Sie umfassen darüber hinaus nicht nur einzelne technische Neuerungen, sondern auch gesellschaftliche, wirtschaftliche und kulturelle Veränderungen, die so eng zusammenhängen und sich gegenseitig bedingen, daß treffender von Innovationssystemen gesprochen wird.

Angesichts der weit verbreiteten allgemeinen Debatte über Innovationen stellt sich die Frage, unter welchen Bedingungen sie als Beitrag für eine nachhaltige Entwicklung zu verstehen sind. Für die Enquête-Kommission ist aus ökologischer Sicht von Innovationen zum einen zu erwarten, daß sie eine Zunahme an Effizienz, an Suffizienz oder an Konsistenz bewirken. Als weiterer maßgeblicher ökologischer Bezugsrahmen gelten die von der ersten, der Enquête-Kommission des 12. Bundestages "Schutz des Menschen und der Umwelt" aufgestellten Managementregeln für einen nachhaltigen, zukunftsfähigen Umgang mit Stoffen und Produkten (Enquête-Kommission "Schutz des Menschen und der Umwelt" 1994). Für den Bereich Produkte, Verfahren und Technologie geht die Kommission darüber hinaus von folgenden allgemeinen Orientierungen und Trends als Kriterien für die Nachhaltigkeit von Innovationen aus:

- Zunehmender Ersatz von Einzelstoff- und -produktentwicklung durch integrierte Produktkonzeptionen und Systemlösungen
- "Von der Natur lernen" als Vorbild für innovative Problemlösungen
- Einbeziehen des Kunden in die Produktplanung
- Ablösen des additiven durch den integrierten Umweltschutz

(Deutscher Bundestag 1997)

Die Aufgabe von Wissenschaft und Forschung bei der Erarbeitung innovativer Problemlösungen sieht die Enquête-Kommission nicht allein in der Bearbeitung neuer Themen und Fragestellungen, die im Zuge der Nachhaltigkeitsdebatte an Bedeutung gewinnen, z.B. die Bestimmung der Ressourcenverbräuche sowie von Umweltbe- und -entlastungspotentialen verschiedener Produktions- und Konsummuster. Vielmehr stellt sie an diese vorrangig die Erwartung, die für die integrative Bearbeitung sozialer, ökologischer, ökonomischer und technischer Problemstellungen erforderlichen neuen methodisch-konzeptionellen Zugänge zur Verfügung zu stellen. Zu den grundsätzlich neuen Anforderungen, für die wissenschaftliche Methoden, Verfahren und Forschungskonzepte benötigt werden, gehört zum einen die problembezogene Interdisziplinarität als grundlegendes Element für die Entwicklung von Innovationen. In Zusammenhang mit der Ausgangsfrage nach der Gestaltungsmacht privater KonsumentInnen ist noch besonders bemerkenswert, daß als wesentlicher Beitrag von Wissenschaft und Forschung für die weitere Konkretisierung und Konzeptualisierung von Nachhaltigkeit erwartet wird, neue Methoden und Verfahren für folgende Neuorientierungen zur Verfügung zu stellen:

- Orientierung an Bedürfnisfeldern: Sie verweist auf den für ökologische Innovationen erforderlichen Perspektivenwechsel, d.h. daß im Mittelpunkt die Frage nach einer nachhaltigen Befriedigung gesellschaftlicher Bedürfnisse wie Wohnen, Ernährung und Kleidung und nicht mehr die Suche nach der schrittweisen Verbesserung vorhandener Produkte steht.
- Akteursorientierung: Sie betont, daß für Innovationen mit dem Ziel einer nachhaltigen Entwicklung die verschiedenen relevanten Akteure mit ihren Problemwahrnehmungen und ihrem Wissen einbezogen werden müssen.

Diese Überlegungen unterstreichen, daß sich auch die für eine nachhaltige Entwicklung erforderlichen Innovationen von Stoffen und Produkten an gesellschaftlichen Bedürfnisfeldern wie Wohnen, Ernährung oder Bekleidung orientieren sollten und sie in soziale Kontexte und Fragestellungen einzubinden sind. Sie verweisen weiterhin darauf, für ökologische Stoff- und Produktinnovationen vermehrt von der Funktion und dem Nutzen von Produkten und Dienstleistungen, den ihre NutzerInnen von ihnen erwarten, auszugehen. Dafür müßte sich jedoch die Produktentwicklung stärker als bisher nicht vorrangig an den *Kauf*entscheidungen der privaten KonsumentInnen orientieren, sondern verstärkt die bisher wenig beachteten Anforderungen, die sich aus dem Gebrauch und dem täglichen Umgang mit den Produkten ergeben und von den sogenannten AlltagsakteurInnen erwartet werden, bei ihren Planungen berücksichtigen.

Gestaltungsmacht von Frauen

In Zusammenhang mit der nachhaltigen Gestaltung von Produktions- und Konsummustern ist in einer feministischen Perspektive die Frage nach der Gestaltungsmacht von Frauen zu stellen, wobei sich zwei Ebenen unterscheiden lassen. Die eine Ebene bezieht sich auf die Einflußmöglichkeiten von Frauen bei der naturwissenschaftlich-technischen Gestaltung und Entwicklung von Stoffen und Produkten. An diesem naturwissenschaftlich-technischen Forschungs- und Entwicklungsprozeß von Wissenschaft und Industrie sind Frauen und damit verbunden auch ihre Lebens- und Erfahrungsbereiche größtenteils noch immer strukturell ausgeschlossen. Dies zeigen beispielsweise die geschlechtsspezifische Segregation von Arbeitsmarkt und Berufsfeldern, die nach wie vor mit einer deutlichen Unterrepräsentanz von Frauen in naturwissenschaftlich-technischen Aufgabenbereichen einhergeht, sowie ihr Ausschluß aus den entscheidenden Schaltstellen der Macht in der bundesdeutschen Politik und Wirtschaft, der sich in einem Frauenanteil zwischen 5% und 8% in den obersten Hierarchieebenen ausdrückt (vgl. z.B. BMFSFJ 1998, Weller 1995).

Die zweite Ebene der Gestaltungsmacht von Frauen betrifft die Phase des privaten Konsums und seiner relevanten Akteure, die KonsumentInnen, die im Vergleich zu den anderen Phasen des Life Cycles von Stoffen und Produkten, den verschiedenen Stufen der Produktion und der Nachgebrauchsphase, auf erheblich geringere Aufmerksamkeit und Wertschätzung stoßen. Dies zeigt beispielsweise die im Rahmen eines Projekts zum Produktliniencontrolling durchgeführte Akteurskettenbefragung über Hemmnisse und Potentiale ökologischer Innovationen, bei der von einem wirtschaftlichen Akteur sogar der Begriff "Totzeit der Nutzungsphase" für die Gebrauchsphase verwendet wurde (Schramm et al. 1996: 229). Bezogen auf diese zweite Ebene zielt die Frage nach der Gestaltungsmacht von Frauen ebenfalls zunächst auf Frauen, weil sie noch immer die Hauptverantwortung für die Organisation des Alltags tragen (vgl. z.B. Jurzcyk 1996) und durch ihren täglichen Umgang mit vielen Produkten und Dingen über Kompetenzen und Erfahrungen verfügen, die für ökologische Produktverbesserungen wichtige Anknüpfungspunkte bieten können. Sie umfaßt aber ebenso männliche Alltagsakteure, die die Verantwortung für die Versorgung und Haushaltsorganisation übernehmen, wobei der Männeranteil an Haus- und Versorgungsarbeit auch heute noch vernachlässigbar gering ist. Dies bedeutet jedoch nicht, diese Form der geschlechtsspezifischen Arbeits- und Verantwortungsteilung als langfristig tragfähiges und damit fortzuführendes Modell einer nachhaltigen Entwicklung zu betrachten. Vielmehr bedarf sie gerade unter der Zielsetzung einer sozial gerechten und nachhaltigen Entwicklung grundsätzlicher Veränderungen.

Der Begriff der Gestaltungsmacht von Frauen bezogen auf die naturwissenschaftlich-technische Produktentwicklung und -gestaltung knüpft in zweierlei Hinsicht an dem Empowerment-Konzept von Frauen im Süden an, dem in der internationalen Debatte über "Frauen bzw. Gender & Umwelt bzw. nachhaltige Entwicklung" eine entscheidende Rolle zukommt (vgl. z.B. Wichterich 1992, Wichterich 1996, Braidotti et al. 1994). Zum einen ist mit Empowerment im internationalen Kontext nicht nur ein Mehr an politischen Einflußmöglichkeiten und Verfügungsgewalt über den eigenen Körper für Frauen gemeint, sondern es richtet sich darüber hinaus auf "Naturgestaltung" (Schultz 1998), d.h. z.B. auf einen Zuwachs an Verfügungsrechten für Frauen im Umgang mit den natürlichen Ressourcen Wasser, Boden oder Wald. Zum anderen stellen die Empowerment-Konzepte von Frauen aus den Ländern des Südens das westliche Modell von Wissenschaft und Technik und den hegemonialen Anspruch westlicher Wissenssysteme, der mit einer Abwertung anderer Formen von Wissen verbunden ist, grundsätzlich in Frage (z.B. Braidotti et al. 1994, Harcourt 1994).

So setzen auch Überlegungen über Formen der wissenschaftlich-technischen Partizipation und Mitgestaltungsmöglichkeiten von Frauen und Privatpersonen an der wissenschaftlich-technischen Gestaltung von Produkten voraus, "Laien"-Wissen, das aus dem alltäglichen Gebrauch von Produkten resultiert, als dem wissenschaftlichen Expertenwissen gleichwertig anzusehen und als ebenfalls relevant für Forschungs- und Entwicklungsprozesse zu verstehen. Insofern problematisiert der Begriff der Gestaltungsmacht von Frauen, der auf Frauen und Privatpersonen als aktiv Gestaltende in der Produktentwicklung zielt, ebenfalls den Universalitätsanspruch von Wissenschaft und wissenschaftlich-technischem Wissen. Er unterstreicht die Notwendigkeit von Partizipation an der wissenschaftlich-technischen Gestaltung und daher auch bei der Innovation von Produkten, d.h. auch denjenigen Beteiligungsmöglichkeiten an der Produktentwicklung einzuräumen, die mit den Produkten umgehen, sie anwenden, dabei mit ihrer stofflichen Zusammensetzung konfrontiert und von möglichen gesundheitlichen Folgen betroffen sind. Empowerment von Frauen in der Produktentwicklung zielt somit auch auf eine "Politisierung der wissenschaftlich-technischen Gestaltung von Dingen" (Schultz 1998) sowie auf den Abbau der derzeitigen geschlechtshierarchischen Machtverhältnisse in diesem Bereich.

Die folgende Analyse fokussiert zunächst auf die zweite Ebene der Gestaltungsmacht, d.h. auf die Bestimmung der tatsächlichen Gestaltungsmöglichkeiten von Privatpersonen, von KonsumentInnen. Sie untersucht am Beispiel von Textilien die Einschätzung und Bewertung der Gestaltungsmöglichkeiten privater Konsumentinnen und Konsumenten in neuen Ansätzen der Forschung für eine nachhaltige Entwicklung, die u.a. das Ziel verfolgen, Grundlagen für ökologische Innovationen entlang des gesamten Life Cycles zur Verfügung zu stellen und entsprechende Verbesserungsprozesse in Gang zu setzen.

Analyse der Gestaltungsmacht von KonsumentInnen in Prozessen ökologischer Innovationen von Textilien

Die Debatten über ökologische Produktinnovationen formulieren explizit den Anspruch und die Notwendigkeit, Produktverbesserungen für eine nachhaltige Entwicklung an gesellschaftlichen Bedürfnissen zu orientieren und dabei KundInnenanforderungen zu berücksichtigen. Daß dieser Anspruch bisher jedoch keineswegs mit Empowerment für private KonsumentInnen verbunden ist, läßt sich am Beispiel des neuen umweltpolitischen Instruments Stoffstrommanagement zeigen.

Das Instrument Stoffstrommanagement strebt ähnlich wie der Ansatz Produktliniencontrolling ökologische Innovationen von Produkten sowie eine umwelt- und ressourcenschonende Gestaltung der Stoff- und Energieströme entlang der gesamten Produktlinie an und analysiert dazu zunächst den Ist-Zustand. Als Ergänzung zu den bisherigen gesetzlichen Regulationen des Umgangs mit Stoffen richtet sich besondere Aufmerksamkeit auf das Kooperations- und Kommunikationsgeschehen zwischen den an der Produktlinie beteiligten Akteuren. Ein weiteres Charakteristikum dieses neuen Ansatzes ist neben der systematischen und ganzheitlichen Erfassung von Stoff- und Energieströmen seine starke Akteursorientierung. Durch freiwillige und branchenübergreifende Kooperationen zwischen den beteiligten Akteuren der verschiedenen Phasen des Life Cycles von Produkten sollen ökologische Verbesserungen erreicht werden. Dafür sind nicht nur die jeweiligen Stoffströme zu analysieren, sondern ebenso die damit einhergehenden Informationsflüsse zu bestimmen sowie die relevanten Akteure und ihre Beziehungen zu identifizieren. Der Ansatz Stoffstrommanagement unterstreicht neben der Bedeutung von Information und Kommunikation auch die von Partizipation (vg. z.B. Enquête-Kommission "Schutz des Menschen und der Umwelt" 1995, Schramm et al. 1996, UBA 1997, Buchert & Grießhammer 1997).

Vergleichsweise häufig wurden in den letzten fünf Jahren textile Stoffstromanalysen durchgeführt und Studien zum textilen Stoffstrommanagement bearbeitet, weil Textilien/Bekleidung von der Enquête-Kommission "Schutz des Menschen und der Umwelt" als ein Beispiel für Stoffstrombetrachtungen eines Bedürfnisfeldes ausgewählt und dazu verschiedene Untersuchungen in Auftrag gegeben wurden (Enquête-Kommission "Schutz des Menschen und der Umwelt" 1994 und 1995). Aus ihrer Analyse lassen sich als erste Antworten auf die Frage nach der Gestaltungsmacht privater KonsumentInnen sowie ihrer Thematisierung folgende Thesen ableiten:

- Die Gestaltungsmacht privater KonsumentInnen wird deutlich überhöht.
- Der private Konsum wird entkontextualisiert.
- Die geforderte Berücksichtigung von KundInnenanforderungen wird in der Praxis vorwiegend für gewerbliche und nicht für private KonsumentInnen umgesetzt.

Überhöhung der Gestaltungsmacht privater Konsumentinnen und Konsumenten

Die Überbewertung der Gestaltungsmacht privater Konsumentinnen und Konsumenten zeigt sich am Beispiel Textilien bereits in der Fokussierung der öffentlichen Umweltdebatte auf *Bekleidungs*textilien, deren Anteil auf 50 bis 60% des gesamten textilen Sortiments geschätzt wird. Bestenfalls erwähnt werden in der aktuellen Diskussion die von ihrer Menge her ebenfalls relevanten Heim- und Haustextilien sowie die wegen ihrer Wachstumstendenzen besonders bedeutenden technischen Textilien (z.B. Autoinnenraummaterialien, Abdichtungen für Mülldeponien, Bautextilien), über deren genauen Anteile aber erheblich unterschiedliche Angaben gemacht werden. So ist nach Baumann ihr wertmäßiger Anteil an der textilen Produktion in der Bundesrepublik deutlich gestiegen, nahm in der Zeit zwischen 1990 und 1995 das Segment der technischen Textilien zu Lasten der Bekleidungstextilien, deren Anteil auf 45% zurückging, von 20% auf 25% zu (Baumann 1997). Dönnebrink kommt bezogen auf den mengenmäßigen Anteil der technischen Textilien an der Inlandsproduktion auf ein erheblich größeres Segment, nach ihm entfielen 1993 sogar 401.300 der ingesamt 917.910 Tonnen, d.h. 43,7%, der bundesdeutschen textilen Produktion auf technische Textilien (Dönnebrink 1998: 65). Dieses wichtige textile Segment wird in den Studien über textile Stoffströme jedoch nur am Rande thematisiert. Überhaupt nicht problematisiert werden möglicherweise spezielle Umweltrisiken technischer Textilien, z.B. durch den verstärkten Einsatz umwelt- und gesundheitsgefährdender Textilchemikalien, weil technische Textilien wie Zeltplanen oder Autositze häufig besonderen Anforderungsprofilen beispielsweise hinsichtlich Flammschutz oder Wetterfestigkeit genügen müssen. Ihre systematische Ausblendung bietet auch deswegen einen deutlichen Hinweis für die Überhöhung der Gestaltungsmacht privater KonsumentInnen, da ein Großteil der technischen Textilien von industriellen Anwendern wie dem Baugewerbe, der Umwelttechnik oder der Automobilindustrie konsumiert wird, so daß dieses textile Segment nur zu einem kleinen Teil in den Entscheidungsrahmen privater EndverbraucherInnen fällt.

In Hinblick auf die angenommene Kaufmacht privater Konsumentinnen und Konsumenten ist außerdem zu bedenken, daß nur ein Teil des gesamten Bruttosozialprodukts in Deutschland auf den privaten Konsum entfällt, 1993 war dies mit 57,7% nur die reichliche Hälfte (UBA 1997). In einer groben Schätzung wäre daher anzunehmen, daß auch die Bekleidungstextilien, die wie eben gezeigt nur einen Teil der textilen Produktion ausmachen, in einer Größenordnung von rund 40% auf andere Verbrauchergruppen entfallen, z.B. auf die öffentliche Hand, die u.a. Uniformen für die Bundeswehr oder den Bundesgrenzschutz beschafft, sowie auf die Wirtschaft, die Arbeitskleidung u.a. für ihre Mitarbeiterinnen und Mitarbeiter im Transportwesen, in der Gastronomie oder im Gesundheitswesen erwirbt. Dennoch gehen die Studien über das textile Stoffstrommanagement größtenteils von einer erheblichen Gestaltungsmacht der privaten BekleidungskonsumentInnen aus und fordern vorrangig von ihnen Verhaltensänderungen, wie es beispielhaft in folgendem Zitat zum Ausdruck kommt: "Da Bekleidungstextilien überwiegend für den privaten Verbrauch hergestellt werden, entscheiden letztlich die Verbraucher durch ihr Konsumverhalten über die Quantität und Qualität der mit der Herstellung, Pflege und Entsorgung von Textilien verbundenen Stoffströme. Sie sind daher als Akteure eines Stoffstrommanagements in der textilen Kette besonders hervorzuheben" (UBA 1997: 213).

Diese anhaltende Überhöhung der KonsumentInnenmacht läßt nicht nur den Verdacht einer pauschalen und moralischen Überbewertung des privaten Konsums, sondern auch einer Ablenkung von anderen relevanten Akteuren aufkommen. Im übrigen wurde genau dasselbe Phänomen bereits für die Abfallproblematik aufgezeigt und nachgewiesen, daß der Anteil der privaten Haushalte am gesamten Abfallaufkommen ebenfalls äußerst gering ist und diese Relation zudem durch die Abfallstatistiken systematisch verschleiert wird (siehe ausführlicher Buchholz in diesem Band).

Die erhebliche Überschätzung der KonsumentInnenmacht wird darüber hinaus in der vergleichsweise geringen Bedeutung der Anforderungen privater VerbraucherInnen an Textilien für den Stoffeinsatz in der textilen Kette deutlich. Während die Verwendung von Textilchemikalien häufig pauschal mit vermeintlichen Verbraucherwünschen an Kleidungsstücke begründet wird (ausführlicher siehe Weller 1993), läßt sich diese Annahme bei einer genaueren Betrachtung der Motive für den Stoffeinsatz nicht halten (Claus et al. 1995). Vielmehr läßt sich ein Großteil der eingesetzten Textilchemikalien zum einen auf technische Anforderungen (z.B. der Einsatz der abwasserbelastenden Schlichte wegen der extrem hohen Geschwindigkeiten der Webstühle) und zum anderen auf ihre verkaufsfördernde Wirkung durch Vortäuschen bestimmter stofflicher Qualitäten (z.B. der Zusatz von Zinnverbindungen, der einen schwereren Griff von Seide bewirkt, die damit als qualitativ hochwertig eingeschätzt wird) zurückführen. Selbst bei tatsächlichen Verbraucherwünschen wie Pflegeleichtigkeit oder Waschmaschinenwaschbarkeit liegt es in der Verantwortung der Hersteller, mit welchen Textilchemikalien oder -verfahren diese Eigenschaften erzielt werden. Beispielsweise wird die Entscheidung, die Waschmaschinenwaschbarkeit von Wolltextilien durch den Zusatz von chlororganischen Verbindungen und nicht enzymatisch zu erzielen, in der Regel von chemischer Industrie und Textilveredlung unter Berücksichtigung ihrer Interessenlagen und Logik getroffen, wobei die höheren Kosten der enzymatischen Behandlung die Entscheidung vermutlich erheblich beeinflussen. Gleichzeitig werden den Verbraucherinnen und Verbrauchern jedoch in der Regel keine ausreichenden und klaren Informationen über den Stoffeinsatz, z.B. durch eine entsprechende Kennzeichnung auf dem Textil, zur Verfügung gestellt. Insofern geht die in folgendem Zitat beispielhaft zum Ausdruck kommende Verschiebung der Verantwortung für die Chemisierung der textilen Kette auf die privaten Konsumentinnen und Konsumenten eindeutig an der Realität vorbei: "Häufig wird jedoch vergessen, daß aufgrund der wachsenden Ansprüche der Verbraucher an die Textilien auch eine steigende Anzahl an Chemikalien auf die Faser aufgebracht werden muß, die nach der Fertigung zum Teil auf dem Stoff verbleiben" (Einbrodt et al. 1996: 1). Die Interessen, die die wirtschaftlichen Akteure mit dem jeweiligen Stoffeinsatz verbinden, werden in dieser Perspektive vergessen und bleiben verborgen.

Entkontextualisierung des privaten Konsums

Die Überbewertung und einseitige Moralisierung des privaten Konsums geht einher mit einer wenig angemessenen Wahrnehmung seines spezifischen Handlungskontextes. Empfehlungen für ökologische Umstellungen des Konsums berücksichtigen selten, daß Anforderungen wie der Kauf ökologischer Produkte oder die Verlängerung ihrer Nutzungsdauer auf eine Fülle von Restriktionen insbesondere bei Konsumentinnen treffen. Diese reichen von knappen finanziellen und vor allem zeitlichen Ressourcen bis hin zu gesellschaftlichen und Gruppenansprüchen im Beispiel Bekleidung an das "Outfit" und umfassen darüber hinaus die Privatisierung und Individualisierung der grundlegenden Fragen, was ganz konkret unter einem ökologisch verbesserten Konsum von Bekleidung oder unter Öko-Textilien zu verstehen ist und woran dieselben zu erkennen sind (ausführlicher Weller 1998).

Speziell in den Studien über das textile Stoffstrommanagement werden darüber hinaus erhebliche Wissens- und Datendefizite über den konkreten Umgang mit Bekleidungstextilien in privaten Haushalten deutlich. Dies zeigt beispielsweise die Auswahl des Untersuchungsgegenstandes der durchgeführten textilen Stoffstromanalyse. Wegen der vergleichsweise guten Verfügbarkeit der erforderlichen Daten wurde der "Tarndruck-Feldanzug" der Bundeswehr ausgewählt (COGNIS 1995). Die Autoren der Studie halten es für unproblematisch, die damit erhaltenen Ergebnisse direkt auf den privaten Bereich zu übertragen, weil die stoffliche Zusammensetzung und die Herstellungsverfahren der Bundeswehrbekleidung dem der Kleidungsstücke im privaten Bereich entsprächen. Auch wenn es verständlich ist, für die Analyse von Stoffströmen auf einen Bereich zurückzugreifen, in dem vergleichsweise umfangreiche und aussagefähige Daten über den gesamten Lebensweg eines textilen Produktes vorliegen, erscheint eine Übertragung der Ergebnisse auf das private Bekleidungsverhalten kaum zulässig, weil damit von den Besonderheiten des privaten Konsums von Kleidung völlig abstrahiert wird. Dieser zeichnet sich durch spezifische Bedingungen und Anforderungen aus, z.B. die hohe symbolische Funktion von Bekleidung, die Orientierung an kurzlebigen Modezyklen, lebensstilspezifische Outfit-Ansprüche an Bekleidung sowie das undurchschaubare und extrem vielfältige Produktangebot. Diese Rahmenbedingungen spielen für die Bundeswehrbekleidung eine äußerst marginale Rolle, sind aber wesentliche Aspekte der derzeitigen nicht nachhaltigen Produktions- und Konsummuster von Bekleidung, die bei der Suche nach adäquaten Lösungen nicht einfach ignoriert werden können, sondern unbedingt zu berücksichtigen sind. Die Begründung der Übertragbarkeit der Ergebnisse mit der stofflichen und produktionsbezogenen Vergleichbarkeit zwischen Bundeswehr- und privaten Textilien drückt zudem eine stark naturwissenschaftlich-technische geprägte Problemsicht auf das Bedürfnisfeld Bekleidung aus. Zugleich verweist die Auswahl des Beispielsbereichs Bundeswehr auf die grundlegende Problematik des privaten (Bekleidungs-)Konsums, daß darüber erstens nur wenig Daten zur Verfügung stehen und er sich zweitens durch erhebliche Komplexität, Vielfalt an Handlungsoptionen und Anforderungen auszeichnet.

Die Verallgemeinerbarkeit der Ergebnisse, die am Beispiel der Bundeswehruniform gewonnen wurden, ist noch in zweiter Hinsicht problematisch. So identifiziert die Stoffstromanalyse als einen Umweltbelastungsschwerpunkt der textilen Kette die Gebrauchsphase. Begründet wird dies mit dem Stoff- und

Energieeinsatz, der aus dem Waschen, Trocknen und Bügeln der Kleidungsstücke resultiert, und auf den 85% des gesamten Energieverbrauchs ihres Life Cycles entfallen. Daraus schließen die Autoren der Studie: "Die Nutzung und der Gebrauch von Bekleidung (Waschen, Trocknen, Bügeln) stellt aus energetischer und CO2-emissionsmäßiger Sicht im Lebenslauf textiler Bekleidung die Phase mit der größten Umweltrelevanz dar und bietet u. E. die größten Verbesserungs- und Einsparpotentiale." (COGNIS 1995: 112)

Ein Blick auf die bei den Berechnungen zugrunde gelegten Annahmen läßt jedoch auch an ihrer Übertragbarkeit auf den privaten Bekleidungskonsum Zweifel aufkommen. Diese gehen nämlich erstens von einer Nutzungszeit der Uniform von 4 Jahren und zweitens von einem kontinuierlichen wöchentlichen Pflegezyklus über diese vierjährige Nutzungsdauer aus. Ob diese Annahmen auch für die verschiedenen privaten Bekleidungstextilien zutreffen, erscheint zumindest aus zwei Gründen fraglich. So kommt eine kürzlich fertiggestellte Studie über das Alttextilaufkommen zu dem Ergebnis, daß die Nutzungsdauer erheblich von dem jeweiligen Textil abhängt und bei einem Großteil deutlich unter 4 Jahren liegt, z.B. bei Hosen, Jeans, Blusen/Hemden, Unterwäsche und Kinderkleidung. Andere Textilien wie Anoraks, Mäntel und Kostüme werden dagegen länger als vier Jahre getragen (Dönnebrink 1998). In Frage zu stellen ist auch die Annahme eines das ganze Jahr andauernden wöchentlichen Pflegezyklus, da dieser beispielsweise den Wechsel der Jahreszeiten, der das private Kleidungsverhalten und die Auswahl der getragenen Kleidungsstücke maßgeblich mit bestimmt, völlig ausblendet. Insofern erscheint auch die Verallgemeinerbarkeit dieser von dem Verhalten der Bundeswehr abgeleiteten Grundannahmen und die damit gewonnenen Ergebnisse als problematisch, sie müßten für den privaten Bekleidungskonsum erst noch überprüft werden, sind aber vielfach bereits Grundlage von Vorschlägen für einen ökologischeren Bekleidungskonsum.

Die vorliegenden Stoffstromanalysen im Bereich Textilien verweisen damit beispielhaft auf die Unterbestimmung der zugegebenermaßen äußerst komplexen Verhaltensweisen und Rahmenbedingungen privater Konsumentinnen und Konsumenten. Deutlich wird eine erhebliche Abstraktion von der Komplexität des privaten Konsums, der aus seiner Einbindung in den lebensweltlichen Kontext herausgelöst und damit entkontextualisiert wird. Die unzulässige Verallgemeinerung von Daten aus anderen Bereichen leugnet die Besonderheiten und Spezifika des Nutzungsverhaltens und der Anforderungsprofile privater KonsumentInnen. So erscheint in dem diskutierten Beispiel die Bundeswehrbekleidung als das Allgemeine und als Maßstab, die private Bekleidung dagegen als das Besondere und Andere. Dies wird spätestens dann problematisch, wenn aus dem vermeintlich verallgemeinerungsfähigen Beispiel der Bundeswehrbekleidung Strategien zur Veränderung des privaten Kleidungskonsums abgeleitet werden.

Reduzierung der Berücksichtigung von KundInnenanforderungen auf den Bereich des industriell-gewerblichen Konsums

Wie bereits erwähnt wird für Innovationen die Aufnahme von Kundenanforderungen in die Planungen von Produktverbesserungen gefordert. Obwohl diese Forderung vielfach auf Anklang stößt, zeigt die Praxis jedoch, daß sie bisher in der Regel allein bezogen auf wirtschaftliche Akteure als Kunden realisiert wird. Beispielsweise erarbeitete ein Unternehmen der chemischen Industrie (Ciba Geigy), das Farbstoffe herstellt, zusammen mit einem seiner Kunden, dem Strumpfwarenhersteller Kunert, ökologische Verbesserungen der von Kunert eingesetzten Farbstoffe (Kunert AG 1994). In ähnlicher Weise hat auch das Chemieunternehmen DOW begonnen, mit seinen Kunden Workshops zur Entwicklung von Visionen für öko-effiziente Produkte durchzuführen. Bei den Kunden handelt es sich jedoch ebenfalls nicht um private Konsumentinnen und Konsumenten, sondern um Industriebetriebe, für die DOW als Zulieferer fungiert (Wirth 1997). In den Studien zum textilen Stoffstrommanagement werden ebenfalls vorrangig Kooperationen zwischen verschiedenen wirtschaftlichen Akteuren, teilweise auch Kooperationen zwischen politischen und wirtschaftlichen Akteuren oder auch die Zusammenarbeit von wirtschaftlichen Akteuren mit Umwelt- oder Verbraucherverbänden diskutiert. Private Konsumentinnen und Konsumenten werden dagegen vorwiegend auf eine reagierende Rolle festgeschrieben, sie werden ausschließlich als diejenigen betrachtet, die ökologisch verbesserte Textilien nachfragen sollen.

Auf der anderen Seite wird der Forderung nach Berücksichtigung der Anforderungen des privaten Konsums durch die Beteiligung von Verbraucherorganisationen nachgekommen, u.a. auch in den Studien zum textilen Stoffstrommanagement. Auch hier zeigt jedoch die Praxis, daß aus den Verbraucherverbänden in der Regel naturwissenschaftliche oder ökologische Experten mit dem Ziel teilnehmen, sich in die naturwissenschaftlich-ökologischen Problemdiskussionen einzuklinken, wodurch nicht automatisch gewährleistet ist, daß die gerade nicht naturwissenschaftlich bestimmten Erfahrungen und Anforderungen privater KonsumentInnen unmittelbar in die Diskussion eingebracht werden. Eine direkte Beteiligung privater Verbraucherinnen und Verbraucher könnte dazu führen, Fragen in den Mittelpunkt der Diskussionen zu stellen, die sich aus der Logik und den Anforderungen des Gebrauchs und nicht der Herstellung ergeben. Beispielsweise könnten in den Debatten über den Chemikalieneinsatz zur Erzielung der Langlebigkeit von Textilien u.a. folgende grundsätzliche Fragestellungen anhand der konkreten Erfahrungen der Nutzerinnen und Nutzer im Umgang mit Kleidungsstücken eingebracht werden:

- Macht es Sinn, Langlebigkeit für alle Arten von Kleidungsstücken anzustreben? Für welche spielt dieses Ziel nur eine nachrangige Rolle?
- Woran scheitert bisher die langfristige Nutzung von Kleidung?
- Wie ist die gegenseitige Ergänzung zwischen einer auf Langfristigkeit angelegten Kleidungsstoffqualität und einer entsprechenden Verarbeitung zu gewährleisten?
- Wie werden die Risiken und wie die Nutzen des Chemikalieneinsatzes aus der Sicht der verschiedenen Akteure bewertet?

Damit könnte nicht nur der Zusammenhang zwischen Stoffeinsatz und den damit zu erzielenden Eigenschaften von Bekleidung neu in den Blick genommen werden, sondern auch die Interessen, die die verschiedenen wirtschaftlichen Akeure mit einem bestimmten Stoffeinsatz verfolgen, sowie mögliche Interessenskonflikte zwischen den an der Produktlinie beteiligten Akteure erkennbar werden.

Bisher bleiben die Prozesse ökologischer Produktinnovationen jedoch einem Zuweisungsmuster verhaftet, das auf der einen Seite die Gestaltungsmacht privater Konsumentinnen und Konsumenten überhöht, ihnen auf der anderen Seite aktive Mitgestaltungsmöglichkeiten bei der Gestaltung von Produkten abspricht und zugleich ihren spezifischen Handlungskontext ausblendet. Die Marginalisierung und Reduzierung privater KonsumentInnen allein auf Nachfragende trägt dazu bei, daß neue Perspektiven und Innovationen, die aus dem Gebrauch von Produkten und Dienstleistungen resultieren, kaum in den Blick von Stoffstrommanagement geraten.

Überlegungen zur Beteiligung privater Konsumentinnen und Konsumenten an ökologischen Innovationen

Die mangelnde Beteiligung privater KonsumentInnen läßt sich auch auf das Fehlen geeigneter Methoden zurückführen, ihre spezifischen Perspektiven in die Prozesse ökologischer Innovationen mit einzubeziehen. Erschwerend kommt angesichts der Pluralisierung der Lebensstile und -formen die Unterschiedlichkeit und Ausdifferenzierung der Anforderungen privater Konsumentinnen und Konsumenten hinzu. Ein weiteres Problem sind die aus den unterschiedlichen Formen des Wissens von Herstellern auf der einen Seite und Verbraucherinnen und Verbrauchern auf der anderen Seite resultierenden gegenseitigen Übersetzungsprobleme. Die naturwissenschaftlich-technische Problemsicht der Produzenten hat hauptsächlich die stoffliche und energetische Seite von Produkten im Blick und dominiert mit dieser Sichtweise die Debatte über die ökologische Verbesserungen. Für die Problemsicht im Alltag stehen dagegen die Gebrauchseigenschaften von Produkten im Vordergrund. Gleichzeitig ist zwischen den verschiedenen Problemsichten und Wissensformen von Experten und "Laien" ein deutliches Machtgefälle zu vermuten.

Insofern stößt die Beteiligung privater Konsumentinnen und Konsumenten an Prozessen ökologischer Innovation auf viele Hemmnisse und Blockaden. Eine empirische Bestätigung, daß sie auch neue Perspektiven eröffnen kann, steht ebenfalls noch aus. An diesen Überlegungen setzt das Forschungsvorhaben "Entwicklung einer neuen Methode zur ökologischen Produktinnovation zwischen VerbraucherInnen und Herstellern" an. Es wird vom BMBF gefördert und seit Ende 1997 vom Institut für sozial-ökologische Forschung in Frankfurt durchgeführt[1]. Im Rahmen dieses Forschungsprojekts untersuchen wir auf der einen Seite das Gebrauchswissen und die ökologischen Anforderungen privater KonsumentInnen. Auf der anderen Seite wollen wir eine Methode entwickeln, um den wechselseitigen Transfer dieses Wissens und der ökologischen Anforderungen zwischen Herstellern und privaten KonsumentInnen zu organisieren.

Ein wesentliches Element des Vorhabens sind Befragungen von KonsumentInnen, die unter Lebensstilgesichtspunkten ausgewählt werden und unterschiedliche Lebensstiltypologien repräsentieren, um Ansprüche und Kompe-

1 Als externe Kooperationspartnerin bin ich an der Durchführung dieses Forschungsvorhabens beteiligt.

tenzen verschiedener KonsumentInnengruppen zu bestimmen. Untersucht werden auch das Nutzungsverhalten der Befragten sowie ihre Einschätzung der zur Zeit angebotenen ökologischen Produkt- und Nutzungsalternativen. Als weitere methodische Elemente für den Austausch dieses Wissens zwischen Herstellern und privaten VerbraucherInnen sind Workshops mit Herstellern und Gruppendiskussionen mit KonsumentInnen vorgesehen, in denen das Institut für sozial-ökologische Forschung eine vermittelnde und übersetzende Funktion übernimmt und dadurch einen Prozeß des gegenseitigen Lernens in Gang setzt.

Bezogen auf die Ausgangsfrage nach der Gestaltungsmacht von Konsumentinnen und Konsumenten in der Produktinnovation verfolgen wir mit dem Forschungsprojekt das Anliegen, erste Erkenntnisse über das Wissen und die Anforderungen von KonsumentInnen zu gewinnen und eine Methode zu entwickeln, diese in die Produktentwicklung einzubringen, d.h. eher indirekt zu einer stärkeren Berücksichtigung der KonsumentInnenperspektive beizutragen. Die darüber hinausgehende dringend erforderliche, direkte Stärkung der Gestaltungsmacht von Konsumentinnen und Konsumenten und die Diskussion darüber, wie gesellschaftliche Bedürfnisse zukünftig nachhaltig erfüllt werden sollen, verlangt ohne Zweifel erheblich weitergehende Schritte und grundlegendere Veränderungen.

Literatur

Baumann, W.-R. (1997): High-Tech – Tech Tex. Zukunftsindustrie Textil. In: Jahrbuch der Textilindustrie – Gesamttextil, 1997, 7-10.

BMFSFJ (Bundesministerium für Familie, Senioren, Frauen und Jugend) (1998): Frauen in der Bundesrepublik Deutschland. Bonn 1998.

Braidotti, R.; E. Charkiewicz; S. Häusler; S. Wieringa (1994): Women, the Environment and Sustainable Development. London, New Jersey u.a. 1994.

Buchert, M. & R. Grießhammer (1997): Stoffstrommanagement – Zauberstab oder Handwerkszeug? Informationsdienst Chemie & Umwelt 3 + 4/97, 5-8.

Claus 1995, F.; R. de Man; E. Völkle; P.M. Wiedemann (1995): Die Organisation des ökologischen Stoffstrommanagements. In: Enquête-Kommission "Schutz des Menschen und der Umwelt" des Deutschen Bundestages (Hrsg.): Studienprogramm Umweltverträgliches Stoffstrommanagement. Bd. 4, Anwendungsbereich Textilien. Bonn 1995.

COGNIS (1995): Untersuchung des Bekleidungsverbrauchs einer bundesdeutschen Behörde. In: Enquête-Kommission "Schutz des Menschen und der Umwelt" des Deutschen Bundestages (Hrsg.): Studienprogramm Umweltverträgliches Stoffstrommanagement. Bd. 4, Anwendungsbereich Textilien. Bonn 1995.

Deutscher Bundestag (Hrsg.) (1997): Konzept Nachhaltigkeit. Fundamente für die Gesellschaft von morgen. Zwischenbericht der Enquête-Kommission "Schutz des Menschen und der Umwelt – Ziele und Rahmenbedingungen einer nachhaltig zukunftsverträglichen Entwicklung" des 13. Deutschen Bundestages. Bonn 1997.

Dönnebrink, H. (1998): Die Sammlung und Verwertung von Alttextilien. In: D. Ahlert; G. Dieckheuer (Hrsg.): Schriften zur Textilwirtschaft. Bd. 51, Münster 1998.

Enquête-Kommisson "Schutz des Menschen und der Umwelt" des Deutschen Bundestages (Hrsg.) (1994): Die Industriegesellschaft gestalten. Perspektiven für einen nachhaltigen Umgang mit Stoff- und Materialströmen. Bonn 1994.

Enquête-Kommisson "Schutz des Menschen und der Umwelt" des Deutschen Bundestages (Hrsg.) (1995): Studienprogramm Umweltverträgliches Stoffstrommanagement. Band 4. Anwendungsbereich Textilien. Bonn 1995.

Einbrodt, H. J.; H. Höcker; B. M. Müller; J. Pieler; A. Ratka (1996): Können Textilien das menschliche Erbgut verändern? Untersuchungen über die Mutagenität von veredelten Textilien. Umwelt-Forum der RWTH-Aachen, http://www.RWTH-Aachen.de erstellt am 26.06.1996.

Harcourt, W. (Ed.) (1994): Feminist Perspectives on Sustainable Development. ZED Books Ltd. London & New Jersey 1994.

Jurczyk, K. (1996): "Die Arbeit des Alltags" – Unterschiedliche Anforderungen an die alltägliche Lebensführung von Frauen und Männern. In: Stiftung Verbraucherinstitut und Deutsches Institut für Erwachsenenbildung (Hrsg.): Focus Alltag: neue Bildungsperspektiven für Frauen. Frankfurt am Main 1996, 35-55.

Kunert AG (1994). Ökobericht der Kunert AG 1994. Immenstadt 1994.

Schramm, E.; M. Buchert; D. Bunke; S. Lehmann; I. Reifenhäuser; M. Steinfeldt; V. Strubel; I. Weller; S. Zundel (1996): Stoffflüsse ausgewählter umweltrelevanter chemischer Stoffe: Beispiele für ein Produktliniencontrolling. UBA-Texte 80/96, Berlin 1996.

Schultz, I. (1998): Produktgestaltung und die Gestaltungsmacht von Frauen. In: Wächter, C. et al. (Hrsg.): Technik Gestalten. Interdisziplinäre Beiträge zu Technikforschung und Technologiepolitik. München 1998.

Umweltbundesamt (UBA) (1997): Nachhaltiges Deutschland. Wege zu einer dauerhaft umweltgerechten Entwicklung. Berlin 1997.

Weise, E. (1991): Grundsätzliche Überlegungen zu Verbreitung und Verbleib von Gebrauchsstoffen (use pattern). In: Held, M. (Hrsg.): Leitbilder der Chemiepolitik. Stoffökologische Perspektiven der Industriegesellschaft. Frankfurt am Main/New York 1991, 55-64.

Weller, I. (1993): Textile Stoffströme: Globalisierung und Chemisierung am Beispiel von Baumwolle und Gore-Tex. In: Schultz, I. (Hrsg.): GlobalHaushalt. Globalisierung von Stoffströmen – Feminisierung von Verantwortung, Frankfurt am Main 1993, 37-64.

Weller, I. (1995): Frauen – Chemie – Umwelt. In: Schultz, I.& I. Weller (Hrsg.): Gender & Environment: Ökologie und die Gestaltungsmacht der Frauen. Frankfurt am Main 1995, 46-62.

Weller, I. (1998): Frauen und nachhaltiger Konsum: das Beispiel Textilien. In Vorbereitung.

Wichterich, C. (1992): Die Erde bemuttern. Frauen und Ökologie nach dem Erdgipfel in Rio. Köln 1992.

Wichterich, C. (1996): Wir sind das Wunder, durch das wir überleben. Die vierte Weltfrauenkonferenz in Peking. Köln 1996.

Wirth, M. (1997): Öko-Effizienz als Herausforderung an die Industrie. In: Schmidt-Bleek, F.; T. Merten; U. Tischner (Hrsg.): Ökointelligentes Produzieren und Konsumieren. Berlin, Basel, Boston 1997.

Meike Spitzner

Krise der Reproduktionsarbeit – Kerndimension der Herausforderungen eines öko-sozialen Strukturwandels

Ein feministisch-ökologischer Theorieansatz aus dem Handlungsfeld Mobilität

Dieser Beitrag stellt den im Arbeitsbereich "Feministische Ansätze zur Verkehrsvermeidung" des Wuppertal Instituts für Klima, Umwelt, Energie erarbeiteten[1] und inzwischen weiterentwickelten theoretischen Zugang der *Krise der Versorgungsarbeit* zu ökologisch verträglicher Mobilität in Stadtregionen im erweiterten Kontext der neueren sozialökologischen Debatten und des raumbezogenen Nachhaltigkeitsdiskurses in stark verdichteter Form vor. Ausgeführt sind die einzelnen argumentativen Stränge des theoretischen Ansatzes, die öko-sozialen Folgen dieser Krise und ebenso die aus diesem Ansatz resultierenden Schlußfolgerungen exemplarisch an der Mobilität bzw. in der Stadtentwicklung an anderer Stelle.[2] Hier liegt der Schwerpunkt in der Fokussierung auf die *sozialen Dimensionen innerhalb der ökologischen Herausforderungen* als einer Annäherung an den systematischen Zusammenhang zwischen physischen und sozialen Dimensionen der ökologischen Problematiken (vgl. hierzu bereits Spitzner 1997a).

---

1 Vgl. den umfassenden Forschungsbericht von Beik & Spitzner (1996) und dessen Kurzfassung in Forschungsverbund Ökologisch verträgliche Mobilität (1996) Der darin verfolgte Zugang basiert ursprünglich auf einer Weiterentwicklung des Ansatzes von Bock et al. (1993).

2 Pragmatischer formulierte Ausführungen finden sich bei Spitzner (1997c), die jüngst im Handbuch zur Stadtentwicklung veröffentlicht worden sind, welches aus der Auseinandersetzung der Gleichstellungsbeauftragten, Amtsleiterinnen und Sachverständigen in der Kommission "Frauen in der Stadt" des Deutschen Städtetages 1996 bis Ende 1997 um Anforderungen an eine öko-soziale Stadtentwicklung aus der Perspektive des Abbaus von Herrschaftlichkeit im Geschlechterverhältnis erarbeitet wurde (vgl. Deutscher Städtetag 1998). Hier sind demgegenüber in wichtigen Aspekten eine Weiterentwicklung der Analyse und Schlußfolgerungen vorgenommen worden. Ausgeführt wird die hier vorgelegte erweiterte Analyse hinsichtlich stadtökologischer Aspekte in einem Beitrag zum Theorieband, den der Wissenschaftliche Beirat des Bundesministeriums für Bildung, Wissenschaft, Forschung und Technologie in der zum Forschungsschwerpunkt Stadtökologie herausgegebenen Reihe organisiert und dessen Veröffentlichung für 1999 geplant ist.

Versorgungsarbeit, von Feministinnen seit mehreren Jahrzehnten auch als "Reproduktionsarbeit" diskutiert, meint den Teil gesellschaftlich wichtiger Arbeit, der mit der aktiven, tätigen, alltäglichen, auf längere Dauer orientierten, (beziehungs-) kontextualisierten, fürsorglichen Versorgung von Menschen in physischer, psychischer und geistiger Hinsicht verbunden ist.[3] Oft werden Versorgungsarbeit (und Frauen) sowie die Belastungen beider erst ernst genommen, wenn die Frau Mutter geworden ist. Dabei wird übersehen, daß bereits die Eigenversorgung Arbeit ist und nur geschlechtsspezifisch (von Männern) an andere (meistens Frauen) delegiert werden kann. Und ignoriert wird leicht auch die Tatsache, daß fast jede Frau, aber nur wenige Männer eine Partnerin bzw. einen Partner oder Nahestehende versorgen, seien es Eltern in deren Alter oder FreundInnen in der Krise, seien es Nachbarinnen oder MitbewohnerInnen einer Wohngemeinschaft, Verwandte oder Wahlverwandte. Diese vier Dimensionen der Reichweite von Versorgungsarbeit – Verantwortung für Eigenversorgung, Verantwortung für die Versorgung einer Partnerin/ eines Partners, die für Versorgung von Kindern und die für Versorgung von Nahestehenden – werden in dem theoretischen Ansatz explizit als vier "Reproduktionsarbeits-Kategorien" unterschieden (ebd.), u.a. deshalb, um sowohl ihre kumulativen Effekte als auch den geschlechtsspezifisch männlichen aktiven Part (der Delegation z.B. ihrer Eigenversorgung) erfassen zu können.

Die öko-soziale Krise der Versorgungsarbeit meint in diesem theoretischen Ansatz die folgenschwere Diskrepanz zwischen Verwertungs-Praxis und Bewertungs-Rationalität[4] im gesellschaftlichen (politischen, planerischen, ökonomischen) Umgang mit Versorgungsarbeit und die daraus resultierende *ökosozial* krisenhafte Problematik.

Die öko-soziale Nachhaltigkeits-Problematik besteht darin, daß zugleich und mit innerem Zusammenhang ein gesellschaftspolitischer Widerspruch zwischen Verantwortlichkeit für Versorgungsarbeit und Geschlechtergerechtigkeit (als Bestandteil von Nachhaltigkeitsperspektive – vgl. Schlußakte der 4.UN-

---

3 Zu den Differenzierungen gegenüber den Begriffen Familien-, Haus-, Gebrauchs-, Eigenarbeit etc. vgl. Kapitel 2.1 - 2.3 des o.g. Forschungsberichtes Beik & Spitzner (1996: 16-25).

4 Vgl. Held et al. (1996). Hier meint diese Diskrepanz nicht nur den Bruch, sondern auch eine Herrschaftsdimension – zwischen Bewertung und Verwertung ebenso wie zwischen Rationalität und Praxis. Vgl. Spitzner (1997c) sowie Spitzner (in Vorbereitung).

Weltfrauenkonferenz 1995, Kapitel Umwelt) besteht[5] und daß genau die Dimensionen, durch die Versorgungsarbeit soziale Grundlage ist für unser Wirtschaften und Handeln ebenso wie für eine öko-soziale Zukunftsoffenheit, in ihrer Substanz bedroht werden. Eckpunkte dieser Krise sind:

- Soziale Sicherung, gesellschaftliche Verortung, Teilhabe an gesellschaftlich relevanten Entscheidungen etc. sind in Hinsicht auf die *gesellschaftlich relevante Arbeit einseitig basiert* – zugunsten von Erwerbs- und zulasten von Versorgungsarbeit (das Primat der Erwerbsarbeit entspricht dem Primat der Erwerbsökonomie).
- Versorgungsarbeit ist gesellschaftlich bisher nur geschlechtshierarchisch abgesichert worden – trotz der gesetzlichen, politischen und privaten wie individuellen Verpflichtungen und Anstrengungen zum Abbau von Geschlechterhierarchie mangelt es bis heute an *tragfähigen gesellschaftlichpolitischen Voraussetzungen für eine geschlechtergerechte Gleichstellung hinsichtlich der Versorgungsarbeit.*
- Versorgungsarbeits-Kapazitäten und -Leistungen stehen der Gesellschaft heute und künftig nicht mehr in gleichem Maße als "*natürliche Ressource*" zur Verfügung (und aufgrund des vorgenannten Aspektes handelt es sich bei ihnen auch nicht um "erneuerbare Ressourcen").
- Die *verbleibende Versorgungsarbeit verändert sich substanziell.* Es gibt viele Indizien dafür, daß sie systematisch (Krisen-Bewältigungsstrategien/ Reproduktionslagen) zunehmendem räumlich-zeitlichen, hauswirtschaftlichem und erwerbsökonomischem Umstrukturierungsdruck unterliegt, der *erhebliche öko-soziale Folgen* zeitigt.
- Unser derzeitiges stoff-, energie- und verkehrsintensives Wirtschaften verlangt demgegenüber heute gerade nach *vermehrter, zusätzlicher Versorgungsarbeit.* Dieser neue gesellschaftliche Bedarf ist nicht abgedeckt und führt zu weiteren öko-sozialen Problemen.
- Es besteht die Gefahr (vgl. Kommission für Zukunftsfragen der Freistaaten Bayern und Sachsen 1997), daß eine erwerbsökonomisch geleitete Wahrnehmung der Endlichkeit der nicht "*erneuerbar*" organisierten "Ressource Versorgungsarbeit" dazu führt, deren spezifische erwerbsökonomi-

5 Die geschlechtsspezifische Übernahme dieser Verantwortung hat ebenso wie die geschlechtsspezifische Enthaltsamkeit gegenüber dieser Verantwortung eine Benachteiligung von Frauen zur Folge.

sche Verwertung auf eine Basis (quasi durch Hausfrauisierung der Erwerbsarbeit des Nordens/ Westens) zu stellen, die die *öko-sozialen Probleme exponentiell vervielfacht* und öko-soziale Potentiale der Versorgungsarbeit *langfristig nicht rückholbar* gesellschaftlich verlieren läßt (Verunmöglichung von Zukunftsoffenheit).

Die Verantwortung für Versorgungsarbeit ist gesellschaftlich nicht nachhaltig gewährleistet.

Die *Dynamik* dieser Krise besteht darin, daß sie durch entsprechende heutige "Bewältigungs"-Strategien, die geschlechtsspezifisch (von denjenigen, die die Verantwortung für Versorgungsarbeit bisher überwiegend übernommen haben und übernehmen, von den Frauen, anders als von denjenigen, die diese delegieren und bis heute nicht wahrnehmen, von der überwiegenden Mehrheit der Männer[6]) praktiziert werden (müssen), zu erheblichen öko-sozialen Folgen und hier insbesondere zu Verkehrszuwächsen führen.

Reproduktionsarbeit wird, indem sie von Männern weder übernommen noch als gesellschaftliches Problem (aufgrund der Diskrepanz zwischen Bewertungs-Rationalität gegenüber ihrer Verwertungs-Praxis) politisch, ökonomisch, fiskalisch, rentenrechtlich etc. angegangen,[7] zugleich aber (auch verkehrs- und stadtplanerisch) instrumentell behandelt wird,[8] unter Druck gesetzt, sich qualitativ zu verändern, und zwar sowohl im Hinblick auf ökologische als auch im Hinblick auf räumliche wie auch auf zeitliche[9] und ebenso im Hinblick auf

---

6 Vgl. hinsichtlich des Standes der nachholenden Entwicklung der Versorgungsarbeits-Beteiligung von Männern den Überblick bei Pinl (1994), der u.a. die bis dahin vorgelegten Zeitbudgetstudien im Vergleich zu vorangegangenen für die ehemalige BRD und DDR einbezieht.

7 Im malestream sind die Veränderungen der Versorgungsarbeit bisher weitgehend unerforscht, da sie in dem – aus männlicher Sicht – "diffusen" Bereich des sog. unpolitisch-"Privaten" stattfinden. Die ausgeführten Diskrepanzen zwischen Verwertungs-Praxis und Bewertungs-Rationalität sowie derjenigen innerhalb der Praxis hinterlassen hier ihre (forschungs-) politischen Folgen.

8 Die "distanzorientierte" Behandlung der für Reproduktionsarbeit wichtigen Perspektiven von "Leben, Arbeit und Gemeinschaft" des "göttlichen Ingenieurs und der Verkehrswissenschaft in ihrem konstruierten Raum" ist ausführlich beschrieben in Spitzner (1997b).

9 Zu den öko-sozial relevanten *zeitlichen* Dimensionen, z.B. der Abwertung und Verdrängung öko-sozial wichtiger Zeitqualitäten durch erwerbsökonomische lineare Zeitauffassungen und Zeitregime, und zur Konzeptualisierung einer feministischen öko-sozialen Zeitpolitik vgl. Hofmeister & Spitzner (in Vorbereitung).

soziale und andere gesellschaftliche Perspektiven in äußerst problematischer Weise.

Angesichts entsprechend ausstehender adäquater Lösungsstrategien auf gesamtgesellschaftlicher und politischer Ebene und gegenläufiger Politik und Planung sind Frauen "privat" und einseitig mit der "Bewältigung" dieser Krise der Arbeit konfrontiert, belastet und zu Reaktionen gezwungen. Der Handlungsbedarf, auch wenn er nicht politisch formuliert ist, wird gleichwohl von Frauen erfahren. Und: Frauen *müssen* sich verhalten.[10] Ihre Reaktionen, Versuche eines angemessenen Umgehens mit der Krise der Versorgungsarbeit, der Kunst eines richtigen Verhaltens in falschen Strukturen (von Winterfeld), weisen nach Auffassung einiger Feministinnen strukturelle Ähnlichkeiten auf.[11]

Im o.g. Forschungsprojekt wurden Typen von Krisen- Bewältigungsstrategien analysiert ("Reproduktionslagen"), die sich grob in solche der (räumlichen, zeitlichen, qualitativen, quantitativen) Anpassung der Erwerbs- an die Reproduktionsarbeit, solche der Anpassung der Reproduktions- an die Erwerbsarbeit und in Strategien des Verzichts auf eine Vereinbarung von Reproduktions- und Erwerbsarbeit unterscheiden lassen.[12] Die Krise und ihre Bewältigungsversuche sind deshalb von *Bedeutung für ökologisch verträgliche Zusammenhänge* (u.a. der Mobilität), da sie erhebliche raum-zeitliche Implikationen haben. Dies soll hier kurz im Bereich Mobilität exemplarisch erläutert werden.

Zum Beispiel besteht eine Krisen "Bewältigungs"-Strategie der zweiten Gruppe darin, daß der Umfang der Reproduktionsarbeit hinsichtlich des Personenkreises, für den – neben Eigenversorgung und Erwerbsarbeit – intensive Versorgungsarbeit geleistet wird, eingeschränkt wird. Diese Strategie des Um-

---

10 Genau hierin liegt ein wesentliches Moment für die problematische Moralisierung in den derzeitigen Diskussionen um "Umweltverhalten", der Frauen in der Folge ausgesetzt sind. Irmgard Schultz hat diese problematischen Tendenzen treffend als "Feminisierung von Umweltverantwortung" bezeichnet (vgl. Schultz 1993).

11 Vgl. hier die feministische Debatte um die Ausdifferenzierung der Lebensweisen von Frauen und dem dabei beobachtbaren Umgang mit Versorgungsarbeit z.B. bei Jung (1997). Zu theoretischen und empirischen Ansätzen zur feministischen Analyse von Stadt- wie Raumaspekten der Modernisierungsprozesse vgl. insbesondere Breckner & Sturm (1993), Breckner (1994) sowie Schäfer (1992).

12 Die einzelnen klassifizierten Typen zu diesen drei Krisen-Bewältigungsstrategien finden sich innerhalb Kapitel 5 in Beik & Spitzner (1996: 51-63) tabellarisch aufgeführt und einzeln erläutert.

gangs mit der Krise läßt sich als eine der Anpassung einer oder mehrerer der vier Reproduktionsarbeits-Kategorien, als "kategoriale Anpassung der Versorgungsarbeit" (siehe die oben dargestellten Reichweite-Dimensionen von Versorgungsarbeit) fassen.[13] Eine solche Krisenstrategie kann sich sowohl in der Einschränkung der Eigenversorgung[14] als auch in einem Verzicht auf einen gemeinsamen Haushalt mit der "dritten" Generation oder mit dem Partner oder durch Verzicht auf Kinder äußern.

Während ersteres vor allem die Nachhaltigkeit der jeweiligen Eigenökonomie[15] bedroht, berührt letzteres Nachhaltigkeit und Zukunftsoffenheit in noch viel wahrnehmbarer Weise: Kleinere Haushalte und Zunahme der (Verkehrs-) Relationen zwischen den vermehrten Haushalten sind u.a. die Folge. Bei zunehmender räumlicher Streuung der Haushalte mit (meist nur im Level reduzierten) Versorgungsbezug (u.a. bei stärker auf Erwerbs- statt Versorgungsarbeitsbezüge gewählten Wohnstandorten) werden diese Bezüge zwischen den Haushalten auch noch entfernungsintensiver. Komplexität der zu koordinierenden Wege und Entfernungszunahmen beeinflussen – insbesondere bei Erwerbs- statt Versorgungsarbeitsorientierung der ÖPNV-Angebots-Planungen – in besonderer und ökologisch problematischer Weise die Verkehrsmittelwahl (Umstieg auf den Pkw).

---

13 Im o.g. Forschungsbericht fiele dieser Bewältigungsversuch unter die Klassifizierung „Anpassung der Reproduktionsarbeit an die Erwerbsarbeit – Anpassung der Reproduktionsarbeits-Kategorien".

14 Dies ist eine oft zu beobachtende Anpassung der Versorgungsarbeit an die Erwerbsarbeit bei Nichteinschränkung der übrigen Reproduktionsarbeitskategorien, z.B. bei Pflege von Nahestehenden, wie z.B. Frieling-Sonnenberg (1998) aufzeigt, oder wenn Kinder da und klein sind – und junge Mütter die Belastungen mit Schlafdefiziten "bezahlen" (vgl. z.B. Schweitzer 1992).

15 Vgl. hierzu die Überlegungen zur "Eigenökonomie", die mit Bezug auf Begrifflichkeiten von Ivan Illich und auf Gefährdung "gemeinwirtschaftlicher" Verkehrsangebote sowie in der Absicht entwickelt wurden, eine öko-soziale Zeitpolitik zu konzeptionalisieren, die dem zerstörerischen Zeitregime der Erwerbsökonomie Perspektiven der Zukunftsoffenheit aus "anderem" Haushalten, Wirtschaften und Handeln entgegenzusetzen sucht (Spitzner, in Vorbereitung). Diese Konzeptionalisierung problematisiert das, was heute unter "der" Ökonomie verstanden wird, d.h. die heutige industriestaatliche, abstrakt geldwertorientierte Ökonomie, die kritisch weitgehend nur in Dimensionen der Erwerbsarbeit betrachtet wird hier im Norden. Sie stellt dieser "Ökonomie" die auch in der Bundesrepublik vorfindbaren Eigenökonomien, Versorgungsökonomien und Gemeinwirtschaften entgegen. Dabei geht es um praktische und begrifflich-theoretische Wahrnehmung und Bewertung des Haushaltens, Wirtschaftens und Handelns, welches Menschen als physisch und sozial eigene Wesen, welches in geschlechtshierarchisch geprägten sozialen Strukturierungen und Arbeitsverteilungen und welches Gemeinwesen in ihren jeweiligen Ausprägungen an den Tag legen.

Eine andere typische Bewältigungsstrategie stellt z.B. die Vermarktlichung bisher inhäusig – innerhalb eines räumlichen Haushalts – geleisteter Versorgungsarbeit dar (Beschäftigung einer Putzhilfe, von Kinderbetreuung, Inanspruchnahme einer Tagesmutter, von Pizzadiensten etc.). Neue zusätzliche räumliche Bezüge mit entsprechend wachsendem Aufwand an Verkehr und Anforderungen an räumlich-zeitliche Integration entstehen.

Die Strategien sind dabei jedoch keineswegs allen Frauen gleichermaßen verfügbar. Im Gegenteil: Nicht selten gehen mangelhafte Raumstrukturen, ein geringes Angebot sozialer/ reproduktionsnaher Infrastruktur mit geringer Einkommensverfügbarkeit und mit ausgerechnet noch unterdurchschnittlichem statt kompensatorisch verbessertem öffentlichen Verkehrsangebot (vgl. Buschkühl-Lindermann et al. 1994) sowie mit der Dominanz einer rigiden geschlechtsspezifischen Rollenzuweisung eine unheilvolle Allianz ein. Wenn Frauen Entlastungen gelingen, dann in den seltensten Fällen durch Verlagerungen von Verantwortungen auf das andere Geschlecht. Viel häufiger findet eine Verlagerung auf (haus-)technische Hilfsmittel und auf marktliche und außermarktliche "Dienstleistungen", d.h. eine Verlagerung unter Frauen verschiedener Schichten statt. Aber gleich welcher Schicht: Die Verantwortung und Organisation sowie der Preis für die Entlastungen bleibt bei den Frauen.

Die *öko-sozialen Folgen dieser Krisenmanagement-Strategien* sind bisher nicht systematisch empirisch untersucht und entsprechend nur in Ansätzen erkennbar.[16] Vieles weist darauf hin, daß den Strategien gemeinsam ist, daß sie überwiegend zu neuen, zusätzlichen ökologischen Belastungen führen, zu einer Verschärfung der Krise der Versorgungsarbeit, zu keinem Abbau an Herrschaftlichkeit zwischen den Geschlechtern, zu neuen räumlichen Verteilungsmustern, zu neuer sozialer Seggregation und Polarisierung der Lebenslagen, zunehmend auch unter Frauen. In jedem Falle haben diese Krisen-"Bewältigungs-"Versuche in Reaktion auf die aktive, mindestens fahrlässige Verursachung der Krise nicht unwesentliche Auswirkungen auf Stadt- und

[16] Zu den sozialen Folgen und Rationalisierungspotentialen der Technisierung von Versorgungsarbeit, einem weiteren Typus innerhalb der Bewältigungsstrategien, liegt z. B. umfangreiche Literatur vor. Dagegen sind die ökologischen Folgen nur partiell untersucht. Zu den räumlichen Anpassungsstrategien sind inzwischen einzelne Arbeiten vorgelegt worden. Ein erster Versuch, die Folgen solcher Bewältigungsstrategien systematisch hinsichtlich öko-sozial relevanter Raum-Zeit-Verhältnisse, hinsichtlich veränderter Verkehrsintensitäten und -aufwandes zu erfassen, ist das Anliegen des in Anmerkung 1 genannten Forschungsprojektes gewesen.

Verkehrsentwicklung sowie auf gesellschaftlich verfügbare Chancen und Potentiale zu einer Umsteuerung zugunsten von Zukunftsoffenheit.

Schlußfolgerungen und Perspektiven

Mit dem dargestellten theoretischen Ansatz bieten sich erweiterte *Erklärungsansätze* für die in der BRD seit Jahren massiv ansteigende Motorisierung von Frauen und die Dynamiken von Verkehrserzeugung insgesamt. Ein nicht unerheblicher Teil des Verkehrszuwachses in Stadtregionen ist nach den bisherigen Ergebnissen auf die Krise der Versorgungsarbeit und entsprechende Bewältigungsstrategien zurückzuführen. Doch die Relevanz der Versorgungsarbeit für Verkehr wurde – im Gegensatz zu der der Erwerbsarbeit – bisher kaum ersichtlich, da die Mobilität der Versorgungsarbeit in der traditionellen Verkehrswissenschaft nicht nur *mit Methode* aus der Sichtbarkeit ausgeschlossen wird, sondern auch nicht *im Zusammenhang* gedacht wird. Durch bisher androzentrische erwerbsarbeitsorientierte verkehrswissenschaftliche Kategorien wird sie in den Schatten von Einkaufs-, Ausbildungs- und Freizeitverkehr gestellt. Große Teile der Versorgungsarbeit wie z.B. Betreuung, sichernde Begleitung und fürsorgliche Besuche bleiben so aus der Betrachtung ausgeschlossen. Umgekehrt führt die unsichtbare Subsumierung unter androzentrisch gebildete Kategorien zu einer gänzlich irreführenden Problemdiskussion z.B. des sog. Freizeitverkehrs.

Die Bemühungen um Verbesserung der Sachlichkeit und Transparenz stoßen denn – trotz ihrer enormen Effizienz und ihrer Erfolge in den letzten Jahren[17]

---

[17] Angesichts dessen, daß es zu Beginn der feministischen Einmischung in die Verkehrspolitik 1989 (vgl. die konstituierende Sitzung von „Frauen in Bewegung" 1989) noch keinerlei parlamentarische Initiativen zu feministischer oder auch nur geschlechterbezogener Thematisierung des Verkehrsbereiches gab, sind die fachlichen Ausarbeitungen und Initiativen in jenen verkehrsplanerischen und -politischen Feldern, in welchen sich Frauen in den letzten Jahren am stärksten und erfolgreich engagiert haben, bemerkenswert. Zur Privatisierung der Bahn und Regionalisierung des Nahverkehrs hatte das bundesweite Verkehrs-Frauen-Netzwerk „Frauen in Bewegung" bereits Positionen erarbeitet und eingebracht, die bis heute von Bedeutung sind (vgl. die Resolutionen 1993 und 1994), welchen sich die Bundeskonferenz der kommunalen Gleichstellungsbeauftragten angeschlossen haben (1993, 1994). Bei der Landesgesetzgebung zur Neustrukturierung der Nahverkehrsplanung gab es fundierte inhaltliche und strategische feministische Vorarbeiten zum genau rechten Zeitpunkt, die erhebliche legislative Erfolge zeitigten (vgl. hier die Synopse der Landesnahverkehrsgesetze in Enders et al. 1997) und zu einer Zusammenarbeit und einem gemeinsamen Engagement der feministischen Fachverbände in NRW zum Verkehrsbereich führte (vgl. deren Forderungen zu den weiteren Rahmenbedingungen der (Nah-) Verkehrsplanung: FOPA et al. 1995). Und in der kommunalen Nahverkehrsplanung sind derzeit zahlreiche feministische Initiativen zu verzeichnen. Vgl. zur Geschichte der

– auch immer wieder auf eben diese erheblichen methodologischen Defizite der (Verkehrs-) Wissenschaft einerseits und andererseits auf eine Schieflage in der Argumentationslast und eine (geschlechterdifferente) Verteilung von Bring- und Holschuld.[18] Beides verweist feministische Bemühungen darauf, in Wissenschaft und planungspolitischer Praxis über kaum verzichtbaren umsetzungsorientiert-pragmatischen Interventionen es nicht zu versäumen, einerseits *strukturell-konzeptionell* anzusetzen und *theoriebildend* die *orientierenden Grundlagen* einer integrierten, nicht-androzentrischen Verkehrswissenschaft und -planung voranzutreiben, andererseits ihre *Strategien* und die *Interventionsebenen* sehr genau zu reflektieren und sich sorgsam – um *ihrer* Nachhaltigkeit willen – davor zu bewahren, in die Fallen von Nachbesserungen[19] zu gehen.

Die Erkenntnisse aus dem dargelegten theoretischen Zugang der Krise der Reproduktionsarbeit bieten solche erforderliche integrierende und neustrukturierende Hinweise und *Schlußfolgerungen zu einer ökologisch- sozial verträglicheren Mobilität und Stadtorganisation* schwerpunktmäßig auf theoretisch-konzeptioneller Ebene. Aus ihnen können weiterführende Anregungen für die verkehrswissenschaftlich-methodische Ebene (s.o.) ebenso wie für die praktisch-planerische und diesbezügliche stadtorganisatorische Ebene abgeleitet werden.

Einmischung von Frauen in Verkehrswissenschaft, -planung und -politik Spitzner & Zauke (1995).

18 Insbesondere vor dem Hintergrund der im Verkehrsbereich besonders hohen Defizite an Gleichstellung in den entscheidungsrelevanten Gremien, in Institutionen und den institutionellen Gliederungen sowie in der Ressourcenverteilung.

19 Diese Probleme sind jetzt akut, nachdem erkennbar wird, daß trotz der inzwischen vorgelegten ausdifferenzierten Erarbeitungen und der Erfolge von Thematisierungen und Gesetzgebung die malestream-Praxis ein enormes Beharrungsvermögen aufweist, erste Role-back-Versuche unternommen werden, z.B. in Aalen/ Baden-Württemberg, die Ressourcen keineswegs umverteilt werden und sich somit die Effienzfrage für engagierte Frauen mit deutlicherer Brisanz stellt. Derzeit diskutieren deshalb Fachfrauen der (Verkehrs-) Planung vor allem Fragen der Bewertung der bisherigen Erfolge, der Strategie, der Effizienzsteigerung ihres Engagements sowie der notwendigen Umsetzungsbedingungen (vgl. z.B. KVR (in Vorbereitung) sowie darin zur Reflexion der Interventionsebenen Spitzner). Sie organisieren ihren Austausch darüber in regionalen – wie z.B. in NRW die Gleichstellungsstelle und die Planungsabteilung des Kommunalverbandes Ruhrgebiet – oder in berufsständischen Zusammenhängen – wie der Arbeitskreis "Frauen und Planung" des Berufsverbandes Informationskreis für Raumplanung IfR mit seiner Tagung "Schubladendenken? Vom Umgang mit Gutachten zu frauenspezifischen Raumanforderungen" im September 1998. Auf der wissenschaftlichen Ebene sind solche Reflexionen über "Produktionsbedingungen feministischer Wissenschaft" mindestens ebenso akut (vgl. Breckner 1997 sowie, bezogen auf Verkehrswissenschaft, Spitzner (1997b:75-77)).

Der theoretisch-konzeptionelle Zugang über die Krise der Reproduktionsarbeit ermöglicht es, genauer zu umreißen, welche *Modifikations-Notwendigkeiten in den Realitäts-Konstruktionen und Orientierungen* in *welchen politischen und praktisch-planerischen Debatten* in den Kommunen zugunsten eines integriert-erweiterten Verständnisses ökologisch verträglicher Perspektiven vorrangig und wichtig dafür sind, daß eine strukturelle Wende eingeleitet werden kann anstelle eines Verschleisses und selektiver Funktionalisierung feminstischer Einmischung. Modifikations-Notwendigkeiten ergeben sich für die folgenden aktuellen Debatten, nämlich die

- hinsichtlich der Grundlagen des Wirtschaftens und Handelns (i.S. von Basis *und* Ressource),
- hinsichtlich der politischen und in den Kommunen geführten Debatten und angeführten Vorstellungen um veränderte Lebensstile und erforderlichen Wertewandel,
- hinsichtlich der Planungen und Konzepten (v.a. ingenieur-, wirtschaftswissenschaftlich und planerisch) zugrundegelegten Individualitäts-Konzeptionen,
- hinsichtlich der Reichweite der "sozialen Frage"[20] und
- hinsichtlich problemangemessener Vorstellungen über Nachhaltigkeit: einerseits die Zusammenhänge zwischen "Umwelt", "Sozialem" und "Wirtschaften", andererseits und zu diesem Kontext grundlegenden systematischen (und nicht nur analogen) Zusammenhang zwischen "Sozialem" und "Physischem" in der ökologischen Krise unserer Gesellschaft (vgl. dazu bereits Spitzner 1997a) sowie
- hinsichtlich der Unverzichtbarkeit einer öko-sozialen Zeitpolitik[21] verbunden mit raumrelevanter und Versorgungsarbeits-Politik.

Letzteres weist auf eine Neuorganisation politischer Handlungsfelder hin, die, wie in der folgenden Abbildung entworfen, aussehen könnte:

[20] Diese ersten vier Aspekte sind ausgeführt in Spitzner (1997c).

[21] Vgl. Spitzner (1993) sowie Hofmeister & Spitzner (in Vorbereitung).

Ökologische Probleme der Verkehrserzeugung als Probleme geschlechtshierarchischer Desintegration

Desintegration der Versorgungs-Arbeit

Politik der Versorgungs-Arbeits-Teilung + zur Zukunft der Versorgungsarbeit

- Ausrichtung in Wissenschaft, Planung, Politik
- institutionelle Strukturen und disziplinäre Zusammensetzung in Wissenschaft, Planung und Politik
- Qualifikationsanforderungen an professionelle Akteure
- Arbeits-Teilung zwischen Gemeinwesen, Privatwirtschaft, privaten Haushalten
- Basierung von "sozialen Sicherungssystemen" und Positionen mit gesellschaftlicher Gestaltungsmacht
- Wertewandel in Männlichkeits-Leitbildern

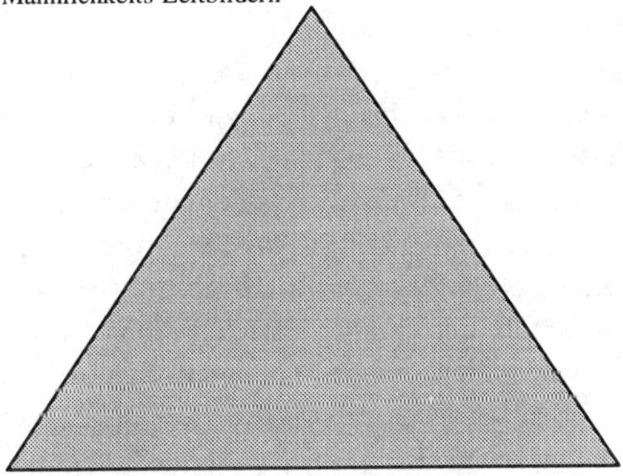

räumliche Desintegration

raumrelevante Politik und Planung

- Raumstrukturen
- Stadtstruktur
- soziale Infrastrukturen
- Verkehrs-Infrastruktur
- Flächennutzung: Nutzungsmischung
- Begrenzung der Flächenbewirtschaftung
- Raumpolitiken zu Wirtschaften + Handeln

zeitliche Desintegration

öko-soziale Zeitpolitik

- (städtische, regionale...) Zeitstrukturen
- Stadtorganisation
- soziale Infrastrukturen
- Verkehrs-Angebotsplanung
- Zeitnutzung: Nutzungsmischung
- Begrenzung der Zeitbewirtschaftung
- Zeitpolitiken in Wirtschaften + Handeln

⇨ öko-soziale Politiken der Re-Integration

MS – Arbeitsbereich "Feministische Ansätze zur Verkehrsvermeidung" in der Verkehrsabteilung WI–5/1998

Schlußfolgerungen für die politische, planerische und stadtorganisatorische Ebene zielen vor allem darauf, *Voraussetzungen und Planungskonzepte zugunsten anderer Bewältigungsstrategien der Krise der Versorgungsarbeit* anzudenken: zum einen politisch-planerische, zum anderen solche der stärkeren Einbeziehung von Männern in die Versorgungsarbeit.[22] Im Umsetzungskontext wird es entsprechend um drei Ebenen gehen müssen: erstens männliches Selbstverständnis und Selbstverständlichkeiten (Androzentrismen), zweitens (räumlich, zeitlich, geschlechterbezogene) Versorgungsarbeits-Verteilung sowie drittens den Abbau von Herrschaftlichkeit im Geschlechterverhältnis – in Infrastruktur, Plänen, Planungs- und Entscheidungsverfahren sowie Gremienzusammensetzungen, institutionellen Strukturen und Qualifikationen professioneller Akteure – stärker in das Blickfeld der Planung und Entscheidungsprozesse zu rücken. Die Auseinandersetzung mit der Krise der Reproduktionsarbeit liefert hier Anregungen zur *Entwicklung* von *geschlechterdifferenzierenden zielgruppenspezifischen (Push- und Pull-) Maßnahmen*, z.B. zur räumlichen und zeitlichen Integration von Erwerbs- und Versorgungsarbeit, zur verkehrssparenden Minderung der Hemmnisse der Versorgungsarbeit (für Frauen und Männer), zum Erhalt von Funktionen öffentlichen Raums für Versorgung etc., die bereits in die Diskussionen des Deutschen Städtetages, nämlich deren Kommission "Frauen in der Stadt" (vgl. Deutscher Städtetag 1998), sowie innerhalb der bundesdeutschen feministischen ökologischen Initiativen zum neuen Nahverkehrsplanungsverfahren[23] eingeflossen sind. Diese Arbeiten müßten anhand der Dimensionen, die der konzeptionelle Ansatz (mit den entwickelten Reproduktionsarbeit-Kategorien, Krisenbewältigungsstrategien etc.) eröffnet, in systematischer Weise weiterentwickelt werden.

Damit lassen sich Chancen eröffnen, den Druck auf Frauen, sich in Verkehrsverhalten und in Verkehrsgestaltung auf das männliche Niveau zu begeben, nachhaltig zu mindern und die Defizite an Erfahrungshintergrund und damit Kompetenz und im Fokus der Planenden soweit zu reduzieren, daß eine zukunftsfähige Mobilität möglich wird.

---

[22] Dies ist angesichts der aktuellen männlichen "Entdeckung" einer Arbeit jenseits der Erwerbsarbeit und angesichts der (mehr nur intellektuellen) Flucht in die (meist bastelnd und werkelnd imaginierte) Eigenarbeit umso vordringlicher (vgl. dazu den köstlichen Beitrag von Becker (1998)).

[23] Vgl. die in Fußnote 17 angegebene Literatur sowie insbesondere Enders et al. (1997).

Literatur

Becker, R. (1998): Eigenarbeit – Modell für ökologisches Wirtschaften oder patriarchale Falle für Frauen? In: Bierther, W. & U. v. Winterfeld (Hrsg.): Zukunft der Arbeit – welcher Arbeit? Wuppertal Texte. Berlin, Basel, Boston 1998, 257-291.

Beik, U. & M. Spitzner (1996) unter Mitarbeit von U. v. Winterfeld und H. Ganser: Reproduktionsarbeitsmobilität – theoretische und empirische Erfassung, Dynamik ihrer Entwicklung und Analyse ökologischer Dimensionen und Handlungsstrategien. In: Forschungsverbund Ökologisch verträgliche Mobilität (Hrsg.): Rahmenbedingungen von Mobilität in Stadtregionen. Bericht Nr. 1 des Verbundprojektes "Ökologisch verträgliche Mobilität" im Auftrag des Bundesministeriums für Bildung, Wissenschaft, Forschung und Technologie, Förderschwerpunkt "Ökologische Forschung in Stadtregionen und Industrielandschaften (Stadtökologie)", Wuppertal 1996.

Bock, S.; S. Heeg; M. Rodenstein (1993): Reproduktionsarbeitskrise und Stadtstruktur: Eine feministische Betrachtung von Agglomerationsräumen. In: Kleinhans, C.; S. Klinkhart; S. Misere (Hrsg.): Regionalentwicklung – feministische Perspektiven. FREI-RÄUME – Streitschrift der feministischen Organisation von Planerinnen und Architektinnen, Heft 6, Dortmund 1993, 14-23.

Breckner, I. (1994): Stadtregionen im Modernisierungsprozeß – Überblick über ökonomische Rahmenbedingungen der Stadtentwicklung. In: Forschungsverbund "Ökologisch verträglichere Mobilität" (Hrsg.) (1996): Rahmenbedingungen der Mobilitätsentwicklung. Dokumentation eines Workshops vom 2. November 1994. Arbeitspapier Nr.1. Wuppertal 1994, 5-17.

Breckner, I. & G. Sturm (1993): Weibliche Lebenssituationen im Wandel: Gesellschaftliche Entwicklungen verändern die Gestaltungsspielräume von Frauen in räumlichen Strukturen. In: BMBau (Bundesministerium für Raumordnung, Bauwesen und Städtebau) (Hrsg.): Frauen planen die Stadt. Dokumentation des gleichnamigen Kolloquiums vom 25.02.1993 in Bonn. Schriftenreihe "Forschung" Heft Nr. 493. Bonn, 23-45.

Breckner, I. (1997): Produktionsbedingungen feministischer Wissenschaft. In: Winterfeld, U. v. et al. (Hrsg.): Vom Zwischenruf zum Kontrapunkt. Frauen, Wissenschaft, Natur. Bielefeld 1997, 85-102.

Buschkühl-Lindermann, A.; C. Frank; C. Schön; G. Stete (1994): Mobilität und Sicherheit der Frauen im Öffentlichen Personennahverkehr (ÖPNV) und dessen bedarfsgerechte Umgestaltung in der Stadt Frankfurt am Main. Herausgegeben von den Stadtwerken Frankfurtam Main; Magistrat der Stadt Frankfurt am Main; Dezernat Frauen und Gesundheit/ Frauenreferat. Frankfurt/M. 1994.

Deutscher Städtetag; Kommission "Frauen in der Stadt" (Hrsg.) (1998): Frauen verändern ihre Stadt. Arbeitshilfe 3: Stadtentwicklung. DST-Beiträge zur Frauenpolitik, Reihe L, Heft 4, Köln und Berlin 1998.

Enders, G.; P. Niß; M. Nutz; M. Spitzner (1997): Regionalisierung des öffentlichen Nahverkehrs – Eine Chance für Frauen? Handreichung für die Nahverkehrsplanung aus feministischer Sicht. Herausgegeben vom Netzwerk "Frauen in Bewegung"; Bundesvorstand von Bündnis 90/ Die Grünen. Bonn 1997.

FOPA (Feministische Organisation von Planerinnen und Architektinnen, Dortmund) et al. (1996): Forderungen zur Nahverkehrspolitik in NRW. (Fachliche Mitarbeit) Abgedruckt in: RaumPlanung 72/ März 1996, 23-27.

Forschungsverbund ökologisch verträgliche Mobilität (Hrsg.) (1996): Kurzfassung des Berichts Nr.1. Rahmenbedingungen von Mobilität in Stadtregionen. Bericht des Verbundforschungsprojektes "Ökologisch verträgliche Mobilität", im Auftrag des Bundesministeriums für Bildung, Wissenschaft, Forschung und Technologie, Förderschwerpunkt "Ökologische Forschung in Stadtregionen und Industrielandschaften (Stadtökologie)". Wuppertal 1996.

Frieling-Sonnenberg, W. (1998): Pflegeversicherung, Familiensysteme und pflegende Angehörige. In: Forum Loccum, Jg. 17, Nr. 3, August 1998, 6-8.

Held, M.; S. Hofmeister; K. Kümmerer; M. Spitzner (1996): Zeit der Erneuerung – Ökonomie der Reproduktion und öko-soziale Zeitpolitik. Thesen. Tutzing, Dezember 1996 (unveröffentlicht).

Hofmeister, S. & M. Spitzner (Hrsg.) (in Vorbereitung): Zeitlandschaften. Perspektiven öko-sozialer Zeitpolitik. Stuttgart, Leipzig.

Jung, D. (1997): Nachhaltiger Sozialstaat. Frauen als Pionierinnen neuer sozialer Umverteilung und gesellschaftlicher Solidarität. In: Kommune Nr. 3 (1997), 49-53.

Kommission für Zukunftsfragen der Freistaaten Bayern und Sachsen (Hrsg.) (1997): Erwerbstätigkeit und Arbeitslosigkeit in Deutschland. Entwicklung, Ursachen und Maßnahmen. Teil 3: Maßnahmen zur Verbesserung der Beschäftigungslage. Bonn, November 1997.

KVR (Kommunalverband Ruhrgebiet) (Hrsg.) (in Vorbereitung): Mobile Frauen im Ruhrgebiet: Ansprüche der Frauen an die Nahverkehrsplanung. Tagungsdokumentation zum Werkstattgespräch der Gleichstellungsstelle und Abteilung Planung am 30.10.1997 beim KVR in Essen. Essen.

Pinl, C. (1994): Das faule Geschlecht. Wie Männer es schaffen, Frauen für sich arbeiten zu lassen. München 1994.

Schäfer, U. (1992): Eine Moderne für alle – Zur geschlechtsspezifischen Aneignung städtischer Räume in der DDR. In: Mayer, J.; Evangelische Akademie Loccum (Hrsg.): Produktion von Mobilität und Stillstand – Zur Diskrepanz von Wissen und Handeln in der Verkehrspolitik. Dokumentation einer Tagung der evangelischen Akademie Loccum vom 11. - 13. Oktober 1991. Loccumer Protokolle 56/91. Loccum 1992, 193-205.

Schultz, I. (Hrsg.) (1993): GlobalHaushalt. Globalisierung von Stoffströmen – Feminisierung von Verantwortung. Dokumentation einer Veranstaltung des Instituts für sozial-ökologische Forschung (ISOE). Frankfurt am Main 1993.

Spitzner, M. (1993): Geschwindigkeit und Beschleunigung – Orientierungen für eine ökologische Zeitpolitik. In: IÖW-Informationsdienst des Instituts für ökologische Wirtschaftsforschung, Jg. 8, Nr.5, September/ Oktober 1993, 9-10.

Spitzner, M. (1997a): Integration von physischer und sozialer Perspektive in einer öko-sozialen Zeit der Erneuerung. Arbeitspapier für die AG "Zeit der Erneuerung – Ökonomie der Reproduktion und öko-soziale Zeitpolitik". Wuppertal, Tutzing, 15. Mai 1997 (unveröffentlicht).

Spitzner, M. (1997b): Distanz zu Leben, Arbeit und Gemeinschaft? Über den "göttlichen Ingenieur" und die Verkehrswissenschaft im konstruierten Raum. In: Winterfeld, U. v. et al. (Hrsg.): Vom Zwischenruf zum Kontrapunkt. Frauen, Wissenschaft, Natur. Bielefeld 1997, 53-84.

Spitzner, M. (1997c): Die Krise der Reproduktions-Arbeit: Herausforderung an eine öko-soziale Stadtplanung. Material der Kommission "Frauen in der Stadt" des Deutschen Städtetages. Köln, September 1997. Veröffentlicht unter gleichem Titel in: Deutscher Städtetag; Kommission "Frauen in der Stadt" (Hrsg.) (1998): Frauen verändern ihre Stadt. Arbeitshilfe 3: Stadtentwicklung. DST-Beiträge zur Frauenpolitik, Reihe L, Heft 4, Köln und Berlin 1998.

Spitzner, M. (in Vorbereitung): Zukunftsoffenheit statt Zeitherrschaft. Konturen öko-sozialer Zeitpolitik. In: Hofmeister, S. & M. Spitzner (Hrsg.): Zeitlandschaften. Perspektiven öko-sozialer Zeitpolitik. Stuttgart, Leipzig.

Spitzner, M. (in Vorbereitung): Die kommunale Nahverkehrsplanung – Anforderungen von Frauen an den Nahverkehrsplan (NVP) In: KVR (Kommunalverband Ruhrgebiet) (Hrsg.): Mobile Frauen im Ruhrgebiet: Ansprüche der Frauen an die Nahverkehrsplanung. Tagungsdokumentation zum Werkstattgespräch der Gleichstellungsstelle und Abteilung Planung am 30.10.1997 beim KVR in Essen. Essen.

Schweitzer, R. v. (1992): Zeitstrukturen zur Darstellung von Sozialstrukturen und Lebensweisekonzepten. In: Gräbe, S. (Hrsg.) (1992): Alltagszeit – Lebenszeit: Zeitstrukturen im privaten Haushalt. Frankfurt am Main, 77-94.

Zu Umsetzungsstrategien von Nachhaltigkeit

Ulrike Röhr

Aufmischen, Einmischen, Mitmischen

Strategien von Frauen zur Zukunftsgestaltung im Rahmen der Lokalen Agenda

Vorwort

Die Agenda 21 mit ihren Frauenforderungen, -maßnahmen und -zielen ist für im Umweltbereich arbeitende Frauen seit der Konferenz für Umwelt und Entwicklung in Rio de Janeiro 1992 ein wichtiges Dokument und eine Argumentationsgrundlage bei der Durchsetzung von Genderaspekten in der Umweltpolitik und -planung. Vor allem mit der Umsetzung der Agenda auf lokaler Ebene waren große Hoffnungen verknüpft, daß mehr und mehr Frauen sich in die Entwicklung eines kommunalen Nachhaltigkeitsprozesses einklinken. Vor diesem Hintergrund hat das FrauenUmweltNetz die Entwicklung der Agenda-Prozesse in den Kommunen von Anfang an verfolgt. Wir waren zunächst enttäuscht und erstaunt, daß weder die Agenda 21 bei frauenpolitisch engagierten Frauen bekannt war noch Frauen sich mit ihren Forderungen an den kommunalen Agenda-Prozessen beteiligten. Dies war Anlaß für vielfältige Aktivitäten des FrauenUmweltNetzes – angefangen bei einer Fachtagung im Frühjahr 1996, der inzwischen viele Veranstaltungen folgten, über Umfragen bei den Kommunen bis hin zur Veröffentlichung von Materialien und Handreichungen. Diese Aktivitäten haben insofern Wirkung gezeigt, als heute in den meisten Kommunen, in denen an einer Lokalen Agenda 21 (LA 21) gearbeitet wird, Frauen beteiligt sind. So hat sich in den letzten zwei Jahren viel bewegt. Daher ist dieser Beitrag, in dem ich die Entwicklung der Frauenaktivitäten darstelle und vor allem auf Schwierigkeiten, Hindernisse, aber auch auf Erfolge eingehe, als eine Momentaufnahme vom Juni 1998 zu verstehen. In einem halben Jahr oder in einem Jahr kann sich vieles verändert haben, wie auch die Situation am Anfang unserer Aktivitäten schon fast Geschichte ist. Aber das ist auch das Spannende an den Agenda-Prozessen. Sie bringen Bewegung – Frauenbewegung?

Vorausgesetzt wird in diesem Beitrag, daß die Agenda 21 und ihre Frauenforderungen bekannt sind. Für den Fall, daß dem nicht so ist, findet sich am Ende eine Literaturliste, die hier Abhilfe schaffen kann.

Entwicklung der Beteiligung von Frauen am Agenda-Prozeß

Anfang 1997 haben wir bei allen Kommunen, die zu diesem Zeitpunkt in Sachen Agenda aktiv waren, eine telefonische Umfrage gemacht, die ich als Ausgangsbasis benutze. Wir wollten wissen, was von Frauen oder für Frauen im Rahmen der LA 21 geplant ist bzw. bereits aktiv angegangen wurde und haben dafür sowohl mit den Gleichstellungsbeauftragten als auch mit den kommunalen Ämtern, bei denen die Agenda organisatorisch angesiedelt ist, gesprochen. Auffällig war, daß zu diesem Zeitpunkt Frauen- bzw. Gleichstellungsbeauftragte eher selten etwas über die Agenda 21 wußten, während die zuständigen Menschen – in der Regel Männer – aus den Umweltämtern verwundert über den Hinweis auf die Frauenaspekte der Agenda reagierten und auch noch nichts von den dort geforderten Maßnahmen zur Beteiligung von Frauen gehört hatten. Insofern war unsere Telefonaktion mehr eine – ungeplante – Informationskampagne, denn eine Umfrage. Aber seither hat sich doch einiges verändert, wie die inzwischen vielfältigen Aktionen von Frauen in fast allen Kommunen, die an einer Lokalen Agenda 21 arbeiten, zeigen. Diese Veränderung ist vor allem den Frauen- und Gleichstellungsbeauftragten zu verdanken. Die anderen Akteure erwiesen sich als wesentlich resistenter gegenüber den Informationen.

Waren zum Zeitpunkt der Umfrage, also vor 1 ½ Jahren, die Aktivitäten von Frauen zur LA 21 noch eher sporadisch und die Themen, die sie in diesem Rahmen bearbeiteten, noch sehr eingeschränkt, so kann hier doch eine vielschichtige Entwicklung festgestellt werden.[1]

Besonders erfreulich ist, daß aus den sporadischen Informationsveranstaltungen zur LA 21 im Frühjahr 1997 prozeßbegleitende Strukturen gewachsen sind, und immer häufiger klinken sich die Frauen bereits im Vorfeld in die Prozeßgestaltung ein – wie z.B. in Gießen, wo ein Aktionsbündnis von Frauen als erste einen Vorschlag zur Strukturierung des Agenda-Prozesses erarbeitet hat, damit in die Öffentlichkeit gegangen ist und sich dann auch gleich noch

---

1 Ich beziehe mich im folgenden ausschließlich auf die Frauenaktivitäten zur LA 21 – auch wenn dies nicht jedesmal explizit erwähnt wird.

für den Prozeß fit gemacht hat, indem sie an einer Moderatorinnenschulung teilnahmen.

Mit welchen Themenbereichen beschäftigen sich Frauen?

Auch inhaltlich hat sich das Spektrum erheblich erweitert. Vor einem Jahr beschränkten sich die Aktivitäten fast ausschließlich auf den Bereich Stadtplanung – sicherlich bedingt auch dadurch, daß dies ein Arbeitsfeld vieler Frauenbeauftragter ist, daß es hier eine Reihe von Handreichungen und Studien gibt, und daß das Thema sehr offensichtlich ist. Dies ist auch ein Jahr später noch ein wesentlicher Themenbereich der Frauenaktivitäten, zunehmend besonders im Verkehrsbereich.

Themen aus dem breiten Feld "Arbeit" wurden zum Zeitpunkt der Umfrage kaum mit der Lokalen Agenda in Verbindung gebracht – nicht zuletzt auch dadurch, daß die Verantwortlichkeit für die LA 21 in der Regel beim Umweltamt liegt und sie damit zum einen verstärkt mit Umweltplanung assoziiert, zum anderen aber auch oftmals so behandelt wird. Inzwischen wird immer mehr erkannt, daß Nachhaltigkeit und Arbeit, also z.B. die gerechte Verteilung von Erwerbs- und Versorgungsarbeit, neue Arbeitszeitmodelle aber auch Fragen der Ökologisierung von Arbeit eng zusammen hängen. So haben z.B. die Leipziger Frauen im Frühjahr 1998 eine Konferenz zum Thema „Frauen und Arbeit" durchgeführt. Das Konzept für die Tagung umfaßte die Bereiche Arbeit für Frauen im Kontext nachhaltiger Entwicklung und der Lokalen Agenda 21, Ökonomie, Nord-Süd-Vergleiche von Frauenarbeit, Umweltaspekte und die besondere Situation für Frauen in Sachsen. Über die Grundlageninformation hinaus wurden Arbeitsgruppen angeboten, in denen die Teilnehmerinnen eine Verbindung zu ihren spezifischen Fragen und Interessen herstellen und frauengerechte Vorstellungen entwickeln konnten. Diese Tagung ist auch ein gutes Beispiel für die Verknüpfung der Agenda-Bereiche Ökologie, Ökonomie, Soziales und Globales.

Gerade die globalen Aspekte der Agenda 21 wurden vor einem Jahr von Frauen noch gar nicht behandelt. Hier läßt sich vielleicht die größte Veränderung feststellen. Besonders in Verknüpfung mit dem Thema "nachhaltiger Konsum" liegen die Nord-Süd-Aspekte auch auf der Hand: Ob es sich um den Kauf von Blumen und dessen Auswirkungen auf die Frauen in z.B. Kolumbien handelt (schlechte Arbeitsbedingungen, Vergiftung durch hohen Pestizideinsatz, extrem lange Transportwege) oder die "clean clothes campaign", die sich für die Verbesserung der Arbeitsbedingungen der Frauen in der Bekleidungsindustrie im Süden einsetzt, oder um die Altkleidersammlungen und deren negative Wirkungen in Afrika – eine Überprüfung unserer Konsumgewohnheiten hinsichtlich der Auswirkungen im Süden ist dringend geboten. Dies setzt entsprechende Informationen voraus, die von Frauengruppen in verschiedenen Kommunen erarbeitet werden. Aber auch die Unterstützung von Frauenprojekten im Süden im Rahmen der kommunalen Entwicklungszusammenarbeit nimmt zu.

Was fehlt: Umwelt

Das Thema "Umwelt" – eigentlich ja Hauptthema der Agenda 21 – hat sich zu meinem Leidwesen immer noch nicht zu einem Frauenthema im Rahmen der LA 21 entwickelt. Die Begründung, warum Frauen sich mit diesem Bereich nicht beschäftigen, ist einerseits, daß es ohnehin schwerpunktmäßig bearbeitet wird und sie sich nun nicht auch noch damit beschäftigen müssen, andererseits, daß es keine Handlungsanleitungen analog denen aus der Stadt- oder Verkehrsplanung gibt und daher schwer Ansatzpunkte zu finden sind. Letzteres ist zumindest richtig, hier gibt es wirklich einen eklatanten Mangel. Trotzdem sollten wir diesen wichtigen Bereich nicht den Männern allein überlassen. Andererseits sollte "Umwelt" – ebenso wie "Frauen" – als Querschnittsthema in allen Agenda-Bereichen behandelt werden. Dazu wiederum bieten sich gerade bei den Frauenthemen vielfältige Ansatzpunkte, z.B. im Stadtplanungs- und Verkehrsbereich – sie müssen nur entsprechend genutzt werden.

Wie dringend notwendig es ist, daß Frauen hier aktiver werden, möchte ich an einem Beispiel klar machen:

Im Rahmen einer lokalen Klimaschutzkonferenz in Kiel fand im September '97 eine Veranstaltung *"Klimaschutz braucht FRAUEN brauchen Klimaschutz"* statt. Die Reaktion darauf zeigte allgemeines Unverständnis. Eine FDP-Abgeordnete verlangte über eine Kleine Anfrage im Landtag eine Erklärung für dieses ihr völlig absurd erscheinende Vorhaben, daraufhin berichtete die Presse über die irrwegige Idee, geschlechterspezifische Aspekte in der Klimaschutzpolitik zu vermuten. Aber die Frauen ließen sich nicht abschrekken und führten nicht nur diese Veranstaltung mit Erfolg durch, sondern gründeten auch gleich noch einen Arbeitskreis zum Thema "Frauen und Klimaschutz".

Unverständnis und höhnisches Gelächter ernten Frauen oft, wenn sie auf Frauenaspekte im Umweltbereich hinweisen. Besonders stark ist dies in den eher technisch orientierten Bereichen wie Energie und Klimaschutz. Daß die bisherige Einschränkung der Themen auf Solarenergie, Blockheizkraftwerke oder Gebäudesanierung eine typisch männlich-technokratische Sicht- und Herangehensweise ist, wird dagegen kaum bemerkt. Erst langsam spricht sich herum, daß Klimaschutz *auch eine soziale Aufgabe* ist, eine Frage von Konsumverhalten und Lebensstilen – und damit vor allem von Bildung, Erziehung und Kommunikation. Womit ich Frauen allerdings nicht auf diesen „sanften" Themenbereich reduziert sehen möchte (vgl. Lörx 1997).

Weitere Hinweise darauf, welche Anforderungen Frauen an ihre Umwelt haben, was ihre dringlichsten Probleme sind, wo sie Ansätze zur Veränderung sehen und wie sie diese in den Agenda-Prozeß einbringen können, läßt ein Berliner Forschungsprojekt erhoffen. Das auf zwei Jahre angelegte Projekt "Frauen, Umwelt und Lokale Agenda 21" wird unterstützt von der Senatsverwaltung für Arbeit, Frauen und Berufliche Bildung im Rahmen des Förderprogramms Frauenforschung (vgl. Buchholz in diesem Band). Also auch bei diesem Themenbereich zeigt sich ein Lichtstreif am Horizont.

Das Dilemma in diesem Bereich ist, daß frauenpolitische engagierte Frauen sich kaum mit der Umweltschutzthematik auseinandersetzen. Sei es, daß sie meinen, das Thema stehe ohnehin im Mittelpunkt der Lokalen Agenda und sie müßten sich jetzt nicht auch noch damit beschäftigen, sei es, weil sie befürchten, daß *sie* nun wieder diejenigen sein sollen, die sparen und die arbeitsintensive aber umweltschonende Hausarbeit verrichten sollen, oder weil sie meinen, daß ihnen aufgrund ihres bisher geringeren Umweltverbrauchs eine „nachholende Entwicklung" zusteht. Auf der anderen Seite stehen die Frauen, die in Umweltverbänden engagiert sind oder in Umweltberufen arbeiten, den frauenpolitischen Anliegen skeptisch gegenüber. Fehlendes frauenpolitisches Bewußtsein, aber auch die Angst, von männlichen Kollegen nicht (mehr) ernst genommen zu werden, sind hier mögliche Ursachen.

Voraussetzungen für die Beteiligung von Frauen

Ich möchte im folgenden auf einige Grundvoraussetzungen für die Beteiligung von Frauen am Agenda-Prozeß eingehen, wie sie sich aus unseren Erfahrungen darstellen:

1) Als immens wichtig hat sich erwiesen, daß die gleichstellungsorientierte Bearbeitung aller Handlungsfelder und die Beteiligung von Frauen von Anfang an integriert werden, d.h. bereits in den Aufstellungsbeschluß zur LA 21 aufgenommen werden. Das mag sich vielleicht formalistisch anhören, ist aber im Prozeß selbst eine wesentliche Argumentations- und Forderungsgrundlage für die Frauen.

2) Ebenso wichtig ist, daß die Beteiligung von Frauen auch politisch gewollt ist. Je weiter oben in der politischen Hierarchie dieser Wille angesiedelt ist, desto besser läuft erfahrungsgemäß die Beteiligung.

3) Eine quantitative Beteiligung von Frauen reicht nicht aus. Es muß dafür Sorge getragen werden, daß frauenpolitisch engagierte Frauen im Prozeß mitarbeiten.

4) Der Beteiligungsprozeß muß so gestaltet werden, daß Frauen auch die Möglichkeit haben, sich zu beteiligen. Die Gießenerinnen haben, wie bereits erwähnt, sehr früh begonnen, Einfluß auf den Beteiligungsprozeß zu nehmen und haben einen Vorschlag erarbeitet, wie er aus ihrer Sicht strukturiert werden sollte. Ihre Forderungen richten sich dabei sowohl auf die geschlechterparitätische Besetzung aller Gremien und Koordinationsstellen, als auch auf die Sicherstellung von Kinderbetreuung und eine bedarfsorientierte Aufwandsentschädigung für die Gremienarbeit, als auch auf mobile oder wohnortnahe Agenda- oder Bürgerinnenbüros.

Mit dem letzten Punkt kommen wir zu einem Problem, das nicht nur, aber auch die Frauenbeteiligung betrifft. Wie kann der Agenda-Prozeß den engen Zirkel der politisch Engagierten bzw. derjenigen, die aus ihren Arbeitszusammenhängen in die Agenda-Gremien delegiert werden, erweitern? Wie können die Bürgerinnen motiviert werden, sich zu beteiligen?

Leider ist die Frage weder einfach zu beantworten, noch gibt es irgendwelche Rezepte dafür, noch irgendwelche wirklich erfolgreichen Beispiele.

Wo liegt das Problem? Zum einen in dem, wenn auch leicht steigenden, so doch immer noch sehr geringen Bekanntheitsgrad von Begriffen wie “LA 21”,

"Nachhaltigkeit", "Zukunftsfähigkeit" etc. Laut Umfrage des Umweltbundesamtes (BMU 1998) haben 15% der Bevölkerung im Westen und 11 % im Osten die Begriffe schon einmal gehört. Bei der Umfrage 1996 lagen die Werte bei 12 % (West) und 7 % (Ost). Man kann mit einiger Sicherheit sagen, daß das diejenigen sind, die sich ohnehin für das Thema interessieren. Die Folge davon ist, daß sich auch nur diejenigen im Rahmen der LA 21 engagieren, die ohnehin schon engagiert sind – und das bedeutet gerade für Frauen oftmals eine zeitliche Überforderung. Will man die bisher weniger engagierten Bürgerinnen motivieren, muß die Nachhaltigkeitsdiskussion von der wissenschaftlichen Ebene heruntergeholt und mit den konkreten Problemen der Frauen vor Ort verbunden werden.

Ein weiteres Problem liegt meines Erachtens darin, daß die LA 21 zu zentral stattfindet. "Man muß die Leute da abholen, wo sie sind", eine Devise aus der Sozialarbeit, gewinnt im Zusammenhang mit der LA 21 an Bedeutung. D.h., wenn die Bürgerinnenbeteiligung ernst gemeint ist, müssen die Frauen dort angesprochen werden, wo sie sind: in den Stadtteilen, in Kommunikationsräumen, Schulen, Jugendzentren, Bildungseinrichtungen aber vielleicht auch in den Einkaufszentren o.ä. Gute Erfahrungen gibt es mit dieser – zugegebenermaßen sehr arbeitsintensiven – Form der Beteiligung aus der Stadt- und Verkehrsplanung. Aber es muß auch überlegt werden, womit Frauen zur Beteiligung motiviert werden können. Das heißt, es muß die immer wieder gestellte Frage beantwortet werden, was sie davon haben, wenn sie ihre Freizeit investieren und sich beteiligen.

Schwierigkeiten, Hindernisse, Stolpersteine

Diese Frage läßt sich aber schwer beantworten, wenn eines in den Agenda-Prozessen überhaupt nicht thematisiert wird: die Machtfrage. Die Macht bleibt auch bei den Agenda-Prozessen, wo sie ist – in Männerhänden. Unter diesen Voraussetzungen hat es sich als schwierig erwiesen, Frauen für die Gremienarbeit zu gewinnen.

Aber auch die im Agenda-Prozeß reproduzierten "klassischen" Männerstrukturen tragen nicht unbedingt dazu bei, Frauen zur Teilnahme zu motivieren. Der Ruf nach einem starken Vorsitzenden steht gegen das Bedürfnis der Frauen nach autoritätsfreien und hierarchieunabhängigen Gremien.

Aber selbst wenn Frauen sich über diese Hemmnisse hinwegsetzen, werden sie nicht immer mit offenen Armen aufgenommen. Mit Begeisterung wird eher selten auf ihre Aktivitäten reagiert, daß sie geduldet werden, ist wohl eher die Regel. Aber häufig werden sie auch direkt oder indirekt boykottiert.

Frauen mischen sich eben nicht nur ein – der Begriff "einmischen" impliziert ja ein bißchen, daß sie sich einmischen in etwas, was sie eigentlich nichts angeht – sie wollen mitmischen und zum Teil eben auch die starren Strukturen aufmischen. Sie machen nicht nur zaghaft-zurückhaltend Vorschläge für Prozesse, sondern gehen damit auch noch an die Öffentlichkeit. Sie entwickeln Projekte und haben eine gute Presse. An dem Punkt ist es dann mit der Duldung der Männer zu Ende. Sie befürchten, mit ihren Aktivitäten in den Schatten gestellt zu werden – was häufig auch der Realität entspricht. Eifersucht kommt auf und schon werden den Frauen Steine in den Weg gelegt.

Auffällig ist die Angst der Männer vor möglichen Kooperationen der Frauen untereinander. Ich möchte das an einem Beispiel verdeutlichen: Eine Kommune in Nordrhein-Westfalen hat einen Agenda-Beirat berufen, der hochkarätig besetzt ist. Unter 20 Personen sind – auch das nur nach Intervention der Frauenbeauftragten – ganze 5 Frauen zu finden. Diese haben sich vor der konstituierenden Sitzung des Beirats zusammengesetzt und überlegt, wie sie ihre Interessen vertreten wissen möchten. Die Frauen waren damit als einzige auf die Sitzung hervorragend vorbereitet und haben ihre Vorstellungen selbstbewußt eingebracht mit dem Hinweis darauf, daß sie diese vorher gemeinsam entwikkelt haben. Die Männer waren brüskiert. "Wie kann man nur so auftreten", das wären „Seilschaften" und „so könne man nicht zusammenarbeiten". Der Frauenbeauftragten wurde der Vorwurf gemacht, sie würde mit solchen Aktionen den Beirat kaputtmachen etc. Resultat der Zusammenarbeit der Frauen: Fast alle ihre Ideen und Vorschläge wurden abgelehnt. Sie selbst sagten hinterher, sie hätten einfach immer das Gegenteil von dem, was sie wollten, fordern müssen – dann hätten sie alles durchgekriegt.

Was ist aus diesem Beispiel zu schließen:

1. Die Frauen dürfen mitmachen bei der LA 21 – aber nach den Spielregeln der Männer.
2. Frauenseilschaften sind offensichtlich sehr bedrohlich für Männer. Die Angst, daß Frauenbünde zu einem Machtfaktor werden könnten wie Männerbünde es sind, ist groß.

3. Es wurde deutlich gemacht, daß Zusammenschlüsse heimlich stattzufinden haben, wie die der Männer. Man(n) redet nicht darüber, man(n) hat sie.

Frauen lernen aus diesen Erfahrungen. Sie werden sich trotzdem treffen und darüber schweigen. Der immense Nachteil ist, daß sie damit gezwungen werden, sich an die männlichen Strukturen anzupassen und wenig Chancen haben, eigene Vorstellungen über den Umgang miteinander bei diesem Beteiligungsprozeß zu entwickeln. Das können sie zwar in oder für ihren männerfreien Raum – in den Frauenforen oder -arbeitsgruppen – nicht aber, und das finde ich fatal, für den Gesamtprozeß. Damit geht ein wichtiges Innovationspotential verloren und es steht zu befürchten, daß Frauen sich nach und nach aus dem Agenda-Prozeß ausklinken, weil sie keine Lust auf diese Form von Machtstrukturen haben. Meine Hoffnung bei dem Agenda-Prozeß war aber unter anderem, daß sich damit eine neue, offenere Diskussionskultur entwickelt.

Offene Widerstände gegen die Frauen, wie der aus Hagen beschriebene, sind eher selten. Es gibt da auch noch subtilere Mittel: "reserviertes" Verhalten, lang diskutierte Papiere von Frauen werden unter fadenscheinigen Argumenten zur "Überarbeitung" zurückgegeben, Verzögerungs- und Zermürbungstaktik oder einfaches Ignorieren.

Abschreckend für die Beteiligung sind auch die vielen schönen Worte zur Lokalen Agenda, die zu einem nicht geringen Teil reine Lippenbekenntnisse sind: Man(n) will BürgerInnenbeteiligung, tut aber nichts dafür. Man(n) will im Konsens entscheiden, aber gerade Mann ist nicht bereit, anderen Positionen und Argumenten, die der eigenen, feststehenden Position entgegenstehen, auch nur zuzuhören und in einen Austausch zu treten. Allenthalben entsteht der Eindruck, daß die „Macher“ wissen, was sie wollen und das auch mehr oder weniger geschickt durchsetzen.

Erfolgsnachrichten

Aber es gibt auch Erfolge zu vermelden.

Als positives Beispiel möchte ich die Stadt Duisburg hervorheben. Dort vertritt die Frauenbeauftragte die Meinung, daß Widerstände gegen die Frauen und ihre Forderungen ihr nur zeigen, daß das Thema ernst genommen wird. "Bekommst Du keinen Widerstand, heißt das nur, daß Du nicht ernstgenommen wirst", so sagt sie wörtlich. Schließlich wollen wir ja an die Macht der Männer, und die geben sie natürlich nicht freiwillig her. Nach diesem Motto verfährt sie auch im Agenda-Prozeß und stellt damit ungeheuer viel auf die Beine. Sie hat ihre gesamte Arbeit unter das Motto „Agenda" gestellt. Es würde den Rahmen sprengen, das hier insgesamt vorzustellen, deshalb nur einige Stichworte. Sie hat initiiert, daß einige Schulen in Duisburg sich als Agenda-Schulen verstehen und sowohl ihren Unterricht als auch das Schulleben als auch die Präsentation nach außen darauf ausrichten – wohlgemerkt, nicht auf Agenda allgemein, sondern vor allem unter dem Gesichtspunkt der Gleichstellung der Geschlechter. Sie hat erreicht, daß die städtische Wohnungsbaugesellschaft die Agenda 21 als Leitlinie für ihre Wohnungspolitik betrachtet – wobei auch hier wiederum das Augenmerk auf die Frauenforderungen gerichtet wird. Sie hat ein Frauenforum in Duisburg initiiert, in dem nicht nur Frauen aus der Verwaltung und aus allen politischen Parteien mit autonomen Frauen(gruppen) reden, Expertinnen aus vielen Bereichen beteiligt sind, sondern auch Frauen aus Umwelt- und Entwicklungsorganisationen – die sich oft zum erstenmal mit Frauenpolitik beschäftigen. Dieses Forum hat zum Beispiel beschlossen, Selbstverpflichtungen einzugehen, die Forderungen nach Schonung von Ressourcen nicht nur an andere zu richten, sondern auch an sich selbst. Und als letztes, weil mir persönlich besonders imponierendes Beispiel: Das Forum beschließt gemeinsam, was mit dem Etat des Frauenbüros gemacht wird, d.h. sie entwickeln gemeinsame Projekte und stimmen sie untereinander ab. Das Frauenbüro hat zugesichert, dafür seine gesamten Mittel zur Verfügung zu stellen. Diese Transparenz von politischen Entscheidungen und auch der Verwendung von Geldern, wie sie von den Duisburgerinnen ein Stück weit gelebt wird, ist für mich Agenda 21. Aber sie ist leider eher die Ausnahme denn die Regel.

Strategien

Wie gehen Frauen vor, bzw. wie sollten sie vorgehen, um beim Agenda-Prozeß mitzumischen? Da inzwischen in vielen Kommunen Frauen aktiv geworden sind, liegen hierzu entsprechend vielfältige Erfahrungen vor (vgl. ausführlicher FrauenUmweltNetz 1998), aus denen sich folgende Schritte herauskristallisieren lassen:

1. Sich möglichst frühzeitig einmischen

Wichtig ist es, bereits Einfluß auf die Aufstellungsbeschlüsse zur Entwicklung einer Lokalen Agenda 21 zu nehmen und hier die gleichstellungsorientierte Bearbeitung aller Handlungsfelder und die paritätische Besetzung der Gremien festzuschreiben. Das ist bisher nur in einigen wenigen Kommunen gelungen. Die Aufstellungsbeschlüsse sind auch sehr unterschiedlich: Legt die eine Kommune bis ins Detail die Themenbereiche darin fest, so besagt der Beschluß der nächsten Kommune nur, daß eine Agenda 21 erarbeitet werden soll.

Aber spätestens bei der Diskussion der Gestaltung des Agenda-Prozesse müssen Frauen ihre eigenen Vorstellungen entwickeln und durchsetzen. Soll es ein eigenständiges Gremium für Frauen geben? Sollen Frauen in allen Gremien mitarbeiten? Wie kann der Austausch untereinander gewährleistet werden?

2. Verbündete suchen

Bestehen bereits funktionierende Frauennetzwerke in den Kommunen, so sollten diese um Expertinnen z.B. aus den Bereichen Umwelt und Entwicklung, um Parteifrauen oder Ratsfrauen ergänzt werden. Als zweckmäßig hat sich erwiesen, Ansprechpartnerinnen in den Verwaltungen zu suchen, die sicherstellen, daß die Forderungen von Frauen auch dort weiterverfolgt werden.

3. Öffentlichkeit herstellen

Im nächsten Schritt geht es darum, die Beteiligung von Frauen zu verbreitern. Dazu müssen Informationsmaterialien erstellt und verteilt werden, in den Stadtteilen Veranstaltungen angeboten werden und, wo immer möglich, mit der Presse zusammengearbeitet werden

4. Auftaktveranstaltung durchführen

Die Auftaktveranstaltung dient in erster Linie auch der Information und der Ansprache von Multiplikatorinnen. Häufig werden hier aber auch bereits erste Bestandsaufnahmen der Situation der Frauen in der Kommune gemacht und Schwerpunkte für die weitere Agenda-Arbeit festgelegt.

5. Eigene Projekte durchführen, Leitlinien und Indikatoren entwickeln

Der wesentliche Teil der Agenda-Arbeit ist die Erarbeitung von Leitlinien, die konkret aufzeigen sollen, in welche Richtung die Entwicklung der Kommune gehen soll. Auch hier stellt sich wieder die Frage, ob von Frauen ein eigenes

Leitbild entwickelt wird, oder ob sie dafür kämpfen, Gleichstellungsaspekte in alle Leitbilder zu integrieren.

Mit konkreten Projekten soll der Öffentlichkeit gezeigt werden, daß und wie ein nachhaltiges Leben in der Kommune gehen kann und schließlich müssen Indikatoren, also Maßgrößen entwickelt werden, anhand derer die zukünftige Entwicklung überprüft werden kann.

6. Leitlinien der Frauen in das Beschlußdokument Lokale Agenda 21 einbringen

Bisher wurde erst in einigen wenigen Kommunen eine Lokale Agenda fertiggestellt und beschlossen – und das sind die Kommunen, die zuerst angefangen haben und bei denen die Beteiligung von Frauen noch gering war. Insofern kann über eine erfolgversprechende Strategie hier noch keine Aussage gemacht werden.

Grundsätzlich läßt sich feststellen, daß die erfolgreiche Beteiligung von Frauen am Agenda-Prozeß maßgeblich davon abhängig ist, daß sich eine Person dezidiert dafür einsetzt. Das sind in den meisten Kommunen die Frauen- bzw. Gleichstellungsbeauftragten, an denen dann letztendlich auch die gesamte Arbeit hängt. Sie fordern daher auch immer wieder Unterstützung von Landes- oder Bundesebene ein – bisher ohne Erfolg. Aber auch die Vernetzung der aktiven Frauen und der Erfahrungsaustausch vor allem auf Landesebene werden dringend angemahnt, damit nicht jede das Rad neu erfinden muß und auf positive wie negative Erfahrungen aufbauen kann.

Mythos Lokale Agenda – Chancen und Risiken

Die mangelnde Unterstützung (nicht nur) der Frauen in den Agenda-Prozessen deutet darauf hin, daß eine ernsthafte Neuorientierung der kommunalen Entwicklung weder gewünscht noch gewollt ist. Bei mir schleicht sich manchmal der Verdacht ein, daß die LA 21 langsam aber sicher zum Mythos wird. Alle reden davon mit glänzenden Augen, bei jeder Frage nach Veränderung, bei jeder neuen Forderung wird man/frau auf die Agenda und den tollen bürgerInnennahen Prozeß verwiesen. Aber keiner redet davon, wer diesen enormen Arbeitsaufwand – Mitarbeit in Foren, an Runden Tischen, in Arbeitsgruppen, in Unterarbeitsgruppen, Recherchen, Schreiben von Papieren etc. – eigentlich leisten kann oder soll und vor allem nicht darüber, was denn nun passiert, wenn die Lokale Agenda 21 entwickelt ist. Ich persönlich habe zumindest zwiespältige Gefühle dazu. Manchmal denke ich, daß das Ganze ein geschickt eingefädeltes Beschäftigungsprogramm ist, mit dem vorhandenes Konfliktpotential kanalisiert wird. Manchmal befürchte ich, daß die Ergebnisse dieses zweifelsohne vorhandenen Engagements sang- und klanglos in den unergründlichen Tiefen der Verwaltungsschreibtische versinken werden – wie schon so oft mit den Ergebnissen von BürgerInnenbeteiligungsverfahren geschehen.

Aber ebenso habe ich manchmal auch Hoffnung: Ich hoffe, daß es eine Chance ist, neue Beteiligungsmodelle zu entwickeln, die nicht diesen enormen Arbeits- und Zeitaufwand voraussetzen und die besonders Frauen ansprechen; daß Kommunalpolitik und -verwaltung lernen, die vorhandenen Kompetenzen der Bürgerinnen anzuerkennen und zu akzeptieren; daß Frauenaspekte durch den Agenda-Prozeß zunehmend als Querschnittsaufgabe in alle Bereiche einfließen.

Für die Frauenprojekte, -organisationen, -büros etc. hat der Agenda-Prozeß trotz aller Vorbehalte etwas zu bieten. Er bietet die Chance, sich untereinander zu vernetzen, neue Kommunikationsstrukturen zu entwickeln, sich stärker in der Öffentlichkeit zu präsentieren, über den Tellerrand des eigenen Arbeitsbereichs hinauszublicken, Kontakte zu Frauen aus anderen Organisationen wie z.B. Umweltverbänden, Entwicklungsverbänden etc. aufzubauen und mit denen zusammenzuarbeiten. Wenn wir diese Chance nutzen, kann mit der Agenda viel in Bewegung kommen – unabhängig davon, ob sie nun im Schreibtisch versinkt oder umgesetzt wird. Nutzen wir also diesen Anstoß zur Bewegung, der von der Lokalen Agenda 21 ausgeht. Mit den Worten von Doris Freer, der Duisburger Frauenbeauftragten:

"Aufgrund der Komplexität der frauenpolitischen Themen im Rio-Papier und vor dem Hintergrund der dort verankerten Notwendigkeit, völlig neue Kommunikations- und Vernetzungsstrukturen zu schaffen, bietet die Lokale Agenda 21 eine wichtige, vielleicht so bald nicht wiederkehrende historische Chance, auf alle Fälle aber eine Plattform für die Herausbildung einer Neuen Frauenbewegung, mit der sich eine breitere Basis von Frauen als jemals zuvor in der Geschichte der deutschen Frauenbewegung identifizieren kann."[2]

---

2 Interview mit Doris Freer, veröffentlicht in: MURL (1998).

Literatur

AG Frauen im Forum Umwelt & Entwicklung (Hrsg.) (1997): Stand der Umsetzung der Frauenforderungen der Agenda 21 in der BRD – Fünf Jahre nach Rio. Bonn 1997.

BMU (Bundesministerium für Umwelt, Naturschutz und Reaktorsicherheit) (Hrsg.) (o.J.): Konferenz der Vereinten Nationen für Umwelt und Entwicklung im Juni 1992 in Rio de Janeiro – Dokumente – Agenda 21. Bonn o.J.

BMU (Bundesministerium für Umwelt, Naturschutz und Reaktorsicherheit) (Hrsg.) (1998): Umweltbewußtsein in Deutschland 1998. Ergebnisse einer repräsentativen Bevölkerungsumfrage. Berlin 1998.

Frauenbüro der Stadt Duisburg (Hrsg.) (1997): "Lokale Agenda 21 für Duisburg aus Frauensicht." Heft 1: Juni bis November 1997. Der Konsultationsprozeß hat begonnen – Tagungsdokumentation und erste Bestandsaufnahme.

Frauenreferat im Bündnis 90/Die Grünen NRW (Hrsg.) (1997): „Lokale Agenda 21 aus Frauensicht". Frauenrundbrief NRW 3/97.

FrauenUmweltNetz (Hrsg.) (1998): Lokale - Frauen - Agenda. Ein Wegweiser zum Einmischen, Mitmischen, Aufmischen. Frankfurt am Main 1998.

Gleichstellungsstelle der Bundesstadt Bonn (Hrsg.) (1997): "... für eine zukunftsfähige Stadt". Dokumentation zum Frauenforum Lokale Agenda 21 vom 29. August 1997 im Alten Rathaus.

Lörx, S. (1997): Klimaschutz braucht FRAUEN brauchen Klimaschutz. In: FrauenUmweltNetz (Hrsg.): FUN-Info, Oktober 1997, 2-3.

MURL (Ministerium für Umwelt, Raumordnung und Landwirtschaft des Landes Nordrhein-Westfalen) (Hrsg.) (1997a): Nachhaltigkeit und Zukunftsfähigkeit aus Frauensicht. Dokumentation des gegenwärtigen Diskussionstandes und Handlungsbedarfs. Düsseldorf 1997.

MURL (Ministerium für Umwelt, Raumordnung und Landwirtschaft des Landes Nordrhein-Westfalen) (Hrsg.) (1997b): Lokale Agenda 21. Frauen gestalten Umwelt und Zukunft. Düsseldorf 1997.

MURL (Ministerium für Umwelt, Raumordnung und Landwirtschaft des Landes Nordrhein-Westfalen) (Hrsg.) (1998): Frauenaktivitäten zur Lokalen Agenda 21 in der Praxis. Beispiele aus den Kommunen und Erfahrungen der Akteurinnen. Düsseldorf. (Erscheint Ende 1998.)

Misereor; Katholischer Deutscher Frauenbund; Katholische Frauengemeinschaft Deutschlands (Hrsg.) (1997): Ab heute für morgen. Frauen auf zukunftsfähigen Wegen. Aachen 1997.

Martina Schäfer, Susanne Schön

Zukunftsfähige Arbeit und ihre sozialen, ökonomischen und kulturellen Bedingungen

Vorangestellt sei die Bemerkung, daß dieser Artikel eine Zusammenfassung der Ergebnisse unserer Dissertation (Schäfer & Schön 1998b) darstellt. Notwendigerweise beziehen wir uns daher an manchen Stellen auf Ergebnisse, die in unserer Arbeit ausführlicher hergeleitet und dargestellt werden. Während in unserer Untersuchung die Beschäftigung mit zwei Bedürfnisfeldern – Ernährung und Wohnen – einen relativ großen Raum einnimmt, möchten wir uns in diesem Beitrag darauf beschränken, die davon abgeleiteten allgemeineren Schlußfolgerungen für ein zukunftsfähiges Arbeitsorganisationsmodell zu vermitteln. Das Forschungsdesign und der Verlauf unserer gesamten Untersuchung werden in Abbildung 1 verdeutlicht.

Zusammenfassung

Die Konkretisierung und Ausdifferenzierung der sozialen, ökonomischen und kulturellen Dimensionen des Nachhaltigkeitskonzeptes stehen im Mittelpunkt dieses Beitrages. Ziel ist die Entwicklung eines um die Kategorie Arbeit zentrierten, konsistenten Modells einer nachhaltigen Gesellschaft für die Bundesrepublik Deutschland.

Dabei gehen wir von der These aus, daß die Zerstörung der Lebensgrundlagen, die Krise der Arbeitsgesellschaft und die Diskriminierung der Frauen in der Arbeitswelt zentrale Problembereiche für die Entwicklung einer nachhaltigen Lebens- und Wirtschaftsweise darstellen, denen gemeinsame problemverursachende Faktoren zugrunde liegen. Diese Einflußfaktoren werden ermittelt und in einem Modell einer nachhaltigen Gesellschaft integriert. Die erkenntnisleitenden Fragestellungen dieses Beitrags sind:

Wie verändern sich unter den Bedingungen nachhaltigen Wirtschaftens die Arbeitsinhalte und -formen in den Bedürfnisfeldern Wohnen und Ernährung? Welche Folgen hat dies für die Organisation von Erwerbsarbeit und lebensweltlicher Arbeit? Wie müßte die Organisation von lebensweltlicher und Erwerbsarbeit verändert werden, um die Umsetzung des Leitbildes Nachhaltigkeit zu ermöglichen?

Aus der Ausdifferenzierung des Modells einer nachhaltigen Gesellschaft hinsichtlich zukunftsfähiger Arbeitsinhalte und -formen am Beispiel der Bedürfnisfelder Wohnen und Ernährung resultieren als Eckpunkte für die Organisation zukunftsfähiger Arbeit:

- die Notwendigkeit, auch die lebensweltliche Arbeit zu organisieren
- die stärkere Gewichtung der Faktoren Zeit, Verantwortung und Raum in der Organisation der Erwerbsarbeit
- die Verschränkung der Sphären der Erwerbsarbeit und der lebensweltlichen Arbeit

Unter Hinzuziehung der für die integrative Lösung der drei Problembereiche Umwelt, Arbeit und Geschlechterverhältnis relevanten theoretischen Diskurse zur Ökologischen und Sozialen Ökonomie, zum Faktor Zeit und zur Neuordnung des Geschlechterverhältnisses als Querschnittsfragestellungen werden die genannten Eckpunkte zu einem Organisationsmodell zukunftsfähiger Arbeit ausdifferenziert. Kern dieses Organisationsmodells ist die Erweiterung des Arbeitsbegriffes sowie die Benennung der sozialen, ökonomischen und kulturellen Bedingungen zukunftsfähiger Arbeit.

Die abschließend analysierten Widersprüche zwischen den sozialen und kulturellen Bedingungen dieses Modells einer nachhaltigen Gesellschaft und den Erkenntnissen der aktuellen Zivilisations- und Modernisierungstheorien machen deutlich, daß eine weitere sozialwissenschaftliche und gesellschaftstheoretische Kontextualisierung des Nachhaltigkeitsprinzips dringend erforderlich ist.

Ziele

Ausgehend von der Kritik an den bisher vorliegenden Nachhaltigkeitskonzepten

- den stark naturwissenschaftlich geprägten Problembeschreibungen, Zieldefinitionen und Umsetzungskonzepten und einer entsprechenden Überbetonung der ökologischen Dimension
- der Ausblendung der Geschlechterverhältnisse
- der Ausblendung von Macht- und Verteilungsfragen

liegt der Untersuchungsschwerpunkt auf den sozialen, ökonomischen und kulturellen Dimensionen der Nachhaltigkeit mit dem Ziel, das Nachhaltigkeitskonzept auszudifferenzieren und das Leben in einer nachhaltigen Gesellschaft zu konkretisieren. Der Analyserahmen der Untersuchung erstreckt sich entlang der hierfür zentralen und bislang zum Teil stark vernachlässigten analytischen Kategorien Umwelt, Arbeit und Geschlecht.

Forschungsprogrammatisch wird die Zielsetzung verfolgt, mit der Skizzierung *eines* möglichen Entwicklungskorridors der bundesdeutschen Gesellschaft – Nachhaltigkeit – einen Beitrag zum gesellschaftlichen Orientierungswissen zu leisten. Dies erscheint uns in Zeiten dramatischer Paradigmenwechsel, die von einem bedrohlichen Perspektivenverlust begleitet werden (Dierkes 1997: 6 f.), notwendig.

Im Rahmen unserer Dissertation (Schäfer & Schön 1998b) steht das gesellschaftliche Orientierungswissen im Vordergrund. Ziel ist es

- ein um die Kategorie Arbeit zentriertes Modell einer nachhaltigen Gesellschaft (Rahmenszenario Nachhaltigkeit) vorzustellen (vgl. Schäfer & Schön 1998a),
- dieses Modell für die Bedürfnisfelder Wohnen und Ernährung auszudifferenzieren, indem für diese Bedürfnisfelder der Gestaltungsspielraum verschiedener Akteure bezüglich der Formen und Inhalte zukunftsfähiger Arbeit skizziert wird (Gestaltungsszenarien Wohnen und Ernährung) und
- ein Modells der gesellschaftlichen Organisation zukunftsfähiger Arbeit, das den Arbeitsbegriff und die sozialen, ökonomischen und kulturellen Bedingungen zukunftsfähiger Arbeit konstruktiv aufgreift, zu konturieren.

Problemrelevante Faktoren der Umwelt-, Arbeits- und Geschlechterkrise

Zunächst werden die drei Problembereiche "Zerstörung der Lebensgrundlagen", "Krise der Arbeitsgesellschaft" und "Diskriminierung der Frauen in der Arbeitswelt" auf ihre jeweiligen problemrelevanten Einflußfaktoren hin untersucht. Dabei zeigt sich, daß nahezu alle für den Problembereich „Krise der Arbeitsgesellschaft" identifizierten Einflußfaktoren sich entweder in dem Bereich "Zerstörung der Lebensgrundlagen" oder "Diskriminierung der Frauen in der Arbeitswelt" wiederfinden. Die Identifizierung der wichtigsten gemeinsamen Einflußfaktoren aller drei Problembereiche dient dem Ziel, die für die

Entwicklung eines integrativen Modells relevanten Themenfelder einzugrenzen. Dies erweist sich als notwendig, um nicht über die Beschäftigung mit einzelnen Faktoren in das klassische Reparaturverhalten mit der Gefahr der Generierung weiterer Probleme zurückzufallen, sondern die Interdependenzen und Rückkopplungsmechanismen zwischen den Faktoren im Auge behalten zu können. Folgende übergreifende Themenfelder lassen sich eingrenzen:

- *das Verhältnis von Ökonomie und Ökologie* in seiner wissenschaftstheoretischen und wirtschaftspolitischen Verfaßtheit: Ansatzpunkt ist hier die Frage nach der systemtheoretischen Einordnung – ist das ökologische in das ökonomische System eingebettet oder umgekehrt oder stehen beide nebeneinander? Was sind die politischen Implikationen, z.B. hinsichtlich begrenzender Faktoren des Wirtschaftens und in Bezug auf die Entkopplung der physischen von der finanziellen Sphäre der Wirtschaftsprozesse?
- *das Verhältnis von Lebenswelt und Ökonomie* und seine wissenschaftstheoretischen und gesellschaftspolitischen Implikationen: Ansatzpunkt ist hier die Frage nach der Einbeziehung der versorgungs- und eigenwirtschaftlichen Arbeiten in die ökonomische Theorie, die Folgen dieses Einbezugs hinsichtlich der gesellschaftlichen Organisation dieser Arbeit und die soziale, kulturellen und ökonomische Bedeutung von Arbeit insgesamt.
- *der Faktor Zeit* in seiner ökologischen, gesellschafts- und wirtschaftspolitischen Bedeutung: Ansatzpunkt ist hier die Frage, ob der gesellschaftliche Umgang mit Zeit einen der zentralen systematisierenden Faktoren darstellt, und welche institutionellen, sozialen und arbeitsorganisatorischen Umorientierungen für einen veränderten Umgang mit Zeit notwendig wären. Anknüpfungspunkte sind die Diskussionen um naturnahe Zeiten und Rhythmen, um den Einbezug der zeitlichen Dimension in die Stoff- und Ressourcennutzung, um die ökonomische und kulturelle Bewertung von Zeiten sowie um den Zusammenhang zwischen Zeitsouveränität und Macht.
- *Das Geschlechterverhältnis* und seine Aufarbeitung in der feministischen Gesellschafts- und Wissenschaftskritik zieht sich als Querschnittsfragestellung durch die oben genannten Themenfelder. Anknüpfungspunkte bieten hier die ökonomischen Ansätze zur Integration des Erwerbs- und Versorgungsbereiches und die Gestaltungsansätze der feministischen Umweltforschung.

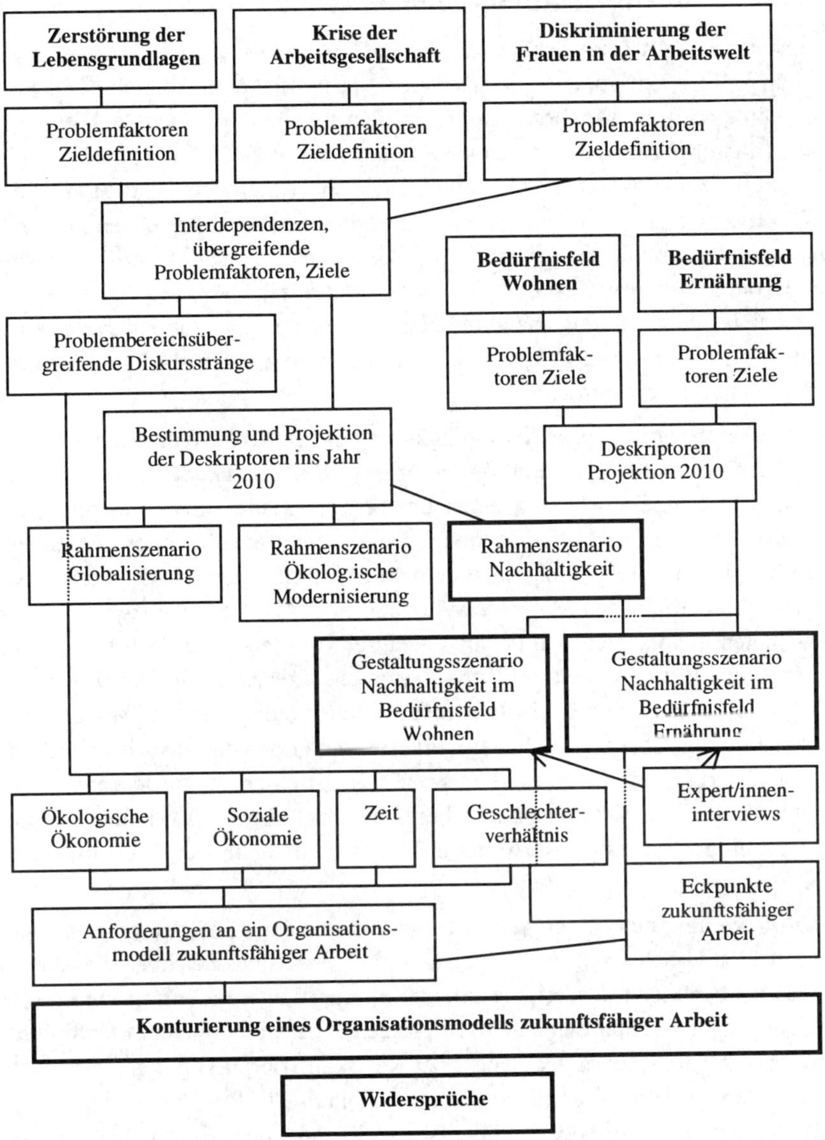

Abb. 1: Forschungsdesign und Untersuchungsverlauf

Charakteristika zukunftsfähiger Arbeit

In unserer Dissertation (Schäfer & Schön 1998b) werden die konkreten Auswirkungen der Umsetzung des Leitbildes Nachhaltigkeit auf Inhalte und Formen von Arbeit in zwei Gestaltungsszenarien für die Bedürfnisfelder Wohnen und Ernährung skizziert. Daraus sollen einerseits möglichst praxisnahe Anregungen für zukunftsfähige Betätigungsfelder und Unternehmensideen resultieren und andererseits Anhaltspunkte für die angestrebte Konturierung eines Organisationsmodells zukunftsfähiger Arbeit herausgearbeitet werden. Ausgehend von den in den Gestaltungsszenarien aufgezeigten Arbeitsbereiche und -formen lassen sich fünf charakteristische Aspekte bzw. Orientierungen abstrahieren, durch die die Anforderungen an die Organisation zukunftsfähiger Arbeit konkretisiert werden:

Die stärkere *Bedürfnisorientierung* zukunftsfähiger Arbeit führt zu einer – im Vergleich zu heute – größeren *Relevanz des eigenwirtschaftlichen Arbeitsbereiches*. Es handelt sich zum einen um bedürfnisnahe Dienstleistungen und produktbezogene Arbeiten, die im eigenen Haushalt anfallen oder in Gemeinschaften organisiert werden, und zum anderen um semi- und postprofessionelle und/oder unterhalb der Marktschwelle liegende Arbeiten, die zwischen den Haushalten in verschiedenen Formen getauscht werden. Aber auch Inhalte und Formen der Erwerbsarbeit sind den Gestaltungsszenarien zufolge wesentlich stärker bedürfnisorientiert. Notwendige Voraussetzung für eine stärkere Berücksichtigung lebensweltlicher Belange in der Gegenstandsbestimmung und Zielorientierung von Erwerbsarbeitsprozessen ist einerseits die intrapersonale und institutionelle Verschränkung dieser beiden Erfahrungswelten und andererseits eine entsprechend erweiterte Mitbestimmung in der Erwerbsarbeitswelt.

Qualifikationen und *Qualifizierungsprozesse* spielen in einer nachhaltig wirtschaftenden Gesellschaft ebenfalls eine besondere Rolle. Zeichnet sich die für den Erwerbssektor erforderliche Integration der Weiterbildung in die berufliche Biographie – unter den anderen Vorzeichen der individuellen Flexibilität – bereits heute ab, so wird der Aspekt der Re-Qualifizierung im eigenwirtschaftlichen Bereich bislang kaum thematisiert. Durch die fortwährende Auslagerung eigenwirtschaftlicher Tätigkeitsbereiche aus den Haushalten und die damit einhergehende marktkonforme Transformation der Arbeitsmittel, -gegenstände und -kenntnisse in Produktionsmittel, Produkte und Berufe kam es zu einer beispiellosen Dequalifizierung im eigenwirtschaftlichen Arbeitsbereich, so daß die Wiederaneignung, Verbreitung und Weiterentwicklung des entsprechenden eigenwirtschaftlichen Know-hows unabdingbarer Bestandteil zukunftsfähiger Arbeit sind.

Die stärkere Integration von Weiterbildung in den Erwerbsarbeitsprozeß resultiert in einer nachhaltigen Gesellschaft vor allem aus dem gestiegenen Bedarf an Systemkenntnissen und spartenübergreifenden Fertigkeiten und Fähigkeiten. Modulare Aus- und Weiterbildung im Verlauf der gesamten beruflichen Biographie ist somit ein wesentlicher Aspekt zukunftsfähiger Erwerbsarbeit.

Der enorme Bedeutungszuwachs von *Beteiligungs-, Kooperations- und Beratungsprozessen* kann als weiteres Charakteristikum der Arbeit in einer nachhaltigen Wirtschaft und Gesellschaft hervorgehoben werden. Die Beteiligungsprozesse sind in erster Linie eine Reaktion auf den Bedeutungzuwachs der Lebenswelt und zielen auf eine Gleichstellung und Verschränkung von Lebenswelt und Erwerbsarbeitswelt. Die Beratungsaktivitäten sind auf die Intensivierung der eigenwirtschaftlichen Arbeit zurückzuführen, decken dabei den Re-Qualifizierungsbedarf und helfen bei der Definition der Schnittstellen zur Erwerbsarbeit. Ein Teil der Beratungsdienstleistungen spielt sich selbstverständlich auch innerhalb des Erwerbsarbeitsbereiches ab, in dem auch die Kooperationsprozesse in erster Linie angesiedelt sind. Sie dienen sowohl der vertikalen Unternehmenskooperation entlang der Wertschöpfungskette unter Einschluß der Verbraucher/-innen als auch der meist kurzfristigeren objektbezogenen horizontalen Kooperation zwischen den verschiedenen Fachgewerben.

Das vierte Charakteristikum zukunftsfähiger Arbeit ist die wachsende Bedeutung von *Systemdienstleistungen und Gemeinschaftsnutzungen*. Vor dem Hintergrund der Erhöhung von Nutzungsdauer und -intensität von Objekten und Einrichtungen greift auch dieser Aspekt sowohl in der erwerbswirtschaftlichen als auch in der eigenwirtschaftlichen Arbeitswelt und leistet einen wesentlichen Beitrag zur Verschränkung beider Sphären: Die Systemdienstleistungen sind Ausdruck einer stärkeren Bedürfnisorientierung der Erwerbsarbeit und bedienen sowohl Erwerbs- als auch Eigenwirtschaft; die Gemeinschaftnutzung spiegelt auch das Bemühen um die Rationalisierung eigenwirtschaftlicher Arbeiten wider und wird häufig professionell, d.h. gewerbsmäßig, betreut bzw. betrieben (Verleih, Pooling, Sharing etc.).

Das letzte Charakteristikum, die starke *Regionalorientierung der Erwerbsarbeit*, könnte als ein aus den vier vorher genannten resultierendes Erfordernis bezeichnet werden, wenn ihr nicht im Rahmen einer nachhaltigen Wirtschaft eine herausragende eigene Bedeutung zukäme. Im Bedürfnisfeld Ernährung sind die Vorteile einer regionalisierten Nahrungsmittelproduktion und -verarbeitung sowie eines ortsnahen Vertriebs besonders offensichtlich, aber auch im Bereich Bauen/Wohnen gibt es zahlreiche Arbeitsbereiche und -inhalte (Instandhaltung, Demontage, Aufarbeitung etc.), die nahräumlich organisiert und angeboten werden müssen.

Generalisierend kann festgehalten werden, daß einer nachhaltigen Lebens- und Wirtschaftsweise insbesondere ein neubestimmter und erweiterter Arbeitsbegriff zugrunde liegt, und daß das Verhältnis von Erwerbsarbeitswelt und Lebenswelt weit weniger hierarchisch strukturiert ist: Ziel- und Handlungsorientierungen der beiden Sphären divergieren weniger, die Zeitstruk-turen und Rhythmen sind besser aufeinander abgestimmt, eine geschlechtsspezifische Arbeitsteilung ist in wesentlich geringerem Umfang feststellbar. Daraus resultieren folgende Eckpunkte für ein Organisationsmodell zukunftsfähiger Arbeit:

1. Die Notwendigkeit, auch die eigenwirtschaftliche Arbeit zu organisieren:

Dies kann zum Teil innerhalb des lebensweltlichen Bereiches erfolgen, zum Beispiel im Rahmen nachbarschaftlicher Hilfe, in Tauschringen etc., aber auch durch eine teilweise Auslagerung von Arbeiten bzw. von Arbeitsmitteln in den Erwerbsbereich (Betreibergesellschaften, Verleih, Facility management etc.). Zur Organisation der lebensweltlichen Arbeit gehört auch die Organisation der damit verbundenen Interessen sowie die entsprechende Reformierung des institutionellen Rahmens, beispielsweise der Sozialversicherung, der politisch-administrativen Fixierung und der Infrastruktur.

2. Die stärkere Gewichtung der Kategorien Zeit, Verantwortung und Raum in der Organisation der Erwerbsarbeit:

Arbeitsprozesse, die dem Leitbild Nachhaltigkeit folgen, benötigen in vielen Fällen mehr Zeit, beispielsweise die an die natürlichen Rhythmen angepaßten landwirtschaftlichen Produktionsprozesse oder auch die Demontage und Wiederaufarbeitung von Bauelementen. Dem steht eine zeitlich hoch verdichtete Organisation der Erwerbsarbeit gegenüber, die mit der Kopplung an das Medium Geld anderen Rhythmen und Orientierungen folgt. Ein Ausgleich zwischen diesen gegensätzlichen zeitlichen Mustern und Strukturierungen wäre in einem zukunftsfähigen Arbeitsorganisationsmodell notwendig.

Wesentliches Merkmal einer nachhaltigen Wirtschaftsweise ist die Schließung der (Produkt-) Verantwortungskreisläufe. Ausdruck hiervon ist insbesondere der wachsende Arbeitsbereich der Systemdienstleistungen, aber auch die immer wiederkehrende Thematisierung von Eigentumsverhältnissen, Beteiligungs- und Kooperationsprozessen. Zukunftsfähige Erwerbsarbeit muß stärker an ihre Ergebnisse und Folgen rückgekoppelt und der Verantwortungsbereich der Erwerbstätigen ausgedehnt werden.

Ein Ansatzpunkt für eine stärkere Rückkopplung der Erwerbsarbeit ist die Bindung an den Raum. Die große Bedeutung dieser Kategorie für eine zukunftsfähige Arbeitsorganisation erklärt sich vor allem aus den Notwendigkeiten der Arbeitsprozesse: Die Regionalisierung der landwirtschaftlichen Produktion, der Weiterverarbeitung und des Nahrungsmittelvertriebes liegt unter Nachhaltigkeitsgesichtspunkten auf der Hand. Aber auch die bereits erwähnten Arbeitsprozesse der Demontage und Wiederaufarbeitung von Produkten sowie die Systemdienstleistungsbereiche unterliegen einer starken räumlichen Bindung, so daß dieser Aspekt bei der Organisation zukunftsfähiger Arbeit nicht unberücksichtigt bleiben kann.

3. Die Verschränkung der Sphären der Erwerbsarbeit und der eigenwirtschaftlichen Arbeit:

Hier gilt es, geeignete Transmissionsriemen zu finden, die die Zugehörigkeit zu beiden Sphären ermöglichen und gewährleisten. Wichtige Ansatzpunkte sind hier finanzielle Regelungen, die zeitliche Ermöglichung und die infrastrukturelle Unterstützung der Wahrnehmung beider Arbeitsbereiche.

Fixpunkte eines Organisationsmodells zukunftsfähiger Arbeit

Diese aus der Szenarienbildung resultierenden Ansatzpunkte zur Konturierung eines Organisationsmodells zukunftsfähiger Arbeit werden in unserer Dissertation (Schäfer & Schön 1998b) durch die Aufarbeitung der Diskurse zu den Themenbereichen Ökologische und Soziale Ökonomie, Zeit und zur Neuordnung des Geschlechterverhältnisses überprüft, theoretisch unterfüttert und konkretisiert, so daß nunmehr folgende Fixpunkte benannt werden können:

- Über ein zukunftsfähiges Arbeitsorganisationsmodell gilt es, einen neuen Arbeitsbegriff zu konstituieren, der über die Erwerbsarbeit hinaus auch die lebensweltlichen Arbeiten sowie die Gemeinwesenarbeit einschließt.
- Dieser erweiterte Arbeitsbegriff muß sich in allen die Arbeit flankierenden institutionellen, zeit- und infrastrukturellen, finanziellen und sozialen Rahmensetzungen niederschlagen. Die normsetzende Kraft dieser Regelungen ist als Grundlage für einen sozio-kulturellen Einstellungswandel zum Thema Arbeit unabdingbar.
- Konkreter Regelungsbedarf besteht insbesondere in der finanziellen, zeit- und infrastrukturellen Verschränkung der bislang getrennten Arbeitsbereiche in der Erwerbs-, der Gemeinwesen- und der Versorgungsökonomie.
- Im bislang dominierenden erwerbswirtschaftlichen Bereich muß die Arbeit so organisiert werden, daß ihre räumliche Bindung zumindest partiell gewährleistet ist, daß mittels partizipativer und transparenter Strukturen die individuelle und betriebliche Verantwortung und Verantwortungsbereitschaft stärker zum Tragen kommt, und daß die zeitliche Organisation von Arbeit eher mit den Anforderungen der Lebenswelt sowie mit der natürlichen Mitwelt kompatibel ist.

Bei der – mit dem Blick auf die Umsetzung gerichteten – Konzipierung eines entsprechenden Arbeitsorganisationsmodells werden die derzeitigen Verteilungsungleichgewichte unübersehbar. Diese manifestieren sich in der Arbeitsteilung zwischen den Geschlechtern bzw. zwischen Lebenswelt und Arbeitswelt, in der Verteilung von Arbeit und Einkommen/sozialer Sicherung zwischen den oberen und unteren sozialen Schichten sowie in der Verteilung der ökologischen Nutzen und Lasten zwischen heutigen und künftigen Generationen.

Verteilungsgerechtigkeit ist eines der konstitutiven Elemente der Nachhaltigkeit (Hübler et al. 1998). Die Frage, wie diese Ungleichgewichte ausgeglichen werden können, kann für die Entwicklung eines nachhaltigen Gesellschaftsmodells nicht unbeantwortet bleiben. Deutlich wird auch, daß die notwendigen Umverteilungsprozesse unmöglich allein von einzelnen Akteuren/-innen oder Gruppierungen, seien es Haushalte, Gewerbe oder staatliche Institutionen, vorangetrieben werden können. Neue politische Rahmensetzungen, die allen Betroffenen langfristig angelegte Umorientierungen ihrer Ziele, Verfahren und Routinen ermöglichen, sind unerläßlich. Leitfragen für die Transformation der heutigen in eine nachhaltige Gesellschaft mit dem Fokus auf die Organisation von Arbeit sind:

- Wie können Arbeitsprozesse nahräumlich und bedürfnisgerecht organisiert werden?
- Wie können die Sphären der industriellen, global organisierten Arbeit und der gemeinwesenorientierten, regional organisierten Arbeit miteinander verknüpft werden?
- Wie können die neuen Formen der Arbeit über die Mittelstandsperspektive hinaus auf höhere und niedrigere Einkommensgruppen erweitert werden?
- Wie können Männer dazu veranlaßt werden, sich im lebensweltlichen Bereich gleichrangig zu engagieren?

Wege zur Arbeitsorganisation für eine nachhaltige Gesellschaft

Die vorangestellten Überlegungen führen zu der Erkenntnis, daß *einer* der Wege zu der einer nachhaltigen Gesellschaft förderlichen Arbeitsorganisation über die Änderung des gesetzlichen Rahmens erfolgen muß, da eine grundlegende Angleichung der sozio-strukturell und vor allem geschlechtsspezifisch unterschiedlichen Machtverhältnisse und Gestaltungsspielräume im Arbeitsbereich notwendig erscheint. Die im folgenden im Mittelpunkt stehenden legislativen Reformvorschläge reflektieren auch die zum Teil massive Kritik an bislang vorliegenden Arbeiten zur Nachhaltigkeitsdiskussion, die den "Umweltraum" gegenüber dem "Sozialraum" überhöhen und die notwendige gesellschaftliche Umgestaltung mit eher appellativen Postulaten tendenziell individualisieren.

Das Maßnahmenpaket in Form von fünf Gesetzesvorschlägen greift die oben genannten Fixpunkte des Arbeitsorganisationsmodells in Verbindung mit den Leitfragen auf und bezieht seine Relevanz und seine Durchschlagskraft vor allem aus der Kombination der hier vorgeschlagenen Lösungsansätze. Aus diesem Gesamtpaket herausgelöste Maßnahmen sind einer Umsetzung des Leitbildes Nachhaltigkeit nicht dienlich sondern unter Umständen eher kontraproduktiv. Die Fassung des Maßnahmenpakets in Gesetzesvorschläge erfüllt über die Notwendigkeit eines langfristigen Orientierungsrahmens hinaus auch noch eine weitere wichtige Funktion: Gesetze und Verordnungen prägen mit dem, was sie justitiabel und sanktionierbar machen und thematisieren oder nicht thematisieren, die normativ-symbolische Ebene einer gesellschaftlichen Verfassung mit. Die Veränderung dieser "immateriellen Infrastruktur" einer Gesellschaft ist eine der schwierigsten Aufgaben und hinkt häufig anderen Entwicklungen hinterher (Möller 1991: 22). Auch aus diesem Grund soll der grundsätzliche gesetzgeberische Handlungsbedarf zugunsten einer zukunftsfähigeren Arbeitsorganisation hier deutlich herausgestellt werden. Damit wird der Rahmen umrissen, in dem sich die in den Gestaltungsszenarien skizzierten Arbeitsinhalte und -formen entfalten könnten.

Die mit den nachfolgend skizzierten Regelungen zwangsläufig verbundenen demokratischen Prozesse und staatlichen Prüf- und Kontrollverfahren sind zwar zeitaufwendig und arbeitsintensiv, dafür entfallen an anderer Stelle Bürokratien – beispielsweise im gesamten Sozialversicherungsbereich, in weiten Teilen der Umweltgesetzgebung und der Genehmigungsverfahren. Um den Umstellungsprozeß zu ermöglichen, haben wir einen Übergangszeitraum von 10 Jahren vorgesehen, in dem zum Teil besondere Regelungen greifen.

1. Arbeitszeitgesetz

- *Einführung der 30-Stunden-Woche als gesetzliche Höchstarbeitszeit mit einer Übergangsfrist von 10 Jahren*
- *Während dieser Übergangszeit werden Einkommen, die ab der 30. Stunde/Woche erzielt werden, progressiv besteuert, sofern das Monatseinkommen 4.000 DM bruttoübersteigt.*
- *Die im Betriebsverfassungsgesetz fixierte Freistellung der Mitarbeiter/-innen für Gemeinwesenarbeit bleibt davon unberührt.*
- *Die konkrete Ausgestaltung der Erwerbsarbeitszeiten erfolgt in Absprache mit dem Betriebsrat*
- *Nach Ablauf der Übergangszeit von 10 Jahren gilt die Arbeitszeitverkürzung auch für alle hohen Staatsämter.*

2. Grundsicherungsgesetz

- *Einführung einer steuerfinanzierten Grundsicherung in Höhe von 1500 DM/Monat*
- *mit Bedürfnisprüfung*
- *mit entsprechender Aufstockung der unter dieser Grenze liegenden Erwerbsarbeits-einkommen*
- *nicht an die Aufnahme einer Arbeit gekoppelt*

3. Gleichstellungsgesetz

- *Institutionalisierung von Ombudsfrauen als Anlauf- und Schiedsstelle für alle von Diskriminierung Betroffenen*
- *zwischen Ombudsfrau, den quotierten Betriebsräten und der Unternehmensleitung sind jährliche Übereinkünfte zur Förderung der Gleichstellung zu fixieren, deren Einhaltung von den Betriebsräten überprüft wird*
- *zur Erfüllung der in den Plänen festgelegten Quoten ist die Einstellung auch geringer qualifizierter Frauen möglich*
- *Einführung einer Elternversicherung zur Finanzierung eines 12-monatigen Elternurlaubs bei 90%-igem Lohnausgleich (bei Nicht-Inanspruchnahme durch den Vater nur 10 Monate) und Erwerbsarbeitsplatzgarantie für die Mutter*
- *garantierte Kinderbetreuung für alle Altersstufen und Tages- und Nachtzeiten in staatlichen Einrichtungen oder durch staatlich (mit-)finanzierte private Einrichtungen*
- *50/50-Quotierung aller Entscheidungsgremien auf Bund-, Länder- und Kommunalebene mit der Einrichtung von Frauenbeiräten mit Veto-Recht für die Übergangszeit von 10 Jahren*

4. Betriebsverfassungsgesetz

- *Steuervergünstigung für die Einrichtung von Verbraucher/-innenbeiräten oder vergleichbarer Kooperationsformen*
- *Abgestufte Steuervergünstigungen für Unternehmen, die Gesamt- oder Teilgewinne an*
  a. die Mitarbeiter/-innen
  b. den Regionalfonds
  c. sonstige gemeinwohl-orientierte Organisationen abführen
- *Freistellung der Mitarbeiter/-innen für gemeinwesenorientierte Tätigkeiten bei vollem Lohnausgleich für 40-60 Tage/Jahr; gilt für Unternehmen mit mehr als 100 Mitarbeiter/-innen oder Dependenzen in anderen Ländern; wird auf Antrag analog zur Bildungsurlaubsregelung gewährt; Freistellung nur für die vom Regionalen Runden Tisch anerkannten Gemeinwesenorganisationen*
- *Einrichtung eines nach Geschlecht und Hierarchie quotierten Betriebrates*

5. Regionalstrukturgesetz

- *Neustrukturierung der politisch-administrativen Ebenen und Entscheidungskompetenzen nach den Kriterien der regionalen Versorgungswirtschaft mit der Erweiterung regionalplanerischer Kompetenzen und der Einrichtung eines Amtes für Regionalwirtschaft*
- *Erhöhung des Anteils regional bezogener Produkte und Dienstleistungen im öffentlichen Beschaffungswesen auf 60% binnen 10 Jahren*
- *Regionalmarktverordnung: Kommunen als Veranstalter regional belieferter Wochenmärkte*
- *Institutionelle Grundfinanzierung für eine Einrichtung zur Unterstützung regionaler Initiativen und Projekte in freier Trägerschaft*
- *Einrichtung eines Regionalfonds*
- *Einrichtung eines Regionalen Rundes Tisches mit Entscheidungskompetenzen hinsichtlich der Anerkennung der Gemeinwesenorientierung von Organisationen und der Mittelvergabe*

Widersprüche zwischen dem Nachhaltigkeitsmodell und aktuellen Modernisierungs- und Gesellschaftstheorien

Die Ausdifferenzierung und Konkretisierung des Nachhaltigkeitskonzepts für die Bedürfnisfelder Wohnen und Ernährung einerseits und für die Organisation zukunftsfähiger Arbeit andererseits orientiert sich an der Zielvorstellung, ein möglichst konsistentes Modell zu entwickeln, das die wesentlichen Einflußfaktoren entlang der drei Analysekategorien Umwelt, Arbeit und Geschlecht ermittelt und in einem um die Kategorie Arbeit zentrierten Modell einer nachhaltigen Gesellschaft zusammenfügt. Mit diesem Ziel verbindet sich die Absicht, dieses Orientierungsangebot dem um sich greifenden Perspektivenverlust gegenüberzustellen und Nachhaltigkeit als (be-)greifbare und umsetzbare Option zu fördern.

Die Diskrepanz zwischen dem Nachhaltigkeitsmodell und der gesellschaftlichen Realität ist offensichtlich, so daß eine kritische Einordnung dieses Modells in gesellschaftliche Bezüge und Entwicklungen unerläßlich ist, um nicht den Anschein der Negierung dieses Auseinanderklaffens zu erwecken. Daher erscheint uns im Anschluß an die Konkretisierung des Modells gerade die Beschäftigung mit den potentiellen Unvereinbarkeiten als notwendig und weiterführend.

Da bislang Verknüpfungen zwischen dem Nachhaltigkeitskonzept und aktuellen Gesellschafts- und Modernisierungstheorien nicht einmal ansatzweise vorliegen, sind die folgenden Überlegungen notwendigerweise bruchstückhaft und unvollkommen. Sie vermögen jedoch zahlreiche neue Fragestellungen für die erforderliche sozialwissenschaftliche und gesellschaftstheoretische Kontextualisierung der Nachhaltigkeitsdiskussion zu eröffnen.

Angesichts der unübersehbaren Widersprüche zwischen historischen und aktuellen gesellschaftlichen Realitäten einerseits und den in sozio-ökonomische und kulturelle Ausprägungen übersetzten ökologischen Anforderungen andererseits drängen sich folgende Fragen auf:

Ist Nachhaltigkeit tatsächlich eine umsetzbare Option für die Entwicklung der deutschen Gesellschaft? Funktioniert eine nachhaltige Lebens- und Wirtschaftsweise nur im Rahmen eines konsistenten gesamtgesellschaftlichen Modells, wie es in dieser Arbeit skizziert wurde? Ist eine partielle Nachhaltigkeit denkbar? Geht es nur "ganz oder gar nicht"?

Um sich diesen Fragen zu stellen, ist die Kontrastierung des – hier nur ausschnittweise – skizzierten, in sich konsistenten Nachhaltigkeitsmodells mit einigen, nicht nur die deutsche Gesellschaft ebenso prägenden wie zeitstabilen Strukturen, Entwicklungen und Werthaltungen notwendig. Einige zentrale Widersprüche sind:

- Verschiedene der von uns im Rahmen der Gesetzesvorschläge aufgegriffenen Gestaltungs- und Lösungskomponenten werden zum Teil seit Jahrzehnten weitgehend folgenlos diskutiert (z.B. Grundsicherung, Regionalisierung) oder sind – unter anderen historischen Bedingungen – gescheitert (z.B. bestimmte Gemeinschaftseinrichtungen, Mitbestimmungskonzepte). Diese Komponenten wurden hier dennoch wieder als Elemente für die Skizzierung einer nachhaltigen Lebens- und Wirtschaftsweise angeführt, weil sie im Rahmen eines konsistenten Modells plausibel erscheinen. Möglicherweise sind sie *ausschließlich* in diesem Rahmen sinnvoll und nachhaltig.
- Verschiedene gesellschaftliche Entwicklungen könnten sich als stabile Hindernisse einer nachhaltigen Lebens- und Wirtschaftsweise herausstellen. Dies gilt für die Individualisierungsschübe, die für moderne Gesellschaften typisch sind und gegenwärtig ein historisch beispielloses Ausmaß erreicht haben. Moderne Menschen sind weniger von Verwandtschaftsbeziehungen abhängig und in geringerem Maße sozialer Kontrolle unterworfen. Andererseits sind sie nur scheinbar freier und zwangloser als frühere Menschen, faktisch aber in zahlreiche neue Zwänge verstrickt. (Elias 1987) Diese sich mit der Singularisierung der Haushalte verstärkende Privatisierung der Bedürfnisbefriedigung und die relativ autonome Verfügungsgewalt über die Mittel zur Bedürfnisbefriedigung stehen einer unter Nachhaltigkeitsaspekten notwendigen (Teil-)Vergemeinschaftung sowohl der Mittel als auch der Prozesse diametral gegenüber. Wie der Mittelweg zwischen sozialer Kontrolle und Kollektivierung auf der einen Seite und Autonomie und Vielfalt der Optionen auf der anderen Seite aussehen könnte, wurde in den Gestaltungsszenarien zwar anzudeuten versucht, ist letztlich aber offen.
- Die dem Nachhaltigkeitsmodell immanente Forderung nach einer Wiederannäherung der Menschen und ihrer Aktivitäten an die Rhythmen, Zeitlichkeiten und Funktionsbedingungen der Natur scheint aus dem Blickwinkel des Emanzipationsprozesses der Menschen von der Natur ein

Rückschritt zu bedeuten. Beck weist zwar darauf hin, daß dieser Emanzipationsprozeß die Menschen keineswegs unabhängiger von der Natur gemacht hat; vielmehr konstatiert er sowohl eine dem industriellen System immanente Naturabhängigkeit als auch eine Naturabhängigkeit der zivilisatorischen Lebensformen, die aus den ökologischen Risiken und Bedrohungen erwächst. (Beck 1986: 8 f.) Dennoch rührt die Attraktivität moderner Lebensstile zu einem nicht unwesentlichen Teil aus der bereits oben erwähnten optionalen Vielfalt, alles zu jeder Zeit haben und tun zu können, die durch die Anerkennung der natürlichen Begrenzungen zweifellos eingeschränkt würde. Das Spannungsverhältnis besteht zwischen Wahlfreiheit und Verdrängung unangenehmer Folgen der Domestizierung der Natur (Loo & Reijen 1997) einerseits und der Erfahrbarkeit der natürlichen Mitwelt mit positiven und negativen Aspekten andererseits.

- Der Stärkung der regionalen Identität, Politik, Wirtschaft und Kultur als wesentlicher Eckpunkt eines nachhaltigen Gesellschaftsmodells steht die faktische Ausweitung der Räume und Erfahrungswelten gegenüber, mit der auch eine emanzipatorische Überwindung von Klassen- und Milieugrenzen und damit die Ermöglichung gleichberechtigter Zugänge verbunden war (Canzler & Knie 1998: 31 f.). Daher ist der Regionalisierungsansatz unter ökologischen und sozio-ökonomischen Aspekten zwar wünschenswert, aus kultureller Perspektive allerdings zwiespältig. Aus den ökologisch begründeten Begrenzungen entfernungsintensiver Lebensstile erwächst die Gefahr eingeschränkter Erfahrungswelten. Vor diesem Hintergrund erscheint die im Nachhaltigkeitsdiskurs häufig geforderte Verknüpfung raumgebundener Identitäten mit globalen Perspektiven, die wiederum zur Relativierung eben dieser raumgebundenen Identitäten beitragen, als Paradox. Auch im Diskurs zur nachhaltigen Regionalentwicklung werden die mit einer Beschränkung der räumlichen und kulturellen Erfahrungs- und Gestaltungswelten verbundenen Gefahren thematisiert. Vor dem Hintergrund, daß Teile des Regionalisierungsansatzes auch Bestandteil der nationalsozialistischen Ideologie waren, gewinnt die oben aufgeworfene Frage "Nachhaltigkeit – Ganz oder gar nicht?" an Gewicht.
- Die Emanzipationsbewegung der Frauen findet als soziales Phänomen und das soziale Geschlecht als Kategorie zwar verstärkt Eingang in wissenschaftliche und gesellschaftliche Debatten und Analysen, die Realität spricht indes immer noch eine andere Sprache. Eine unbestritten wichtige

Ursache ist die enorme Machtasymmetrie zwischen den Geschlechtern. Vor dem Hintergrund der Herausforderungen für Frauen, aktiv an der Veränderung dieser Machtasymmetrien zu arbeiten, muß allerdings auch auf die sozio-strukturellen Unterschiede zwischen den Frauen hingewiesen werden. In ausdifferenzierten Gesellschaften sind Frauen sowohl hinsichtlich ihrer normativen Grundorientierungen und intellektuellen Fähigkeiten als auch hinsichtlich ihrer materiellen Situation sehr unterschiedlich positioniert. Dies hat nicht nur Auswirkungen auf ihre entsprechenden Fähigkeiten, sondern auch auf ihre Motivation zur Übernahme von Macht – denn darum geht es letztendlich. Da – nicht nur in dieser Untersuchung – den Frauen eine durchaus tragende Rolle im Nachhaltigkeitsprozeß beigemessen wird, steht die Frage im Raum, ob hier nicht die Handlungsmotivationen und Gestaltungsansprüche dieser gesellschaftlichen Gruppe überschätzt werden.

- Die starke Betonung partizipativer Elemente und transparenter Entscheidungs- und Wirtschaftsprozesse im Nachhaltigkeitsmodell kollidiert mit der sehr komplexen und funktional differenzierten Gesellschaft und Wirtschaft. Sollen die vorgeschlagenen Beteiligungsmodelle in derart komplexen und interdependenten Strukturen praktiziert werden, so ist in mehrfacher Hinsicht eine Überlastung sowohl der Individuen als auch der Unternehmen und der Institutionen zu erwarten. Andererseits kann kaum davon ausgegangen werden, daß die Komplexität und Ausdifferenzierung der Gesellschaft in wesentlichem Umfang reduziert werden wird. Partizipation, soll sie direkt und nicht nur indirekt vermittelt (z.B. per Wahlen) begriffen werden, steht als konstitutives Element der Nachhaltigkeit daher tendenziell im Widerspruch zur gesellschaftlichen und wirtschaftlichen Komplexität.
- Das in unserer Dissertation entwickelte Modell einer nachhaltigen Lebens- und Wirtschaftsweise (Schäfer & Schön 1998b) für die bundesrepublikanische Gesellschaft erfordert eine analytische Begrenzung auf den Nationalstaat. Diese Herauslösung aus dem internationalen Kontext läßt notwendigerweise weitere Einflußfaktoren unberücksichtigt. Nachhaltigkeitskonzepte müssen jeweils auf bestimmte Gesellschaften und Kulturen zugeschnitten sein. Gleichzeitig stehen diese in einem zunehmend internationalisierten Kontext, der so wichtige Faktoren wie Arbeitsteilung, Kommunikation, Kapital- und Ressourcenverfügbarkeit sowie kulturelle

Prägungen aber auch globale Risiken und Bedrohungen determiniert. Wie unter diesen Bedingungen nachhaltige Wirtschaften und Gesellschaften entwickelt werden können, ist offen. Theoretisch sind zwar einige Elemente dieses Nachhaltigkeitsmodells auf vergleichbare moderne Industriegesellschaften übertragbar, aber schon bei näherem Hinsehen werden auch zwischen diesen – global betrachtet sehr ähnlichen – Gesellschaften sozio-kulturelle Differenzen unübersehbar. Beispiele sind die von der deutschen Wohnkultur abweichenden niederländischen und dänischen Varianten, oder die von der deutschen durchaus sich unterscheidenden Koch- und Eßkulturen in Italien und Frankreich. Die daraus resultierenden Varianzen in den Bedürfnisstrukturen müßten aber – unter dem Gebot der Verteilungsgerechtigkeit – international verträglich sein. Die damit verbundenen nationalen und transnationalen Steuerungsprobleme und vor allem die hierfür notwendige Enthierarchisierung der internationalen Beziehungen sind völlig ungelöst.

- Angesichts der umfassenden gesellschaftlichen Transformationsprozesse, die einer nachhaltigen Ausgestaltung vorausgehen müssen, gewinnt die von Joseph Huber bereits 1981 gestellte Frage "Wer soll das alles ändern?" an neuer Aktualität (Huber 1981). Die Zuspitzung auf legislative Reformen unterstellt bereits einen entsprechenden Wandel vor allem der sozio-kulturellen Verfaßtheit der Gesellschaft, da eine derartige Vorreiterrolle seitens der politischen Akteure/-innen nicht ernsthaft erwartet werden kann. Ob und wie allerdings auf verschiedenen Ebenen und von – mehr oder weniger – allen gesellschaftlichen Akteuren/-innen möglichst zeitlich synchrone Transformationsprozesse noch dazu in dieselbe Richtung gewünscht und vorangetrieben werden könnten, ist aus heutiger Sicht noch unabsehbar.

Deutlich ist, daß die nachhaltige Entwicklung einer Gesellschaft keinen Teilbereich unberührt läßt und bedeutende Transformationsprozesse voraussetzt. Elias geht in seinen theoretischen Aufarbeitungen gesellschaftlichen Wandels davon aus, daß soziale Prozesse, und dazu muß die nachhaltige Entwicklung einer Gesellschaft wohl gerechnet werden, von einer außerordentlichen Langfristigkeit gekennzeichnet sind. Diese erstrecken sich über eine Dauer von mindestens drei Generationen und vollziehen sich im Wandel der Beziehungsgeflechte der Menschen (Elias 1986: 234 f.). Die Individuen sind weder nur autonom noch nur von den gesellschaftlichen Verhältnissen abhängig, vielmehr konstituieren sich soziale Prozesse in einer Wechselbeziehung individueller Handlungen und gesellschaftlicher Beziehungsgeflechte. Dabei mißt er den nicht-beabsichtigten Folgen menschlichen Handelns eine große Bedeutung bei. Individuen bringen zwar soziale Entwicklungen in Gang, sind aber nicht unbedingt in der Lage, diese Entwicklungen zu überblicken oder zu kontrollieren. “Aus dieser ständigen Verflechtung ergeben sich immer wieder langfristige Veränderungen des gesellschaftlichen Zusammenlebens der Menschen, die kein Mensch geplant und wohl auch niemand vorausgesehen hat”. (Ebda.: 239) Soziale Prozesse sind nicht notwendigerweise unilinear. Elias konstatiert allerdings eine große Wahrscheinlichkeit, daß sie sich von einer weniger komplexen, differenzierten und integrierten zu entsprechend komplexeren, differenzierteren und höher integrierten gesellschaftlichen Figurationen entwickeln (Elias 1970).

Die hier angesprochenen Aspekte der Langfristigkeit sozialer Prozesse, ihres unkalkulierbaren Verlaufes und ihrer – nicht notwendigen, aber wahrscheinlichen – Höherentwicklung hinsichtlich Komplexität, Differenzierung und Integration können die Frage nach dem Realisierungswert des Modells einer nachhaltigen Gesellschaft zwar nicht beantworten, sie werfen aber noch einmal ein deutliches Schlaglicht auf die kritischen Punkte:

- Ein sozialer Prozeß in Richtung Nachhaltigkeit scheint nicht unmittelbar, im Sinne einer direkten Einflußnahme, steuerbar zu sein. Dies relativiert sowohl die hier in den Vordergrund gestellten legislativen Ansätze als auch die in anderen Nachhaltigkeitsmodellen erfolgte Überhöhung der Konsumenten/-innenmacht. Die bereits oben angedeutete Notwendigkeit einer zeitlich synchronen wechselseitigen Beförderung des Nachhaltigkeitsziels auf verschiedenen gesellschaftlichen Ebenen würde damit verstärkt.
- Individuelle Handlungen können unabsehbare Folgen haben. Das heißt, daß auch die mehr oder weniger stringente Verfolgung des Nachhaltigkeitszieles keineswegs eine Gewähr für eine entsprechende gesellschaftliche Entwicklung ist. In diesem Zusammenhang sei auf die ebenso häufig auftretenden wie verhängnisvollen Fehler verwiesen, die Menschen im Umgang mit komplexen Situationen unterlaufen (Dörner 1989). Diese Überlegungen unterstreichen das Steuerungsproblem.

- Die Wahrscheinlichkeit, daß gesellschaftliche Entwicklungen stets auf eine Steigerung der Komplexität, Differenzierung und Interdependenz ihrer Strukturen hinauslaufen, sollte für den hier fraglichen Realisierungswert des Modells einer nachhaltigen Gesellschaft eine entscheidende Rolle spielen. Konkret bedeutet dies, daß eine nachhaltige Gesellschaft nicht hinter den Entwicklungsstand einer modernen Gesellschaft, so wie sie in ihren konstitutiven Elementen vielfach beschrieben wurde (u.a. Loo & Reijen 1997), zurückfallen kann, so sie eine Realisierungschance haben will.

Die eingangs aufgeworfene Frage "Ganz oder gar nicht?" beantworten wir vor dem Hintergrund dieser Überlegungen implizit mit den folgenden zwei Feststellungen:

1. Das Konzept der Nachhaltigkeit verlangt die "ganze" Umsetzung.
2. Es kann nur an die bereits erreichten Standards und Strukturen der Moderne anknüpfen und sich aus ihnen weiterentwickeln.

Die Weiterentwicklung aktueller Gesellschaftstheorien in eine Theorie der Nachhaltigkeit halten wir auf jeden Fall für ein ebenso notwendiges wie interessantes Forschungsdesiderat.

Literatur

Beck, U. (1986): Risikogesellschaft. Auf dem Weg in eine andere Moderne. Frankfurt am Main 1986.

Canzler, W. & A. Knie (1998): Möglichkeitsräume. Grundrisse einer modernen Mobilitäts- und Verkehrspolitik. Wien u.a. 1998.

Dierkes, M. (1997): Problemraum Zukunft. Sackgassen, Trendfelder, Arbeitsrichtungen. Unveröffentlichtes Arbeitspapier, in Auszügen veröffentlicht in: Welt am Sonntag vom 11.05.97, S. 49.

Dörner, D. (1989): Die Logik des Mißlingens. Strategisches Denken in komplexen Situationen. Hamburg 1989.

Elias, N. (1970): Was ist Soziologie? München 1970.

Elias, N. (1986): "Figuration"; "Prozesse, soziale"; "Zivilisation". In: Schäfers, B. (Hrsg.): Grundbegriffe der Soziologie. Opladen 1986.

Elias, N. (1987): Die Gesellschaft der Individuen. Frankfurt am Main 1987.

Huber, J. (1981): Wer soll das alles ändern? Berlin 1981.

Hübler, K.-H.; J. Kaether; U. Weiland (1998): Weiterentwicklung und Präzisierung des Leitbildes der nachhaltigen Entwicklung in der Regionalplanung und regionalen Entwicklungskonzepten. Unveröffentlichter Zwischenbericht des F+E-Vorhabens, Berlin 1998.

Loo, H. v. d. & W. v. Reijen (1997): Modernisierung. Projekt und Paradox. München 1997.

Möller, C. (1991): Über das Brot, das Euch in der Küche fehlt, wird nicht in der Küche entschieden. In: Beiträge zur feministischen Theorie und Praxis 29/1991, Köln, 7-24.

Schäfer, M. & S. Schön (1997): Ernährung – komplexes Menü mit vielen Gängen. In: Wechselwirkung, Jg. 19, Nr. 86, August/September 1997, 6-13.

Schäfer, M. & S. Schön (1998a): Frühstück bei Frau K. Ein Blick in die Zukunft des nachhaltigen Arbeitens und Lebens. In: Politische Ökologie, Nr. 54, Mai/Juni 1998, 71-74.

Schäfer, M. & S. Schön (1998b): Zukunftsfähige Arbeit und ihre sozialen, ökonomischen und kulturellen Bedingungen. Eine exemplarische Analyse der Bedürfnisfelder Wohnen und Ernährung. Dissertation an der TU Berlin, in Veröffentlichung.

Schön, S. & M. Schäfer (1997): Das Lego-Prinzip. Aus der Kinderstube in die Planungsetage. In: Wechselwirkung, Jg. 19, Nr. 87, Oktober/November 1997, 17-21.

Diskussion

Esther Hoffmann, Ulrike Weiland

Das Konzept Nachhaltigkeit in der feministischen Kritik: Vom Ausleuchten blinder Flecke zum Blick auf das Ganze

Zusammenfassung der Diskussionen

In der Einführung zu diesem Band wurden einige Fragen formuliert, die sich als "roter Faden" durch die Diskussionen im Anschluß an die Vorträge der Ringvorlesung zogen. In diesem Beitrag werden wir zunächst diese Diskussionen zusammenfassen und anschließend die Thesen und Ergebnisse der Abschlußdiskussion darstellen. Hierbei sollen die Positionen der TeilnehmerInnen der Ringvorlesung im Vordergrund stehen.

Auswertung der Diskussionen: Auf dem Weg zu einer feministischen Konzeption von Nachhaltigkeit

Wie ist mit dem Dilemma umzugehen, einerseits das im offiziellen Nachhaltigkeitsdiskurs weitgehend unsichtbare Geschlechterverhältnis sichtbar zu machen und Unterschiede in den Ausgangspositionen von Frauen und Männern zu berücksichtigen, ohne zu einer Festschreibung traditioneller Geschlechtsrollen, sondern vielmehr zur Entwicklung eines neuen Geschlechterverhältnisses beizutragen?

Zu dieser Frage wurden unterschiedliche Positionen vertreten. Einerseits wurde die Ansicht formuliert, daß die Analyse und Beschreibung des Ist-Zustandes Voraussetzung für eine Veränderung des Geschlechterverhältnisses ist. Hierbei sei es jedoch zum einen wichtig zu berücksichtigen, welches Erkenntnisinteresse hinter den Analysen stehe und zum anderen zu beachten, daß Frauen keine homogene Gruppe seien, sondern unterschiedliche Ausgangspositionen haben.

Die andere Seite sah die Gefahr, daß geschlechtsspezifische Analysen dazu beitragen können, das Geschlechterverhältnis zu verfestigen. Als Beispiele wurden Forschungen zu Umweltbewußtsein und Umweltverhalten sowie die Verkehrsplanung angeführt. In der Forschung zu Umweltbewußtsein und Umweltverhalten werden Frauen als die ökologische Avantgarde bezeichnet, ohne zu berücksichtigen, daß im Rahmen dieser Forschung häufig Reproduktionsarbeiten, das heißt traditionelle Aufgabengebiete von Frauen, betrachtet werden. Mit der Einstufung als ökologische Avantgarde besteht die Gefahr, daß Frauen weiterhin für diese Bereiche verantwortlich gemacht werden. Auch in geschlechtsspezifischen Analysen des Mobilitätsverhaltens wurde die Gefahr gesehen, daß sie als Argumentation dafür verwendet werden könnten, Frauen auf Reproduktionsarbeit festzulegen, da durch vermehrte Teilhabe von Frauen an Erwerbsarbeit das Verkehrsaufkommen zunehme. Zudem seien Maßnahmen, die zum Beispiel aus feministischen Analysen in der Verkehrsplanung abgeleitet werden, zum Teil als *end-of-the-pipe* Lösungen anzusehen. Zum Beispiel lasse sich durch das Anbringen von Lampen in U-Bahnhöfen bestenfalls ein Problembewußtsein für strukturelle Gewalt gegen Frauen schaffen, die Wurzeln des Problemes blieben jedoch unberührt.

Insbesondere im Zusammenhang mit der Bedeutung, die Versorgungsarbeit im Nachhaltigkeitskonzept beigemessen wird, wurden unterschiedliche Positionen deutlich. Während einige DiskussionsteilnehmerInnen der Ansicht waren, daß die Nachhaltigkeitsdiskussion die Chance biete, Versorgungs- und Reproduktionsarbeit gesellschaftlich aufzuwerten und so die geschlechtsspezifische Arbeitsteilung zu überwinden, waren andere der Ansicht, daß die Zunahme von Reproduktions- und Eigenarbeit zwar ökologisch sinnvoll sei, daß aber im bestehenden Gesellschaftssystem keine Möglichkeit bestehe, diese progressiv umzusetzen, ohne alte Geschlechtsrollen zu festigen. Chancen für eine geschlechterverträgliche Nachhaltigkeit wurden in Konzepten zu Vergesellschaftung und gemeinsamer Nutzung gesehen. Diese Konzepte seien jedoch in einer marktwirtschaftlich orientierten Gesellschaft schwer zu realisieren.

Insgesamt hielten die TeilnehmerInnen das Aufzeigen des Geschlechterverhältnisses für wichtig. Bei den daraus abzuleitenden Maßnahmen sei jedoch kritisch zu hinterfragen, ob sie zu einer Veränderung oder zu einer Festschreibung des Geschlechterverhältnisses beitragen.

Weiterhin wurde die Verschiebung von Verantwortung auf die privaten Haushalte thematisiert, die mit einem Anstieg der Versorgungsarbeit verbunden ist, der sich insbesondere auf Frauen auswirkt. Um dies genauer zu untersuchen, wäre eine neue Zeitbudget-Studie erforderlich. Diese wäre auch eine wichtige Voraussetzung für die Einbeziehung von Nicht-Erwerbsarbeit in die Ermittlung von Nachhaltigkeitsindikatoren. Wichtig erschien es insgesamt, Forschung und Erkenntnisse zur Nachhaltigkeit stärker mit Ergebnissen der Frauenforschung und feministischen Forschung zu kombinieren.

Welche (neuen) Methoden und Verfahren eignen sich dazu, das Wissen, die Problem- und Risikowahrnehmung von Nicht-Wissenschaftlerinnen und Nicht-Wissenschaftlern allgemein und Frauen als relevanten Alltagsakteurinnen gleichberechtigt in die naturwissenschaftlich-ökologische Dimension der Nachhaltigkeitsdebatte einzubeziehen?

Zunächst ist festzuhalten, daß die naturwissenschaftlich-ökologische Dimension der Nachhaltigkeitsdebatte nicht als objektiv anzusehen ist, sondern gesellschaftlichen Aushandlungsprozessen unterliegt; dies hat zum Beispiel die feministische Kritik an der Studie "Zukunftsfähiges Deutschland" (BUND & Misereor 1996) gezeigt (vgl. die Beiträge von Irmgard Schultz und Ines Weller in diesem Band). Insbesondere die Hierarchisierung zwischen Natur- und Sozialwissenschaften im Nachhaltigkeitsdiskurs wurde kritisiert: bislang gebe es zu wenige sozialwissenschaftliche Auseinandersetzungen mit Nachhaltigkeit. Statt dessen wurde für wichtig gehalten, daß die vorwiegend naturwissenschaftlichen bzw. ökologischen Nachhaltigkeitskonzepte mit sozialwissenschaftlichen Theorien und Methoden analysiert und kritisch hinterfragt werden.

Als Voraussetzung für einen konstruktiven Nachhaltigkeitsdiskurs wurde ein hierarchie- und machtfreier Diskurs genannt, in dem alle Meinungen gleich ernst genommen werden, unabhängig davon, ob sie von LaiInnen oder von ExpertInnen geäußert werden.

In den Diskussionen wurde es als wichtige Voraussetzung angesehen, bereits bei der Problemdefinition und der Festlegung der Fragestellungen eine breite gesellschaftliche Beteiligung zu erreichen. Es wurde darauf hingewiesen, daß dies in bisherigen Ansätzen zur Beteiligung von Nicht-ExpertInnen an der Bearbeitung von Umweltproblemen häufig nicht der Fall sei. So werden zum Beispiel in gesellschaftlichen Beiräten für Ökobilanzen oder bei "Runden Tischen" zu umweltpolitischen Fragestellungen die zu behandelnden Probleme vorwiegend naturwissenschaftlich bzw. ökologisch definiert. Nicht-WissenschaftlerInnen haben selten die Möglichkeit, ihre Sichtweise einzubringen, weil die Problemwahrnehmung von LaiInnen durch WissenschaftlerInnen häufig als nichtwissenschaftlich zurückgewiesen wird. Als Beispiel wurden die unterschiedlichen Fragestellungen von ExpertInnen einerseits und Nicht-

ExpertInnen andererseits in bezug auf Schadstoffe angeführt. Während zum Beispiel die Mutter eines allergiekranken Kindes frage, wie sie ihr Kind vor der Belastung durch Schadstoffe schützen könne, fragen ExpertInnen nach der durchschnittlichen Belastung der Bevölkerung und deren Auswirkung auf "den Normalbürger".

Kontrovers diskutiert wurde die in der Nachhaltigkeitsdiskusssion häufig gestellte Forderung nach mehr Partizipation. Grundsätzlich wurde nach den Konsequenzen der durch Partizipation getroffenen Entscheidungen gefragt und kritisiert, daß durch bereits existierende Formen der Partizipation in Planungsprozessen die herkömmlichen Entscheidungs- und Machtverhältnisse nicht verändert worden seien. Zusätzlich wurde es für schwierig gehalten, Partizipation in einer repräsentativen Demokratie zu verwirklichen, deren Grundsatz es ja gerade sei, daß Entscheidungen durch gewählte VertreterInnen getroffen werden. Darüber hinaus sei Partizipation arbeitsintensiv, was zu einer zusätzlichen zeitlichen Belastung von Frauen führe. In diesem Zusammenhang wurde die Forderung nach Aufwandsentschädigungen oder zeitlichen Entlastungen erhoben, damit Frauen an Beteiligungsprozessen teilnehmen können. Die KritikerInnen einer Ausweitung von Partizipation in Planungs- und politischen Prozessen hielten es für sinnvoller, gesetzlich vorzuschreiben, daß feministische Analysen in Planungsprozessen von offizieller Seite durchgeführt werden. Ein anderer Vorschlag betraf die Veränderung der Arbeitsteilung zwischen Politik und Verwaltung einerseits und BürgerInnen und Nicht-Regierungs-Organisationen andererseits: zukünftig solle die "Holschuld" bei den Behörden liegen und nicht – wie bisher – die "Bringschuld" bei den BürgerInnen.

Als Beispiel für die verschiedenen Sichtweisen auf Partizipation kann die Diskussion um die Lokale Agenda 21 betrachtet werden. Diese wurde einerseits als Ansatz für die Erprobung verschiedener Beteiligungsformen angesehen, anderseits wurde sie als "Beschäftigungsmaßnahme ohne politische Konsequenzen" kritisiert. Darüber hinaus finde die Arbeit in Lokalen Agenda 21-Arbeitsgruppen losgelöst vom ExpertInnendiskurs über Nachhaltigkeit statt. Es sei wichtig, Methoden zu finden, die dazu beitragen, daß die Kommunikation zwischen den BürgerInnen und den ExpertInnen intensiviert werde.

Insgesamt wurde deutlich, daß Bedarf an neuen Beteiligungsmethoden besteht. Neue Ansätze werden zum Beispiel bereits in den Niederlanden erprobt: dort zeichnen verschiedene AkteurInnen (ExpertInnen, HerstellerInnen und KonsumentInnen) in Modellversuchen zu Innovationsprozessen Zukunftsbilder.

Wie kommen wir von den feministischen Kritikperspektiven zu Umsetzungsperspektiven und Gegenmodellen des Nachhaltigkeitsdiskurses, die die Ergebnisse der feministischen Analysen bzw. Gender-Aspekte aufnehmen?

Die Erarbeitung umfassender feministischer Entwürfe einer nachhaltigen Entwicklung wurde aufgrund der derzeitigen infrastrukturellen Bedingungen für Forschung und Forschungsförderung als schwierig eingestuft. Diese spiegeln die bestehenden Herrschafts- und Machtverhältnisse wider, die die Möglichkeiten für die Erarbeitung und Umsetzung feministischer Konzepte einschränken.

Vereinzelt wurden Zweifel geäußert, ob die Nachhaltigkeitsdiskussion überhaupt der geeignete Ort für das Einbringen feministischer Forderungen und Strategien sei, da sich der Nachhaltigkeitsdiskurs nicht grundsätzlich gegen Risikotechnologien wie zum Beispiel Gen-, Reproduktions- und Atomtechnik ausspreche, diese Technologien jedoch aus feministischer Sicht inakzeptabel seien. Möglichkeiten für Verhinderungsstrategien gegen diese Risikotechnologien wurden eher in sozialen Projekten und Bewegungen als in der Nachhaltigkeitsdiskussion gesehen.

Als Gegenmodelle wurden in der Ringvorlesung die Konzepte "Vorsorgendes Wirtschaften" (vgl. Sabine Hofmeister in diesem Band) und als Umsetzungsstrategie die Forschungsergebnisse zur "Zukunftsfähigen Arbeit" vorgestellt (vgl. Martina Schäfer und Susanne Schön in diesem Band).

Das Konzept "Vorsorgendes Wirtschaften" wurde insbesondere dahin gehend diskutiert, ob es sich in Verbindung mit dem herrschenden Wirtschaftssystem verwirklichen lasse, oder ob es eine vollständige Umwandlung des Wirtsschaftssystems erfordere. Ein Teil der DiskussionsteilnehmerInnen hielt Marktwirtschaft für nützlich, wenn sie als Mittel für den Zweck "vorsorgendes Wirtschaften" genutzt werde. Es sei möglich, Markt- und Geldökonomie mit vorsorgendem Wirtschaften zu verbinden, wenn andere Ziele als die Akkumulation von Kapital in den Vordergrund gestellt werden. Es wurde eine weitergehendere als nur monetäre Bewertung gefordert, da sich nicht physische Wertschöpfungen nicht vollständig monetär bewerten lassen. Die Gegenseite vertrat, daß sich die Prinzipien des vorsorgenden Wirtschaftens (z.B. Kooperation) nicht mit den Prinzipien der Marktwirtschaft (z.B. Konkurrenz) vereinbaren lassen. Die VertreterInnen dieser Position hielten es für notwendig, vorsorgendes Wirtschaften an die Stelle der Marktwirtschaft zu setzen und völlig auf monetäre Bewertungen zu verzichten.

Kernpunkt der Diskussion zu den Umsetzungsvorschlägen von Martina Schäfer und Susanne Schön war das von ihnen vorgeschlagene Gesetzespaket (vgl. Beitrag von Martina Schäfer und Susanne Schön in diesem Band): es wurden erhebliche Zweifel an der Durchsetzungskraft von Gesetzen geäußert. Dieses Mißtrauen stützte sich zum einen darauf, daß bereits eine Vielzahl von Gesetzen zur Gleichstellung der Geschlechter existieren, die jedoch bislang wenig Erfolg zeigen. Außerdem wurden Gesetze als zu stark regulierende Instrumente angesehen, die stark in die individuelle Freiheit eingreifen. Als ein Problem, das dem Erfolg von Gleichstellungsgesetzen entgegenstehe, wurde gesehen, daß Versorgungsarbeit bislang nicht attraktiv ist, da sie nicht honoriert wird. Hier wurde ein Bedarf gesehen, Versorgungsarbeit so zu organisieren, daß sie auch für Männer attraktiv werde. Ansätze für neue Arbeitszeitmodelle von Männern wurden in der Vorbildfunktion öffentlicher Ämter oder in der Freistellung von Erwerbsarbeit für Gemeinwesenarbeit gesehen. Für wünschenswert wurde ein Tausch der Erfahrungswelten von Frauen und Männern gehalten, damit Männer erfahren, daß auch Versorgungsarbeit befriedigend sein kann. Die Zweifel, wie dies ohne materielle oder immaterielle Honorierung erreicht werden könne, wurden jedoch nicht ausgeräumt.

Der Skepsis gegen gesetzliche Regelungen stand die Position gegenüber, daß sich Nachhaltigkeit nicht auf individueller Ebene erzielen lasse, und daß deshalb legislative Instrumente erforderlich seien. Diese müßten allerdings von einem gesellschaftlichen Bewußtseinswandel begleitet werden. Auch wenn Gesetze rigide wirkten, gäben sie schließlich nur den Rahmen vor, in dem sich Entscheidungsspielräume entfalten.

In Ergänzung zu diesen Handlungsmöglichkeiten auf nationaler Ebene wurde daran erinnert, daß nachhaltige Entwicklung ein weltweiter Prozeß ist, der eine weltweite Synchronität voraussetze; Nachhaltigkeit könne nicht erreicht werden, wenn sich nur einige Länder dieses Ziel gesetzt haben.

Insgesamt wurde deutlich, daß noch erheblicher Diskussions- und Forschungsbedarf zu feministischen Gegenmodellen und Umsetzungsstrategien zu einer nachhaltigen Entwicklung besteht. Dabei sei es wichtig, Erfahrungen zu machen und aus Fehlern zu lernen und nicht davon auszugehen, daß allein Nachdenken und Analysieren zu vollkommenen Lösungen führen können.

Abschlußveranstaltung: Folgerungen für Forschung, Lehre und Politik

In der Abschlußveranstaltung wurden zunächst einleitende zusammenfassende Thesen dargestellt und anschließend Konsequenzen der feministischen Auseinandersetzung mit Nachhaltigkeit für Forschung, Lehre und Politik diskutiert.

These 1: Eine im Nachhaltigkeitsdiskurs enthaltene Chance besteht darin, die Gegenläufigkeit zwischen feministischer Forschung / Frauenpolitik auf der einen Seite und Umweltforschung / Umweltpolitik auf der anderen Seite zu überwinden.

Sabine Hofmeister stellt die erste These zur Diskussion. Zwischen den Themen "Frauen" und "Ökologie" besteht auch im Nachhaltigkeitsdiskurs oder in Agendaprozessen nur eine äußerst geringe Verbindung (vgl. den Beitrag von Ulrike Röhr in diesem Band). Hemmnisse für die Verbindung zwischen Frauenfrage und Umweltdebatte sieht Sabine Hofmeister auf zwei Ebenen. Es sei erstens eine Frage der Kommunikation zwischen den Disziplinen: während die Frauenfrage in den Sozialwissenschaften bearbeitet werde, werden Umweltthemen vorwiegend in den Naturwissenschaften behandelt. Zweitens ergeben sich Hemmnisse aus der Zielstellung der Diskurse: während feministische Forschung und Frauenpolitik einen emanzipatorischen Ansatz verfolgten, der auf Gestaltung und Veränderung gerichtet sei, sei der Umweltschutzdiskurs bislang in erster Linie auf Bewahren und Erhalten ausgerichtet und sei damit konservativ und protektiv. Hier sieht Sabine Hofmeister eine Chance im Nachhaltigkeitsdiskurs: Umweltschutz entwickele sich weiter zum Umweltmanagement und erhalte damit ebenfalls einen gestaltenden Ansatz. Dies sei aus dem Postulat der intergenerativen Gerechtigkeit abzuleiten, durch welches der Gegensatz zwischen anthropozentrischer und naturzentrierter Sichtweise auf die Umwelt aufgehoben werde: soll die Umwelt für künftige Generationen erhalten werden, müssen Bedürfnisse miteinbezogen werden, die nicht exakt antizipiert werden können. Das bedeutet, daß Handlungsmöglichkeiten geschaffen und offen gehalten werden müssen, wodurch sich eine neue Dimension des Umweltschutzes ergebe; damit werde tendenziell auch der Gegensatz zwischen Kultur und Natur in Frage gestellt.

Sabine Hofmeister betont jedoch, daß diese Chance im Nachhaltigkeitsdiskurs bislang kaum genutzt werde. Sowohl in Agendaprozessen als auch in Nachhaltigkeitsstudien (z.B. BUND & Misereor 1996, UBA 1997, Deutscher Bundestag 1997 und 1998) bleibe die Trennung zwischen naturwissenschaftlichem und sozialwissenschaftlichem Denken erhalten und werde noch dadurch ausgeweitet, daß zum Beispiel die Handlungsprinzipien "Effizienz" und "Suffizienz" unvermittelt nebeneinander stehen bleiben.

Als Forderung für Forschung und Lehre leitet Sabine Hofmeister ab, daß die Ausbildung von "ÜbersetzerInnen" zwischen den Disziplinen eine wichtige Aufgabe für die Hochschulen sei, die sie durch interdisziplinäre Projekte in der Lehre erfüllen könnten. Auch in der Forschung sei das Ausbilden von Transferwissen von Bedeutung. In der Politik sei es wichtig, sektorales Handeln zu überwinden und statt dessen Querschnittsaufgaben zu bearbeiten. Als wichtige Forderung sieht Sabine Hofmeister die Einrichtung eines Querschnittsgebietes "Zeitpolitik" als Pendant zur und in Verbindung mit "Raumpolitik".

These 2: In der feministischen Auseinandersetzung mit dem Konzept Nachhaltigkeit werden Mythen und Legenden sichtbar, die unhinterfragt als vermeintliche Selbstverständlichkeiten (Ideologien) in den Nachhaltigkeitsdiskurs aufgenommen werden.

Ines Weller stellt die zweite These zur Diskussion. Indem feministische Analysen des Nachhaltigkeitskonzepts auf das Geschlechterverhältnis fokussierten, machen sie deutlich, daß einige angebliche Tatsachen Annahmen sind, die kritisch hinterfragt werden müssen. Durch das Aufdecken von Mythen können neue Forschungsfragen formuliert werden, die letztlich zu einem Perspektivenwechsel führen können. Ines Weller erläutert dies anhand von drei Beispielen. Das erste Beispiel bezieht sich auf den Nachhaltigkeitsdiskurs, in dem sich die Trennung zwischen Produktion und Reproduktion in der Aufteilung zwischen Suffizienz und Effizienz widerspiegele. Dadurch gerieten die wechselseitigen Abhängigkeiten aus dem Blick. Statt dessen sei zu diskutieren, wie Suffizienz in die Produktion aufgenommen werden könne und wie Effizienz in der Reproduktion realisiert werden könne. Entscheidend sei es, das Ausmaß der ökologischen Entlastungen zu ermitteln, die durch diese beiden Strategien in der Reproduktions- und Produktionssphäre erreicht werden könnten, anstatt pauschal davon auszugehen, daß im Reproduktionsbereich Suffizienz und im Produktionsbereich Effizienz erfolgreicher sei.

Das zweite Beispiel für einen Mythos stammt aus der feministischen Debatte. Dort herrsche die Vorstellung, daß ein Widerspruch zwischen feministischen und ökologischen Zielen bestehe. Deutlich wurde dies am Vortrag von Meike Spitzner, von dem ausgehend diskutiert wurde, daß Emanzipationsansprüche von Frauen notwendig mit mehr Ressourcenverbrauch verbunden seien. Ines Weller hält es für erforderlich, dies zu hinterfragen. Nach ihrer Einschätzung trifft dieser Zusammenhang allenfalls in der Ist-Situation zu. Erforderlich seien aber neue Formen der Organisation von Reproduktion und Produktion sowie neue Arrangements, die sowohl zur ökologischen Entlastung beitragen als auch Frauen eine gesellschaftliche Teilhabe ermöglichen. Als Beispiele für neue Arrangements nennt sie Abo-Kisten und Car-Sharing. Hier bestehe erheblicher Forschungsbedarf. Zu untersuchen wäre zum Beispiel, ob Nahrungsmittelbringdienste (z.B. der "Fahrbare Mittagstisch") dadurch, daß sie besser auf regionale AnbieterInnen sowie auf effiziente Produktionsbedingungen zurückgreifen können als Privatpersonen, zu ökologischen Entlastungen führen.

Als dritten Mythos, der sich wiederum im Nachhaltigkeitsdiskurs manifestiert, führt sie das Primat der ökologischen Grenzen und ihrer Legitimierung mit naturwissenschaftlich-objektiven Methoden an. In einer feministischen Perspektive werde deutlich, daß für den Prozeß einer nachhaltigen Entwicklung nicht nur die ökonomischen, kulturellen und sozialen Ziele, sondern ebenso die Umweltziele wie zum Beispiel die Reduzierung des CO_2-Ausstoßes um x Prozent Gegenstand gesellschaftlicher Aushandlungsprozesse sein müssen. Auch in die vermeintlich objektiv-naturwissenschaftlichen Zielsetzungen gehen die Bewertungen und Risikowahrnehmungen der WissenschaftlerInnen ein. Als Beispiel nennt sie die in der Studie "Zukunftsfähiges Deutschland" vorgenommene Bestimmung der Umweltrelevanz auf Basis der Material- und Energieintensität von Stoffen und Produkten. Damit verbunden sei eine bestimmte Prioritätensetzung in der Wahrnehmung von Umweltrisiken, die sich zum Beispiel einerseits auf Mengen- und Massenströme konzentriert und andererseits zum Beispiel die Ressource Wasser ausblendet; Risikowahrnehmungen, die sich auf gesundheitliche Gefahren oder auf die Nutzung von Wasser bezögen, würden nicht einbezogen.

Als Folgerungen für die Forschung leitet Ines Weller die Notwendigkeit von Übersetzungswissen ab und fordert neue Allianzen zwischen Wissenschaft und Gesellschaft, um gemeinsam Fragen zu formulieren und Lösungen zu erarbeiten.

These 3: Nachhaltige Entwicklung erfordert neue Qualitäten und Formen von Wissen und Kompetenzen. Daraus leitet sich eine besondere Verantwortung der Universitäten für eine disziplinübergreifende Forschung und Lehre ab.

Heidi Degethoff de Campos stellt die dritte These zur Diskussion. Als Strategien für die Umsetzung von Interdisziplinarität und Übersetzungskompetenzen nennt sie das Suchen nach BündnispartnerInnen innerhalb und außerhalb der Universität sowie das hartnäckige Wiederholen dieser Forderungen. Sie hält Nachhaltigkeit für ein geeignetes Thema für eine Studienreform, befürchtet jedoch, daß es im Gegensatz zu der derzeit an der TU Berlin praktizierten Studienreform steht, die in erster Linie auf Beschleunigung statt Verbesserung des Studiums abzielt. Die an der TU Berlin verfolgte Forschungsstrategie sei stark auf eine Erhöhung der Verwertbarkeit der Forschungsergebnisse in der Wirtschaft ausgerichtet, worin sie nur ein eingeschränktes Interesse an Nachhaltigkeit erkennen kann. Heidi Degethoff de Campos plädiert dafür, neue Allianzen von Wissenschaft und Gesellschaft zu bilden, um von außen auf die Universitäten einzuwirken.

Im Nachhaltigkeitsdiskurs wurde ein bedeutender Vorteil gegenüber früheren Versuchen, Interdisziplinarität an der Universität zu realisieren, gesehen. Durch den Nachhaltigkeitsdiskurs sei die Notwendigkeit der Verknüpfung ökologischer und sozialer Fragestellungen allgemein anerkannt worden und zähle zu weitgehend anerkannten Grundsätzen in der Politik. Dies sei nur durch Interdisziplinarität in Forschung und Lehre zu konzeptualisieren.

In der Diskussion wurde deutlich, daß sich die neuen gesellschaftlichen Anforderungen an Wissenschaft und Forschung bereits vereinzelt in der Forschungsförderung niederschlagen; z.B. fördert das Bundesministerium für Bildung, Wissenschaft, Forschung und Technologie bedürfnisfeldorientierte Forschungsprojekte, und das Umweltbundesamt fordert gesellschaftliche Beiräte für Forschungsprojekte.

Die Notwendigkeit der Entwicklung und Gestaltung von Natur und Umwelt zieht die Notwendigkeit eines politisierten Diskurses darüber nach sich, wie und nach wessen Richtlinien Natur und Umwelt gestaltet werden sollen; hier ergeben sich insbesondere neue Aufgabenstellungen für die Sozialwissenschaften.

Aus der Forderung, den Suffizienzbegriff auf die Produktion und den Effizienzbegriff auf die Reproduktion zu beziehen, entstand eine Projektidee, neue

Formen von Reproduktion zu erproben und zu erforschen und gleichzeitig mit einer Bedarfsanalyse zu kombinieren. Als Untersuchungsbeispiel wurden Kiezküchen angedacht. Eine Kiezküche stellt eine Mischform aus Erwerbs- und Reproduktionsarbeit sowie aus Produktion und Reproduktion dar. An einem interdisziplinären Forschungsprojekt zur Erforschung von Kiezküchen könnten zum Beispiel Sozialwissenschaften, Wirtschaftswissenschaften, Haushaltswissenschaften, Umweltwissenschaften und Technik mitwirken.

In der Diskussion wurde ein solches Projekt unter dem Aspekt zunehmender Arbeitslosigkeit und sozialer Not als diskussionswürdig angesehen, da es eine Argumentation in Richtung eines zweiten und dritten Arbeitsmarktes fördern könnte. Dagegen stand die Meinung, daß es sich hierbei um einen Bereich von Arbeit handle, für den es keinen Markt gebe, da Versorgungsarbeit gerade dadurch gekennzeichnet sei, daß sie nicht marktvermittelt ist.

Weiterer Forschungsbedarf wurde am Beispiel der Verkehrsplanung angesprochen. Aus der Verknüpfung von Raum- und Verkehrsplanung sei das Konzept der "Stadt der kurzen Wege" entstanden, in der Mischgebiete einen hohen Anteil an allen Nutzungskategorien haben. Dieses Konzept würde als gescheitert angesehen, da viele Menschen in dem einen Mischgebiet arbeiten und in einem anderen wohnen, so daß sich de facto keine Verkehrsreduktion ergebe. Damit dieses ökologisch und sozial sinnvolle Konzept eventuell doch noch umgesetzt werden könne, sollten folgende Fragen untersucht werden: Wie wirkt sich eine berufliche Spezialisierung aus, und spezialisieren sich zum Beispiel Frauen weniger, um in der Nähe ihres Wohnortes arbeiten zu können? Stellen Frauen andere Ansprüche an Erwerbsarbeit und den Standort von Erwerbsarbeit? Möglicherweise wird, wenn von der Reproduktionsarbeit ausgegangen wird, Nähe zu einem Kriterium, und möglicherweise läßt sich dann auch die "Stadt der kurzen Wege" realisieren, wenn die Anforderungen der Reproduktionsarbeit an Erwerbsarbeit angelegt werden (und nicht umgekehrt, wie bisher). Die wechselseitige Verbindung von Reproduktions- und Erwebsarbeit kann zu einer Bereicherung und nachhaltigeren Gestaltung sowohl von Erwerbs- als auch von Reproduktionsarbeit führen und letztlich die Unterscheidung zwischen beiden aufheben.

Zusammenfassend ist festzustellen, daß die zu Beginn der Ringvorlesung gestellten Fragen unter verschiedenen Aspekten beleuchtet wurden und Ansätze für ihre Beantwortung gefunden werden konnten. Es war allerdings nicht zu erwarten, daß die Fragen im Rahmen einer Ringvorlesung abschließend zu beantworten seien. So verbleibt, insbesondere in bezug auf feministische Nachhaltigkeitskonzepte, noch erheblicher Forschungsbedarf.

Darüber hinaus wird eines deutlich: es besteht weiterhin Diskussionsbedarf zwischen den und quer zu den Disziplinen und Arbeitsschwerpunkten, zwischen Natur- und Geistes- und SozialwissenschaftlerInnen, zwischen UmweltschützerInnen und FeministInnen, zwischen LaiInnen und ExpertInnen u.a.m., damit die so kontroversen Positionen vielleicht langfristig zu einer gemeinsamen Position weiterentwickelt werden können. Abschließend bleibt nur zu wünschen, daß dieses Buch Anregungen hierzu und zur Fortentwicklung der Debatte bieten kann!

Literatur

BUND (Bund für Umwelt und Naturschutz, Deutschland) & Misereor (Hrsg.) (1996): Zukunftsfähiges Deutschland. Ein Beitrag zu einer global nachhaltigen Entwicklung. Basel, Boston, Berlin 1996.

Deutscher Bundestag (Hrsg.) (1997): Konzept Nachhaltigkeit. Fundamente für die Gesellschaft von morgen. Zwischenbericht der Enquête-Kommission "Schutz des Menschen und der Umwelt – Ziele und Rahmenbedingungen einer nachhaltig zukunftsverträglichen Entwicklung" des 13. Deutschen Bundestages. Bonn 1997.

Deutscher Bundestag (Hrsg.) (1998): Konzept Nachhaltigkeit. Vom Leitbild zur Umsetzung. Abschlußbericht der Enquête-Kommission "Schutz des Menschen und der Umwelt – Ziele und Rahmenbedingungen einer nachhaltig zukunftsverträglichen Entwicklung" des 13. Deutschen Bundestages. Bonn 1998.

UBA (Umweltbundesamt) (1997): Nachhaltiges Deutschland. Wege zu einer dauerhaft umweltgerechten Entwicklung. Berlin 1997.

Autorinnenverzeichnis

Claudia Bernhard, Historikerin und Feministin. Überzeugtes Mitglied bei Delta t, dem Verein für zeitversetzt und langschlafende Menschen. Außerdem Redakteurin bei alaska, Zeitschrift für Internationalismus (die Zeitung des BUKO – Bundeskongreß entwicklungspolitischer Aktionsgruppen). Themengebiete: Feministische Demokratiekritik, soziale Bewegungen und nachhaltige Entwicklung und grundsätzlich immer interessiert an allen Zusammenhängen, die sich mit Freiheit, Glamour und Überlebenskunst beschäftigen.

Kathrin Buchholz, Jahrgang 1965, Dipl.-Ing. Technischer Umweltschutz, Abschluß mit einer interdisziplinären Diplomarbeit zu den Auseinandersetzungen an schadstoffbelasteten Schulen. Seit dem Diplom wissenschaftliche Mitarbeiterin in den Bereichen Hochschuldidaktik, Umweltchemie und Institutionalisierung von Frauenforschung in den Ingenieurwissenschaften in Berlin und Wilhelmshaven. Zur Zeit wissenschaftliche Mitarbeiterin im Forschungsprojekt "Frauen, Umwelt und Lokale Agenda 21" an der TU Berlin. Mitarbeit in der AG Nachhaltigkeit des Vereins NUT – Frauen in Naturwissenschaft und Technik. Veröffentlichungen zu PCB-Belastungen in Schulen, Frauenförderung in den Ingenieurwissenschaften, Umsetzung der Frauenforderungen der Agenda 21 in der Bundesrepublik.

Heidi Degethoff de Campos, geboren 1946, Industriekauffrau, Lehrerin, Erziehungswissenschaftlerin, immer pendelnd zwischen Theorie und Praxis, inzwischen mit der Umsetzung frauenpolitischer Forderungen im Hochschulbereich engagiert als Zentrale Frauenbeauftragte der Technischen Universität Berlin.

Esther Hoffmann, geboren 1970, Dipl.-Ing. Technischer Umweltschutz; arbeitete neben dem Studium zunächst als Frauenbeauftragte am Fachbereich Umwelttechnik, dann bei kubus (Kooperations- und Beratungsstelle für Umweltfragen der TU Berlin) und im Forschungsprojekt "Methodenentwicklung zum produktlinienorientierten Umweltmanagement" im Institut für Management in der Umweltplanung, TU Berlin. Diplomarbeit zum Thema Ökologische Produktgestaltung. Seit November 1998 wissenschaftliche Mitarbeiterin im Institut für ökologische Wirtschaftsforschung (IÖW) gGmbH, Berlin im Forschungsfeld Ökologische Unternehmenspolitik.

Sabine Hofmeister, geboren 1954 in Berlin, Studium der Landschaftsplanung, Promotion zum Dr. Ing. 1988, Habilitation für das Lehrgebiet "Ressourcenplanung und Umweltmanagement" am Fachbereich 07 Umwelt und Gesellschaft der Technischen Universität Berlin 1997; von 1990 bis 1992 Leiterin des Umweltamtes im Bezirk Steglitz von Berlin; von 1992-1998 Wissenschaftliche Assistentin am Institut für Management in der Umweltplanung an der TU Berlin, seit 1998 Oberassistentin am Fachbereich 07 Umwelt und Gesellschaft der TU Berlin. Arbeitsschwerpunkte: "Theorie und Methodik Ökologischer Ökonomie", "Ökologische Stoffwirtschaft" und "Nachhaltige Raumentwicklung"; interessiert an "Feministischer Umweltforschung" und "Ökologie der Zeit". Mitglied der "Vereinigung für ökologische Wirtschaftsforschung" (VÖW), der "Vereinigung für Ökologische Ökonomie" (VÖÖ) und des Netzwerkes "Vorsorgendes Wirtschaften".

Ulrike Röhr, geboren 1949, Bauingenieurin und Sozialwissenschaftlerin: Sie arbeitet seit 12 Jahren im Bereich der ökologischen und ökotechnischen Weiterbildung und Qualifizierung von Frauen, davon 5 Jahre an der TU Berlin. Aus der Arbeit an der TU ging der Frauen-Bildungsträger LIFE – Frauen entwickeln Ökotechnik e.V. hervor und wurde das „Ökotechnische Bildungszentrum für Frauen" in Berlin konzipiert und aufgebaut. Seit 1994 ist sie in Frankfurt am Main und hat dort die Frankfurter Zweigstelle von LIFE, das FrauenUmweltNetz, aufgebaut. In diesem Rahmen beschäftigt sie sich seit 1996 intensiv mit der Beteiligung von Frauen an den kommunalen Agenda-Prozessen.

Martina Schäfer, Dr.-Ing., geb. 1964, Studium der Biologie in Stuttgart, ehrenamtliche Tätigkeit zu entwicklungspolitischen Fragen, Promotion im Themenbereich Mikrobielle Abwasserreinigung an der TU Berlin. Seit 1993 Mitarbeit beim BUND Berlin zum Thema "Nachhaltige Entwicklung", Mitarbeit bei der Konzeption einer Wanderausstellung. Seit 1996 zweijähriges Forschungsprojekt zum Thema Nachhaltigkeit, Arbeit, Geschlecht am Zentrum Technik und Gesellschaft der TU Berlin, seit Mai 1998 Tätigkeit in der Geschäftsführung des Zentrum Technik und Gesellschaft. Mitarbeit im Netzwerk "Vorsorgendes Wirtschaften".

Elvira Scheich, Diplom in Physik, Promotion in Politikwissenschaft, zur Zeit tätig am Institut für Sozialwissenschaft in Erziehung und Ausbildung der Technischen Universität Berlin; Arbeitsschwerpunkt: Feministische Wissenschafts- und Gesellschaftstheorie

Susanne Schön, Dipl.-Pol., geb. 1962, Studium der Politikwissenschaft an der FU Berlin, Mitarbeit in der Forschungsstelle für Umweltpolitik der FU Berlin, danach wissenschaftliche Mitarbeiterin im interdisziplinären Studienreformprojekt "Energieseminar" an der TU Berlin, regelmäßige Durchführung von Seminaren der Erwachsenenbildung. Seit 1996 zweijähriges Forschungsprojekt zum Thema Nachhaltigkeit, Arbeit, Geschlecht am Zentrum Technik und Gesellschaft der TU Berlin, seit Mai 1998 Tätigkeit in der Geschäftsführung des Zentrum Technik und Gesellschaft. Mitarbeit im Netzwerk "Vorsorgendes Wirtschaften".

Irmgard Schultz, Dr. phil. ist wissenschaftliche Mitarbeiterin und Mitbegründerin des Instituts für sozial-ökologische Forschung (ISOE) in Frankfurt/Main. Sie koordiniert den Forschungsbereich "Alltagsökologie und Stoffströme" und hat in diesem Rahmen einen Forschungsschwerpunkt zu "Gender & Environment" mit aufgebaut. Sie hat zahlreiche Publikationen zur Frage des ökologischen Konsums, Lebensstile und nachhaltige Entwicklung veröffentlicht. Aktuell arbeitet sie u.a. über Auswirkungen der Globalisierungstendenzen auf Geschlechterverhältnisse und Gesellschafts-Naturvorstellungen.

Meike Annamarie Spitzner, Sozialwissenschaftlerin und Historikerin. 1975 bis 1983 Bundesanstalt für Straßenwesen, 1984 bis 1987 bei einem etablierten Verkehrs-Ingenieurbüro, 1988 bis 1990 Referentin für Verkehr bei der Bundestagsfraktion Die Grünen. Seit 1991 am Wuppertal Institut für Klima, Umwelt und Energie Leiterin des Arbeitsbereiches "Feministische Ansätze zur Verkehrsvermeidung" in der Abteilung Verkehr. Seit 1989 Koordinatorin des bundesweiten Verkehr-Netzwerkes "Frauen in Bewegung". Arbeitsschwerpunkte: Theorieentwicklung zu einer feministichen ökologischen Verkehrswissenschaft; Mobilität der Reproduktionsarbeit; ökonomische, ordnungspolitische und organisatorische Instrumente zur Vermeidung von Verkehrsaufwand; sozialökologische Zeitpolitik; Handbücher zur Integration von Geschlechtergerechtigkeit in Verkehr- und Stadtentwicklung (Kommission "Frauen in der Stadt" des Deutschen Städtetages); Politikberatung zu gleichstellungsverträglicher (Nah-) Verkehrsplanung.

Ulrike Weiland, Dr.-Ing., Jahrgang 1955, Dipl.-Ökologin, Mitarbeit in Landschaftsplanungsbüros, wissenschaftliche Mitarbeit an der TU Hamburg-Harburg im Arbeitsbereich Stadtökologie/Methoden der Umweltplanung, Promotion zur Methodik von Umweltverträglichkeitsprüfungen in der Bauleitplanung, seit 1995 Oberingenieurin am Institut für Management in der Umweltplanung der TU Berlin; Arbeitsschwerpunkte: Nachhaltige Stadtentwicklung und Kommunales Umweltmanagement; Mitglied bei Frauen in Naturwissenschaften und Technik e.V.

Ines Weller, Dr. rer. nat., Studium der Chemie an der Universität Heidelberg, Promotion in Didaktik der Chemie an der Universität Bremen, mehrjährige Tätigkeit als Wissenschaftlich-pädagogische Mitarbeiterin in der beruflichen und politischen Umweltbildung und Leiterin eines Ökologie-Labors, 1993 bis 1996 Wissenschaftliche Mitarbeiterin am Institut für sozial-ökologische Forschung (ISOE) in Frankfurt am Main im Forschungsbereich "Alltagsökologie und Stoffströme", seit 1996 Wissenschaftliche Assistentin im Studiengang Umwelttechnik der Technischen Universität Berlin Arbeitsschwerpunkte: Umweltforschung und Geschlechterverhältnisse/Feministische Umweltforschung, Nachhaltige Produktions- und Konsummuster insbesondere in den Bereichen Textilien und Ernährung (und die Analyse der Gestaltungsmacht von Frauen), Umweltbildung, Umweltbewußtsein und –verhalten

Dank

Die Idee zum vorliegenden Buch ist hervorgegangen aus einer Ringvorlesung an der Technischen Universität Berlin im Sommersemester 1998. Unser besonderer Dank gilt den Referentinnen im Rahmen der Veranstaltungsreihe und den Autorinnen dieses Buches. Daß die Veranstaltungsreihe „Nachhaltigkeit und Feminismus" realisiert und schließlich in der vorliegenden Form dokumentiert werden konnte, verdanken wir der engagierten und großzügigen Unterstützung durch die Zentrale Frauenbeauftragte, Heidi Degethoff de Campos, sowie durch den Fachbereich 06 (Verfahrenstechnik, Umwelttechnik, Werkstoffwissenschaften) und den Fachbereich 07 (Umwelt und Gesellschaft) der Technischen Universität Berlin. Allen, die hier zur Idee und zur Umsetzung beigetragen haben, gilt unser herzlicher Dank.

Esther Hoffmann
Sabine Hofmeister
Ines Weller

Berlin, im Dezember 1998